도서출판 대장간은
쇠를 달구어 연장을 만들듯이
생각을 다듬어 기독교 가치관을
바르게 세우는 곳입니다.

대장간이란 이름에는
사라져가는 복음의 능력을 되살리고,
낡은 것을 새롭게 풀무질하며, 잘못된 것을
바로 세우겠다는 의지가 담겨져 있습니다.

www.daejanggan.org

생명과 평화의 눈으로 읽는 성서 4

위기에서 대안을 찾다_포로기와 그 이후 예언자

지은이	김경호
초판발행	2021년 4월 28일
펴낸이	배용하
책임편집	배용하
등록	제364-2008-000013호
펴낸곳	도서출판 대장간
	www.daejanggan.org
등록한곳	충남 논산시 매죽헌로1176번길 8-54, 101호
대표전화	대표전화 041-742-1424 전송 0303-0959-1424
분류	성서강해	구약	예언서
ISBN	978-89-7071-556-8 03230
SET	978-89-7071-417-2 04230

 값 15,000원

생명과 평화의 눈으로 읽는 성서 4

포로기와 그 이후 예언자

위기에서 대안을 찾다

김경호 지음

차례 contents

| 시작하는 말 |

　오늘날의 한국교회에서 유행하는 성경공부는 이른바 '큐티'다. 그러나 이 방식으로 진행하는 공부는 성경을 지나치게 자의적으로 해석하기 쉽다. 본문에 과도한 뜻을 부여하다 보니 "본래 그 말씀에 그런 뜻이 있었나?" 싶을 정도로 그 의미가 확대되기도 하고 때로 본문과는 전혀 다른 의미로 바뀌기도 한다. 이렇게 되면 어떤 본문의 해석이든 유사해진다. 결국에는 해석자 개인의 문제가 투영된다. 그러다 보면 서로 다른 맥락의 성서 본문들도 모두 자기 식으로 해석해 버리며 자신의 세계를 성서 안에 투입한다. 그런 다음에는 성서의 권위를 빌어서 자신의 해석을 마치 성서가 그렇게 말하는 것인 양 이야기하고, 정당화한다. 이러한 경향을 성서도구주의라고 부른다. 그러나 이것은 성서해석에서 중대한 오류이다. 큐티를 비롯하여 한국교회에서의 성서해석의 90% 이상을 차지하는 이른바 '영감(靈感)에 의한 성서해석'은 이러한 방법론적 오류를 벗어나기 어렵다.

　그럼에도 불구하고 큐티 방식의 성서연구는 우리의 생활 깊숙한 곳에 성서 본문을 가져오는 장점이 있다. 하지만 성서를 통해 우리가 얻는 메시지는 그렇게 해석해야만 하는 합리성을 가져야 한다. 홀로 묵상을 할지라도 그 본문이 말하는 메시지의 올바른 방향과 토대 위에 있어야 한다. 제멋대로 노를 저어서 배가 산으로 가게 하는 것은 곤란하다. 그것은 자신의 뜻을 하나님의 뜻으로 합리화하는 잘못을 범하기 때문이다.

물론 성서를 해석할 때 주관을 완전히 배제하고 보는 것은 어렵다. 그래서 서구에서는 수백 년 동안 성서신학이 발달해 왔다. 이는 균형 잡힌 성서해석을 위한 과정이다. 성서신학은 객관적이고 타당하게 성서를 해석할 수 있는 여러 가지 과학적인 학문의 방법론을 계발했다. 이 교재는 그러한 성서해석 방법론들을 동원할 것이다. 그리하여 성서 속 말씀들을 그것이 생겨난 역사 배경과 사회경제 배경 속에서 이해할 것이다. 또한 최근의 고고학적 발굴과 연구결과, 고대 근동의 유사한 문서와 비교하는 종교사적인 연구방법, 성서 자료들을 문헌적으로 정밀하게 비교하고 분석해 나가는 역사 비평적 연구 방법 등을 활용할 것이다.

이러한 성서연구는 필자가 향린교회, 강남향린교회, 들꽃향린교회, 다시 강남향린교회로 이어지는 35여 년 동안의 목회 활동과 성서연구 세미나를 통해 얻은 것이다. 그리고 한국기독교장로회 총회교육원에서 목회자 재교육 과정으로 운영하는 목회신학대학원과 여전도사를 양성하는 목회신학대학 과정에서 구약학 강의를 하면서 얻은 결과물이다.

전체 시리즈의 제목을 '생명과 평화의 눈으로 보는 성서'라고 하였다. 이것은 하나의 선입견을 가지고 성서를 보겠다는 뜻이 아니다. 오히려 성서 자체가 생명과 평화의 치열한 삶의 고백들이라는 뜻이다. 하나님에 대한 이야기는 역사와 자연의 도전 앞에 선 인간이 자신의 생존을 위한 깊은 투쟁의 고백을 쏟아낸 것이다. 그리하여 자연과 인간의 최대 화두인 '생명'과 삶의 필수 조건인 '평화'라는 두 사회적 주제를 성서가 증거하는 핵심 가치로 본 것이다.

요즘의 성서공부 교재는 대부분 교리사적인 틀에 꿰어져 맞추는 식으로 만들어졌다. 많은 사람들이 성서와 기독교를 "죄→구원" 같은 간단한 공식으로 설명하려 한다. 이 때문에 사람들은 성서를 단지 한 가지 사상만 있는 책으로 오해하기도 하고, 또는 성서를 단순화된 교리를 강요하는 평면적인 책으로 오해한다. 그러나 사실 성서는 긴 역사를 통해 일어난 삶의 치열하고 다양한 역사를 담고 있으며, 그 시대를 살아가는 사람들의 호소와 외침이 녹아 있는 책이다. 그 하나하나가 갖는 다양한 패러다임과 역동성은 오늘 우리가 살아가는 사회의 문제를 예시하고 조명하며, 이를 통해 오늘 우리가 처한 역사 속에서 야훼 하나님의 분명하신 섭리와 경륜의 방향을 보게 한다. 이처럼 성서는 역사의 과정 속에 나타났던 사상, 철학, 문학의 다양한 패러다임을 포함하고 있을 뿐 아니라, 세상의 역사를 운영하시는 하나님의 뜻과 그를 따라 기꺼이 목숨까지도 바치는 인간의 신앙적 응답을 풍부하게 담고 있는 인류 최고의 걸작품이다. 그런데 이렇게 다양하고 역동적인 성서를 단 하나의 교리로 뭉뚱그려 단순화하거나, 그 생명력을 사장시키는 것은 참으로 안타깝다.

이 책은 성서신학의 전문적인 내용을 누구나 이해할 수 있는 쉬운 언어로 쓰고자 노력했다. 그리고 성서본문을 통해서 신학적 사고를 전개해 나가기에 신학을 모르는 사람도 쉽게 접근할 수 있도록 했다. 아무쪼록 이 책이 한국교회를 갱신하는 데 작은 보탬이 되기를 바란다.

강남향린교회와 거기에서 분가한 들꽃향린교회의 교우들은 대부분 이 책의 내용을 공부하는 성서학당을 통해서 교우가 되었다. 이 중에 상당수는 성서문자주의에 매인 근본주의 신앙을 가진 분이었거나, 기독교를 처음으로 대하는 초신자였다. 대체로 초신자들은 이런 식의 성서연구를 아주 새롭게 받아들이지만, 근본주의 신앙을 가진 분들은 학당이 진행되고 있는 동안 필자와 심하게 논쟁을 벌인다. 그래도 이제까지의 방식과는 전혀 다른 방법론으로 진행해 나가기에 싸우면서도 계속 논의에 참여한다. 어떤 분은 자동차로 몇 시간씩 걸리는 지방에 살면서도 빠지지 않고 성서학당의 모임에 개근한다. 그러는 동안 생각이 점차 변화하면서 어느 누구보다도 분명하고 힘 있는 신앙인으로 서는 것을 경험하였다.

이런 교재가 나올 수 있는 것은 이런 성서연구를 수용하고 열린 마음으로 함께 토론할 수 있는 건강한 공동체가 있기에 가능하다. 한국교회의 신도들은 매우 훌륭하다. 그들은 참다운 신앙에 관해서라면 언제든지 헌신할 수 있는 마음의 준비를 갖추고 있다. 그러나 한국교회를 이끄는 지도자들이 자기 욕심대로 복음을 왜곡시켜 오늘의 한국교회는 이 모양이 되고 말았다. 그러나 이 교재는 그렇게 왜곡된 시각을 용납하지 않을 것이다. 이 책은 꾸준히 생각하게 하며 각자 본문이 형성된 자리와 만나게 도와줄 것이다. 그러다보면 결국 성서기자가 가졌던 처음마음, 뜨거운 마음들을 만날 수 있을 것이다.

이 교재는 상당히 진보적인 내용으로 구성되어 있지만 그것보다 중요한 강조점은 바로 우리가 확장해 가야 할 공동체성을 살리는 데 목표를 두고 있다. 현실의 기독교가 모순이 많은 것은 사실이나 아무 대안도 없이 섣부르게 기독교 신앙과 교회를 폄하하는 독설을 퍼붓는 것은 무책임하다. 깊은 애정을 가지고 건강한 신앙, 건강한 교회로 재건하여 나가도록 돕는 데 힘써야 할 것이다. 개개인이 가진 좋은 의지들을 모아서 공동의 힘으로 함께 이루어 가는 공동체가 교회이다. 그렇게 할 때, 교회는 오늘날 살아계신 그리스도의 몸을 이루며 증언해 나갈 수 있다.

이 교재를 공부하는 분들이 막연한 관념 속에서가 아니라 좀 더 역사적이고 실증적인 자료들을 통해 야훼 하나님과 예수를 만날 수 있기를 바란다. 이 교재가 지금 목표의 상실, 도덕성의 상실로 휘청거리고 있는 한국교회를 새롭게 갱신해 나갈 성서적 근거를 세워주고 우리 역사를 바로 세울 수 있는 동력이 되기를 간절히 바란다.

각 과의 내용을 진행하여 읽어나갈 때 처음 또는 중간에 "미리 살펴보기"의 문제들이 있다. 이 부분에서는 반드시 성서를 직접 찾아보고 잠시 서로의 의견을 나누는 시간을 갖기를 바란다. 이 책에는 표준새번역(새번역) 성서를 토대로 인용 본문을 명시했다. 모든 내용은 제시된 성경말씀을 토대로 전개된다. 반드시 성구를 찾아보고 그 본문에 머물러 생각하는 시간을 갖기를 바란다. 오히려 그것이 가장 빨리 가는 지름길이 될 것이다. 남이 만들어준 내용은 체화되기 힘들다. 반드시 자기 명상과 씨름이 동반될 때라야 단순한 지식을 넘어서 자신을 바꾸어 낼 수 있는 힘이 생긴다. 뿐만 아니라 스스로 성서를 보고 해석할 수 있는 눈도 키워갈 수 있다. 그룹으로 공부할 때는 반드시 공부를 마친 다음에 "함께 생각 나누기"에 제시된 질문을 토대로 하여 서로의 생각을 나누는 시간을 갖기 바란다. 정답은 있을 수 없다. 모두가 정답이고 모두가 각자의 삶의 위치에서 나오는 진실이다. 어느 누구도 서로의 답이 맞나 틀리나 판단하지 말고 각자의 삶과 생각을 충분히 나누고 상대를 깊이 이해하고 용납하려는 자세로 참여하기를 원한다. 각 과의 마지막에는 "함께 생각 나누기"의 주제와 관련된 설교나 강연문을 제시하였다. 이 설교문은 필자가 강남향린교회나 들꽃향린교회 강단에서 행한 설교 중에서 발췌한 참고 자료이다.

목회를 하는 중에 틈틈이 책과 씨름하며 그 내용을 만들어 가는 것이 쉽지는 않았다. 이 책에 쓰인 한 줄의 정보를 얻기 위해서 몇 주일을 엉덩이가 무르도록 앉아서 책을 보거나 또는 현장에서 씨름해야 하는 때도 있었다. 스스로에게 의무감을 주어가며 굳이 이러한 작업을 하는 것은 한국교회가 이대로만 가서는 안 된다는 위기감 때문이다.

윤리적 표상을 잃고 우리사회와 민족이 나아가야 할 방향과는 정반대로 역주행하는 신앙, 싸구려 값싼 은혜를 남발해 대며 상업주의와 성장

논리로만 치달아 버리는 교회, 복 방망이를 두들겨 대며 교인들을 주문과 주술로 미혹하는 종교 지도자, 그들이 제멋대로 만들어낸 아무 존경할 것 없는 싸구려 하나님, 예수가 난무하는 현실이 너무나 수치스럽다. 사실 그들은 이미 자신의 영혼 속에서 하나님을 버리고 예수도 다시 못 박아 버린 상태이거나 전혀 자기 성찰을 하지 않은 채 유행을 쫓아가는 마비 상태인 경우가 대부분이다. 이런 현실 속에서 이미 신앙을 가진 분들이 자신의 신앙을 깊이 성찰하고 신앙의 뼈대를 새롭게 세우는 계기가 되기를 바란다. 신앙을 가지지 않은 분들도 이 책을 공부하면서 야훼신앙과 예수신앙에 대해서 매력을 느끼고, "이런 하나님이라면 나도 믿고 싶다"는 마음이 들면 좋겠다. 그런 분들을 신앙으로 이끄는 길잡이가 되기를 또한 바란다. 당장 바라는 결과가 생기지 않더라도 먼 훗날 그때 한국교회에서도 무너진 신앙을 다시 세우기 위한 이런 몸부림이 있었구나 하는 정도의 기록은 될 수 있으면 좋겠다.

» 송파구 오금동 목련공원에서
» 강남향린교회 김경호 목사

코로나 역병이 기승을 부리고 있다. 지구촌에서 통계로 잡힌 숫자로 2021년 4월 초까지 290만 명이 사망했다. 실제로는 그 이상일 것이다. 그야말로 위기의 시대이다. 이스라엘에도 이런 위기의 시대가 있었다.

이번에 다루는 것은 바로 그 위기의 시대인 포로기와 그 이후 예언자들이다. 그 어느 때보다도 절망이 컸고 자신들이 가졌던 모든 것들이 무너져 내린 때였다. 나라가 망했으니 왕국시대 남북왕조 권력이 각각 애써서 만들었던 왕조신학은 물 건너갔다. 각자 자기들의 이데올로기를 성전의 정통성과 관련하여 만들었는데 성전마저 무너졌으니 그들의 신앙의 토대도 무너진 셈이었다. 예루살렘, 시온은 영원하다는 이데올로기도 허구가 되었다. 지금 그들의 조국은 폐허로 남고, 먼 이국 바벨론에 포로로 잡혀왔다. 그들이 내세웠던 어느 것도 존재하지 않는 위기의 상황에서 예언자들은 새로운 신앙의 근거를 세운다. 그 위기의 시대에 새롭게 일어서려는 몸부림이 바로 포로기의 신학이며 당시 예언자들의 놀라운 상상력이다.

만약 그 위기의 시대가 아니었으면 지금의 야훼 신앙은 존재하지 않았을 것이며 지금의 성서도 없었을 것이다. 그리고 그 절망의 시기에 백성들을 다시 일으킬 수 있었던 예언자들의 뛰어난 상상력, 위기를 극복하는 그들의 대안적 신앙이 없었다면 지금 우리들의 신앙도 존재하지 못했을 것이다. 당시의 위기를 넘어서기 위한 예언자들 각각의 대안적 상상력에 토대해서 오늘의 성서와 야훼 신앙이 자리하기 때문이다. 포로기 (식민지 시대)는 신학적 위기이자 또한 새롭고 창조적인 신학이 탄생하는 기회이기도 하다. 이스라엘 역사에서 포로기는 마치 이스라엘의 모든 전승이 통과하는 큰 우물과 같다. 오늘 우리가 대하는 성서의 역사, 법률, 문학, 예언 등 모든 자료는 다 식민지 시대와 그 이후 외세에 의해 계속되는 민족 소멸의 위기에 답하기 위해서, 또는 그런 속에서 자신의 역사와 전승을 보존해 나가려는 목적으로 작성한 것들이다. 그렇기에 성서의 모든 기록에는 그 시대의 위기가 배어있고 깊이 착색되어 있다.

갑자기 당한 코로나 역병의 시대, 올해 대면으로 모이지 못한 주일이 간혹 대면 예배가 가능했던 때 보다 훨씬 많았다. 이렇게 오랫동안 교회가 멈추어 설 줄은 몰랐다. 급히 대안으로 성서학당의 유투브 강좌를 시작했다. 필자가 시무하는 강남향린 성서학당, 강남향린 TV를 개설해서 매주 2-3 강좌씩 올렸다. 교회에서 모이지 못하지만, 오히려 온라인 성서학당을 통해서 더욱 많은 신도가 참여하고 있다. 참가자와 구독자 중에 희망하시는 분들로 "온라인 강남향린교회" 방을 따로 개설해서 교회에서 발간되는 모든 예배와 강좌를 나누고 소통하고 있다. 자연스럽게 대면의 오프라인 체제에서 비대면 온라인 체제로 전환이 되었고 오히려 참여 범위는 몇 배가 늘었다.

2020년 4-7월까지의 강좌 내용으로 이미 2020년 8월에 3권 『왕국시대 예언자』를 출간하였다. 이번 책은 "포로기와 그 이후 예언자"를 다룬다. 이스라엘로는 가장 어려운 때지만, 신학적으로는 가장 성숙한 시대이다. 2020년 8-11월까지 유투브 강좌로 진행한 내용이다. 이스라엘과 유다 주변의 나라들은 모두 나라가 망하면서 그들의 신앙도 사라졌으나 유독 이스라엘의 신앙은 살아남아 오늘날까지 전 세계인의 신앙이 되게 했다. 이는 자신들의 신앙적 위기를 뛰어넘는 예언자들의 놀라운 상상력 덕분이다. 이 위기의 신앙을 성찰하는 연구가 오늘 코로나 역병의 위기에서 대 격동을 겪고 있는 한국교회가 우리들의 위기를 극복할 대안을 세우는데 하나의 자극이 되길 바란다.

» 2021년 부활절에 강남향린교회에서
» 김경호 목사

1

식민지 시대와 위기의 신학

나라의 독립을 꾀했던 요시야가 이집트 왕 느고와 맞서다가 므깃도 전투에서 사망하자 그의 아들과 손자들에 의해 왕위가 이어지지만, 나라의 독립을 이루기는 역부족이다. 마침내 요시야의 셋째 아들 시드기야 때 유다는 바벨론에 의해 패망하고 포로로 잡혀간다. 예레미야 애가는 유다가 패망하기 전에 예루살렘성이 포위된 채 겪는 극한 상황을 보여준다.

예언자들의 거듭되는 경고에도 불구하고 유다는 어느 것 하나 개선할 기미를 보이지 않았다. 예언자들은 지치고 백성들은 체념했다. 요시야의 종교개혁으로 인해 옛 왕 히스기아 때 가졌던 희망이 잠시 다시 살아났으나 요시야는 이집트 군사들과 맞서 싸우다가 허무하게 요절하고 말았다.

세계정세는 격변했다. 북 왕국 이스라엘을 멸망시키고, 남 왕국 유다마저 괴롭혀왔던 최초의 세계제국 아시리아는 마침내 신흥 바벨론에 그 자리를 넘겨주어야 했다. 영원한 권력은 존재하지 않는가 보다. 주전 612년에 아시리아 수도 니느웨가 함락되고 하란으로 수도가 이전하자, 동맹관계에 있던 이집트의 느고 2세가 아시리아를 돕기 위해 북진했다.(주전 609년) 아마도 느고는 무섭게 일어나는 신흥 바벨론 세력을 견제하기 위한 방패막이로 아시리아가 필요하다고 생각한 것 같다. 그러나 아시리아로 가려면 이스라엘 땅을 거쳐야한다.

느고의 이러한 행보는 마침 혼란한 기회를 틈타 아시리아의 손아귀에서 벗어나려고 하는 요시야의 계획에 방해가 되었다. 단지 이스라엘을 지나 아시리아로 가겠다는 것이지만 외국 군대를 어찌 믿으랴? 그들이 이스라엘의 심장부를 활보하며 지나가게 놔둘 수는 없었다. 이에 요시야는 이집트 군대가 지나가는 길목 므깃도에서 이들을 저지했다.

그러나 아쉽게도 유다 민중의 신뢰를 한 몸에 받던 요시야는 그 전투에서 전사한다. 요시야 개혁을 주도하던 세력은 재빠르게 요시야의 아들 중 가장 나이가 어린 여호아하스를 왕으로 옹립한다. 이것은 조정이 섭정하여 자신들의 개혁정책을 계속 밀고가기 위한 조치였을 것이다. 요시야에겐 아들 넷이 있었는데, 요하난, 여호야김, 시드기아, 여호아하스의 순서였다. 이중 장남 요하난을 제외하고 모두 왕이 된다. 이들은 아버지의 후광으로 왕이 되어 유다 역사의 마지막 대미를 장식한다.

요시야가 전사한 후 느고는 유다의 후계구도에는 미처 손을 쓰지 못하고 아시리아로 북진하였다. 그러나 느고가 일을 마치고 귀환할 때에 예루살렘에 들렀다. 그는 요시야의 막내아들 여호아하스를 폐위시키고 이집트로 끌고 가서 죽였다. 그가 왕이 된지 고작 3개월 만의 일이었다. 느고는 요시야의 둘째 아들 엘리야김을 왕으로 삼고 그에게 여호야김이라는 이름을 내린다. 정복국이 왕의 이름을 하사하는 것은 그 나라가 봉신국임을 확인하는 절차였다.

여호야김은 느고에 의해 왕이 되었으나 주변 정치 상황에 따라 갈팡질팡한다. 여호야김 통치 제4년에 칼케미쉬 전투에서 느고는 바벨론에게 패배한다.(주전 605년) 그러자 여호야김은 이집트에 의해서 왕이 되었지만 재빠르게 자신의 충성을 바벨론으로 옮겼다. 하지만 주전 601년 바벨론 왕 느부갓네살이 이집트 원정에 실패한다. 이집트 근처 아뤼쉬 전투에서 이집트가 승리하자 다시 여호야김은 친(親)이집트 정책으로 되돌아섰다.

유다 조정은 친 바벨론 파와 친 이집트 파로 나뉘어 엎치락뒤치락했다. 그 와중에도 여전히 왕과 귀족들은 어느 세력에 빌붙어야 자기들이 안전할까만 관심을 쏟을 뿐, 어느 하나 백성의 안위를 염려하는 사람은 없었다. 아마 유다 조정은 친 이집트 세력이 우세했던 것 같다. 여호야김은 주변 군소국들을 규합하여 바벨론에 반기를 들었다. 그의 갈팡질팡하는 외교 노선으로 인해 바벨론 왕 느부갓네살은 분노했다. 결국 주전 597년 그는 유다를 침공한다.

여호야김은 바벨론이 응징을 위해 군대를 출정했다는 소식을 듣자마자 바로 죽었다. 역대기 기록은 여호야김이 바벨론에 잡혀갔다.(대하 36:6)고 하나, 그것은 역사적 근거가 희박하다. 바벨론이 침공했다는 소식을 듣자마자 여호야김이 죽은 것은 겁이 나서 그랬을까? 아니면 친 바벨론 파에 의해 암살당한 것일까? 여호야김이 죽자 그 아들 여호야긴(고니야, 여고니야)이 즉위하지만(왕하 24:6), 그의 집권은 고작 3개월여에 불과했다. 그 3개월은 출정한 바벨론 군대가 예루살렘에 도착하기까지의 시간이다. 바벨론은 예루살렘을 함락했고 많은 사람들을 포로로 잡아갔는데, 여호야긴 왕을 비롯하여 우리가 잘 아는 제사장 출신의 예언자 에스겔 등 귀족들을 바벨론으로 끌고 갔다.(제1차 포로, 주전 597년)

당시 바벨론으로 끌려가는 처참한 포로행렬 모습들은 지금도 생생하게 전해진다. 수 백 킬로미터가 넘는 메마른 광야를 지나는 행렬은 목숨을 건 이동이었다. 바벨론은 행렬의 앞뒤 사람을 포승줄로 묶는 것으로는 부족하여 배와 코, 귀 등을 낚시바늘로 꿰어서 생선 엮듯이 한 줄로 묶었다. 이는 장거리를 이동하는 동안 대열을 쉽게 이탈하지 못하게 하기 위함이었다.

> 두고 보아라 너희에게 때가 온다. 사람들이 너희를 갈고리로 꿰어 끌고 갈 날, 너희 남은 사람들까지도 낚시로 꿰어 잡아갈 때가 온다.(아모스 4:2)

이후 바벨론은 요시야의 셋째 아들인 맛다디아를 왕으로 세워 바벨론 봉신으로 삼고 그 이름을 시드기아로 명한다. 그러나 이 시드기아 마저도 주전 595년 12월에서 594년 1월 사이에 반(反) 바벨론 운동을 벌인다. 예레미야 27장은 당시 예루살렘의 상황을 알려준다.

> 지금 유다 왕 시드기아를 만나려고 예루살렘에 와 있는 사절들에게 나누어 주어, 그것들을 에돔 왕과 모압 왕과 암몬 사람의 왕과 두로 왕과 시돈 왕에게로 보내어라.(예레미야 27:3)

에돔, 모압, 암몬 등 외국 사절들이 반 바벨론 운동을 펼치기 위해 예루살렘에 집결하여 있다. 아마도 이 일 때문에 시드기아는 바벨론에 불려가 혼쭐이 나고 온 듯하다.

> 네리야의 아들인 스라야가 유다 왕 시드기아 제 4년에 왕과 함께 바빌로니아로 갈 때에…. (예레미야 51:59)

유다 조정은 여전히 바벨론에 맞서는 분위기였다. 주전 589년 시드기아가 애굽의 호프라(Hophra, Apriest)의 지원을 받아 다시 반 바벨론 운동을 벌인 흔적이 라기스 서판(Lachish Ostraca)에 나타난다. 서판에는 "유대의 총사령관이 이집트에 내려갔다"는 문자로 위기 상황에서 유다가 이집트에 의존했던 것을 보여준다.

유다 멸망과 예루살렘의 비극

마침내 주전 589년 제2차 정벌에 나선 바벨론은 예루살렘 성을 정복하기 위해 2년 동안이나 성을 포위하고 공격하였다. 결국, 주전 587년 예루살렘은 함락되고 성전도 파괴당한다. 이로써 유다왕국은 종말을 고한다. 예루살렘 주민들은 2년 동안이나 성안에 갇혀 있으면서 극심한 기근을 겪었다. 당시 전쟁의 양상은 견고한 성안에서 저항할 경우 성 밖을 에워싸고 몇 년씩 포위하여 압박한다. 결국, 성안 사람들은 가진 식량이 전부 고갈될 때까지 비참한 생활을 하다가 손을 들고나올 수밖에 없다. 시드기아 왕은 마침내 견디지 못해 안에서 성을 헐고 나와 도망가는 중에 여리고에서 사로잡혔다. 그의 아들들이 시드기아 왕이 보는 앞에서 처형

되었다. 왕 역시 두 눈이 뽑혀 실명한 채로 바벨론으로 끌려갔다. 시드기아 왕이 이 세상에서 본 마지막 장면은 사랑하는 아들들이 죽임을 당하는 장면이었다. 당시의 처절했던 상황에 대해 예레미야 애가서는 생생하게 증언한다.

> 예루살렘 온 백성이 탄식하며 먹거리를 찾습니다. 목숨을 이으려고, 패물을 주고서 먹거리를 바꿉니다.(애가 1:11)

패물이 무슨 소용이 있겠는가? 진주 한 사발이 옥수수 하나만 못한 세상이 되었다.

> 내가 애인들을 불렀으나 그들은 나를 배신하였고, 제사장들과 장로들은 목숨을 이으려고 먹을 것을 찾다가, 성안에서 기절하였다.(애가 1:19)

애인도 필요 없었다. 가장 근엄해야 할 제사장과 장로들도 체통이고 뭐고 없었다. 굶는 데는 장사가 없다. 그들은 거리로 나와 먹을 것을 찾다가 여기저기 기절하고 굶주려 쓰러진다.

> 내 백성의 도성이 망하였다. 아이들과 젖먹이들이 성 안 길거리에서 기절하니, 나의 눈이 눈물로 상하고, 창자가 들끓으며, 간이 땅에 쏟아진다. 아이들이 어머니의 품에서 숨져 가면서, 먹을 것 마실 것을 찾으며 달라고 조르다가 성 안 길거리에서 부상당한 사람처럼 쓰러진다.(애가 2:11-12)

어미 품에서 배가 고프다고 울면서 숨져가는 아이들을 그냥 쳐다볼 수밖에 없는 어머니의 심정이 어떠했으랴? 그러나 그것도 양반이다. 잠시 후 성안에서 전개된 상황은 상상을 초월한다.

> 주님, 살펴 주십시오. 주님께서 예전에 사람을 이렇게 다루신 적이 있으십니까? 어떤 여자가 사랑스럽게 기른 자식을 잡아먹는단 말입니까? 어찌 주님의 성전에서, 제사장과 예언자가 맞아 죽을 수 있습니까?(애가 2:20)

> 내 백성의 도성이 망할 때에 자애로운 어머니들이 제 손으로 자식들을 삶아서 먹었다.(애가 4:10)

이런 상황을 겪어보지 못한 사람들은 이에 대해 이러쿵저러쿵 윤리적 판단을 내릴 수 없을 것이다. 이렇게 유다가 멸망하고 2차 포로로 사람들이 잡혀갔다.(열왕기하 25:1-7, 예레미야 52:4-11) 그러나 그 후에도 유다 안에는 계속해서 반 바벨론 정서가 이어졌다. 주전 582년에 바벨론 총독 그달리야가 암살당했다. 예레미야를 비롯한 많은 유대인이 후환이 두려워 이집트로 피신하였다. 예상대로 바벨론의 잔인한 보복이 행해졌다. 백성들은 세 번째 포로로 잡혀간다.(예레미야 52:30) 성서는 1, 2, 3차에 걸쳐 포로 4,600명이 끌려갔다고 전한다.(예레미야 52:30)

식민지 시대 백성의 분포

바벨론이 유다를 멸망시키고 왕족과 귀족을 바벨론으로 끌고 갔다. 그러나 그 숫자는 극히 일부분이다. 역시 대다수의 민초들은 본토에 남아서 고난을 당한다. 우리가 이 시대를 포로기라고 부르는 것은 귀족 중심의 사관이다. 땅에 남아있는 민초들을 중심으로 한다면 '식민지시대'라고 불러야 할 것이다. 식민지 시대 유다인은 세 부류로 나눌 수 있다.

본토의 사람들

첫 번째는 본토에 남아있는 사람이다. 본토의 상황은 시편 79편, 에스겔 21:9-17이 증언한다.

> 하나님, 이방 나라들이 주님의 땅으로 들어와서,
> 주님의 성전을 더럽히고, 예루살렘을 돌무더기로 만들었습니다.
> 그들이 주님의 종들의 주검을 하늘을 나는 새들에게 먹이로 내주고,
> 주님의 성도들의 살을 들짐승에게 먹이로 내주고,
> 사람들의 피가 물같이 흘러 예루살렘 사면에 넘치게 하였건만,
> 희생당한 이들을 묻어 줄 사람이 아무도 없습니다.(시편 79:1-3)

> 사람아, 예언을 전하여라. '나 주가 말한다. 칼이다! 칼에 날이 섰다. 칼이 번쩍거린다. 사정없이 죽이려고 칼에 날을 세웠으며, 번개처럼 휘두르려고 칼에 광을 냈다. 내 백성이 모든 경고와 심판을 무시하였으니, 어찌 기쁨이 있을 수 있겠는가? 그 사람의 손에 쥐어주려고 칼에 광을 내었다. 살육자의 손에 넘겨주려고 그렇게 시퍼렇게 날을 세우고 광을 냈다. 사람아, 너는 부르짖으며 통곡하여라. 그 칼이 내 백성을 치고, 이스라엘의 모

든 지도자를 칠 것이다. 지도자들과 나의 백성이 함께 칼에 찔려 죽을 것이다. 그러므로 너는 가슴을 치며 통곡하여라. … 너 사람아, 예언을 전하여라. 손뼉을 쳐라. 그 칼이 두세 번 휘둘릴 것이다. 그것은 사람을 죽이는 칼이요, 큰 무리를 학살하는 칼이다. 사람들 주위를 빙빙 도는 칼이다. 사람들의 간담이 녹고, 많은 사람이 쓰러져 죽을 것이다. 내가 성문마다 살육하는 칼을 세워 놓았다. 번개처럼 번쩍이는 칼, 사람을 죽이려고 날카롭게 간 칼이다.(에스겔 21:9-15)

예루살렘에 남아있는 백성들의 모습은 비참했다. 파괴와 처형의 참극이 벌어졌고 예루살렘 골짜기는 피로 물들여 졌다. 주민들은 이렇게 앉아서 비참한 보복의 칼을 맞아들일 수밖에 없었다.

바벨론에 잡혀간 사람들

두 번째 부류는 바벨론에 잡혀간 사람이다. 이들은 텔아비브, 그발 강가에 함께 수용되었는데 다음 시편은 이들의 심정을 잘 나타내 준다.

우리가 바벨론의 강변 곳곳에 앉아서,
시온을 생각하면서 울었다.
그 강변 버드나무 가지에
우리의 수금을 걸어 두었더니,
우리를 사로잡아 온 자들이
거기에서 우리에게 노래를 청하고,
우리를 짓밟아 끌고 온 자들이

저희들 흥을 돋우어 주기를 요구하며,

시온의 노래 한 가락을

저희들을 위해 불러 보라고 하는구나.

우리가 어찌 이방 땅에서

주님의 노래를 부를 수 있으랴.

예루살렘아,

내가 너를 잊는다면,

내 오른손아,

너는 말라비틀어져 버려라.

내가 너를 기억하지 않는다면,

내 혀야,

너는 내 입천장에 붙어 버려라.(시편 137:1-6)

이 시편은 "By the rivers of Babylon"이라는 팝송으로도 유명한 노래이다. 바벨론 강가에 앉아 있는 시온의 무리들이 옛날 예루살렘에서 예배드리던 때를 생각하며 울고 있었다. 지나가던 바벨론 관리들이 버드나무 가지에 걸린 악기를 보고 노래를 부르고 수금을 타보라고 청한다. 그런데 이게 무슨 노래인가, 성전에서 야훼 하나님께 찬양을 드리던 노래들 아닌가, 하지만 의미도 모르는 바벨론 사람들은 단지 여흥을 즐기기 위해 노래를 듣고자 한다. 그들은 자신들의 귀를 즐겁게 하려고 그 거룩한 노래를 불러 보라고 하지만 이스라엘 사람들은 억장이 무너져 내린다. 이들은 "우리가 어찌 이방 땅에서 주님의 노래를 부를 수 있으랴"라고 탄식하며 야훼 하나님에 대한 사무치는 그리움에 눈물짓는다.

바벨론에서 포로생활을 하는 사람들의 생활모습은 에스겔 3:15, 예레미야 29:5-7 등에서 엿볼 수 있다. 그들은 한정된 지역 안에서는 비교적 자유롭게 행동할 수 있었던 것 같다. 집을 짓고 소유할 수 있었고, 농사를 짓거나 과수원을 돌보았다. 아들, 딸들이 시집을 가거나 장가를 가기도 하였다. 또한, 이들은 자기들 나름의 집회가 가능했다.(에스겔 8:1, 14:1) 이들 중에는 장사하여 부자가 된 사람도 있었다. 예레미야가 잡혀간 사람들에게 바벨론을 위해 기도하라고 말하고 바벨론에 복종하도록 권고하는 것으로 보아 그들과 조화를 이루기 위해 애쓴 것 같다.

한편 이들은 자기들끼리 정체성을 유지하려 했다. 그러한 노력은 첫째, 성서 집필로 이루어졌다. 둘째, 예배 처소가 사라졌으므로 성전이라는 '구별된 공간'의 역할보다는 안식일이라는 '구별된 시간'을 통해서 정체성을 유지하고자 하였다. 그리고 셋째, 할례를 행하여 유대인의 표식으로 삼게 하였다. 바벨론과 생존을 위해 동화되기는 하지만 자기 민족만의 정체성을 살리려는 강력한 의지가 생긴 것은 바로 이때이다.

외국으로 흩어진 사람들

세 번째 부류는 흩어진 사람들이다. 이미 북 왕국이 멸망했을 때 세계 각국으로 유대인들이 흩어졌지만, 그때는 그래도 남 왕국 유다가 건재하였으므로 많은 유민들이 남 왕국으로 피신하여 살아갈 수 있었다. 유다도 적극적으로 북 왕국 유민들을 맞아들이는 정책을 취했다. 그러나 남 왕국마저 망하게 되자 이들은 세계 각국으로 흩어져 생활하게 된다. 이때부터 흩어진 디아스포라들은 성전 대신 회당을 중심으로 자기들의 정체성을 유지해 나갔다. 그들은 예레미야의 권고대로 거주지역의 주민들을 위해 기도하고 원주민들과 조화를 이루고자 하는 그들 나름의 생존을 위한 생활원칙이 있었다.(예레미야 40:11, 43:7, 44:1)

포로기 때 왕국이 사라지고 유리하는 백성이 된 주민들은 이렇게 세 부류로 나뉘었는데, 이 중 어느 부류에 중점을 둬야 하는가에 대해서 고찰할 필요가 있다. 우리는 대부분 이 시대를 포로기 또는 포수기(捕囚期)라고 부른다. 하지만 이들의 생활이 비교적 자유가 있었던 것으로 보아 포수기라는 말은 과한 표현이다. 한편 이 시기를 포로기라고 부르는 것은 잡혀간 사람들을 중심으로 역사를 보는 것이다. 물론 잡혀간 사람들은 대부분 왕가, 귀족, 사제, 지식인, 기술자 등등 지배층이었다. 그러나 인구 분포로 보면 아주 소수에 불과하다. 역시 민족 구성원의 대부분은 유대와 이스라엘 지역에 남아있는 백성들이다. 이들은 외국이나 타지역으로 피난해 살 수 있을 만한 재력도 갖지 못한 사람들이고 포로로 사로잡혀갈 만큼 주목받는 인물들도 못된다. 그들은 이러지도 저러지도 못하는 평범한 민중, 백성들이다. 그렇기에 이 시대를 '포로기'라고 부르기보다는 오히려 가나안 땅에 남아있는 민중을 중심으로 '식민지 대'라고 부르는 것이 적절하다.[1] 그럼에도 주로 이 시기를 '포로기'라고 부르는 것은 현재 남아있는 문서들의 집필자는 한결같이 포로로 잡혀간 사람들이기 때문이다.

---

1) 최형묵 외, 『함께 읽는 구약성서』 1991, 한국신학연구소, 230.

식민지 시대의 신학적 위기

포로기(식민지 시대)를 맞이한 이스라엘 백성들은 정치적인 위기뿐만 아니라 신학적으로도 큰 위기를 맞았다. 출애굽 이후 약 8백년 간 그들을 지탱하게 한 야훼신앙이 무너져 내렸을 뿐만 아니라 남북왕조가 자기 신앙의 정체성으로 삼아온 다윗계약신학과 모세계약신학이 무너져 내리는 정신적 공황상태였다. 포로기에 나타나는 예언자들의 신학은 바로 이 위기를 어떻게 극복하는가에 대한 예언자들 나름의 대안들이다. 그들의 예언은 그 시대의 절망을 안고 사는 사람들을 새롭게 가슴 뛰는 희망에 부풀게 만드는 하늘의 소리였다.

포로로 잡혀간 사람들은 바벨론 건축물들의 위용에 놀랐다. 신전의 벽두께만 하더라도 10미터가 넘었다. 세계를 정복한 제국의 중심지, 어마어마한 신전의 위용을 보면서 이들은 흔들리기 시작했다. 야훼가 세계 최고의 신이고 예루살렘이 세상의 중심이며 성전은 야훼 하나님이 거하시는 우주의 중심이라고 여겼는데 바벨론 땅에 와서 보는 바벨론의 신전이나 궁전의 규모에 비교하면 그야말로 조그만 헛간 정도에 불과했다.

그들은 생각했다. "우리가 세상을 너무 몰랐던 것 아닌가" "이러니 야훼가 바벨론의 신 마르둑에게 패할 수밖에 없지 않은가" "야훼는 왜소하다, 야훼는 우리를 구원할 능력이 없다"고 생각하는 사람들이 생겨났다. 이들의 마음은 야훼를 떠나 바벨론의 신 마르둑에게로 향했다. 자신들이 너무 우물 안 개구리 식으로 살았던 것 아닌가 하는 반성은 바벨론의 신앙과 문화를 받아들이려는 유혹으로 번져갔다. 그도 그럴 것이 그들이 가지고 있던 신념들은 졸지에 무너져 버렸거나 이미 답이 되지 못했다. 이들의 대표적인 신념은 남 왕국의 다윗왕조 신학(다윗계약)과 북 왕국

의 신명기 신학(모세계약)이었다.[2]

다윗왕조 신학(다윗계약)은 남 왕국 유다의 정치 이데올로기이며 유대민족의 신앙이었다. 영원히 다윗 후손에서 왕위가 나와 그 왕국이 영원할 것이며 시온(예루살렘)은 하나님이 거주하시는 곳이기에 아무도 침범하지 못하리라는 시오니즘(Zionism)은 그들의 정신적 기반이었다. 그러나 당시 시온은 돌 위에 돌 하나 남지 않았고, 다윗 왕가는 끊겨져 맥을 못 추는 신세가 되었다.

신명기신학(모세계약)은 북 왕국의 정치 이데올로기였으며 이스라엘 민족의 신앙이었다. 왕국의 멸망 초기에는 신명기신학이 유일한 답이었다. 즉 하나님께 순종하면 복을 받고 거역하면 저주를 받는다는 신명기 신앙은 유다가 멸망한 이유가 그들의 죄 때문이라고 설명하는 데는 유용했다. 그러나 신명기 신학에 의하면 백성이 죄에서 돌이켜 회개하면 구원해주셔야 하는데 아무리 회개해도 상황이 나아지지 않았다. 포로로 잡혀와 이대, 삼대가 지나갔다. 포로지에서 태어난 죄 없는 어린아이들은 도대체 누구의 죄 때문에 이런 고통을 당한단 말인가, 포로기의 예언자인 에스겔은 "아비가 신 포도를 먹으면 아들의 이도 시어지느냐?"(겔 18:1)며 풍자한다. 이는 포로기 2-3대에까지 이어지는 고통을 여전히 죄 때문에 당하는 형벌이라고 보는 신명기 신학에 대해 문제를 제기한다.

이제까지 그들이 신봉해온 신념들이 무너져 내리고 이들은 깊은 회의와 절망감 속에 빠졌다. 하나님은 안 계신 것 아닌가, 아니면 계셔도 능

---

2) 김경호, 『역사서-새 역사를 향한 순례』 대장간, 2018, 265쪽 참조.

력이 왜소한 것인가? 하나님께서 거주하신다던 예루살렘 성전이 무너져 내렸으면 이제 하나님은 어디 계신가? 이렇게 이역만리 바벨론 땅에는 성전도 없고 하나님도 안 계신데, 어떻게 하나님을 섬길 수 있단 말인가?

이런저런 깊은 신학적 회의 속에서 이스라엘은 일찍이 경험하지 못했던 신앙의 위기를 겪었다. 정신적이고 신앙적인 공황기에 이들은 모든 것을 다시 시작하고 다시 묻지 않을 수 없었다. 새로운 신학 체계를 세워야 하고 새로운 답변을 얻어야 했다. 이러한 신학적 위기에 답하는 문서들이 식민지 시대의 성서들이다. 그중에서도 특별히 신명기 역사가, 제사문서의 저자, 예레미야, 에스겔, 제2이사야, 학개, 스가랴 등이다. 이 성서 기자들은 당면한 위기를 뛰어넘기 위해 위대한 통찰력으로 신앙의 새로운 지평을 열어간다. 그런 면에서 식민지 시대는 신학적 위기이자 또한 새롭고 창조적인 신학이 탄생하는 기회이기도 하다.

지금 현존하는 성서의 모든 문서가 최종 편집된 것은 포로기(식민지 시대)시대다. 자신들의 역사가 사라질 것에 대한 위기의식이 성서 집필을 서두르게 하였다. 이스라엘 역사에서 포로기는 마치 이스라엘의 모든 전승이 통과하는 큰 우물과 같다. 오늘 우리가 대하는 성서의 역사, 법률, 문학, 예언 등 모든 자료는 다 식민지 시대와 그 이후 외세에 의해 계속되는 민족 소멸의 위기에 답하기 위해서, 또는 그런 속에서 자신의 역사와 전승을 보존해 나가려는 목적으로 작성한 것들이다. 그렇기에 이들 모든 문서에는 그 시대의 위기가 배어있고 깊이 착색되어 있다.

제사문서

-이스라엘의 회복 프로그램

위에 열거한 포로기 예언자들 외에도 오경 역시 포로기 작품이다. 오경의 가장 기본적인 골격이 되는 제사문서(P)[3] 역시 포로기의 작품이다. 오경은 제사문서의 큰 틀(포로기) 안에 JE 자료가 합해지고 여기에 별도 자료인 신명기자료(D)가 합하여서 이루어졌다. 오경의 자료구성을 시각적으로 표시하면 다음과 같다.

$$P_{(JE)} + D$$

이것은 오경의 자체가 포로기의 산물이고 다른 고대의 자료들은 사이사이 구성 요소를 이룰 뿐이다. 제사문서는 예루살렘을 중심으로 한 제사장 집단이 포로지에서 절망하는 백성들에게 희망을 제시하기 위한 작품이다. 그들은 단지 전쟁의 포로가 아니라 하나님의 형상대로 지음받은 떳떳한 인간으로 하나님을 대신해서 세상을 다스릴 대리자임을 일깨워주며 자신들이 가지고 있던 종교법, 제사법, 사회법을 총정리했다.

제사문서의 역사서술은 약속의 땅 입구까지 계속된다. 그것은 포로기

---

3) 오경은 조금 더 세분해서 나누기도 하지만 크게 보아 네 가지의 자료들이 후대에 편집되어 생겼다고 한다. 즉 J, E, D, P가 그것이다. J자료(하나님의 이름을 야훼 즉 Yahweh로 쓰는데 독일어 표기로 Jahweh이기에 J자료라 한다)는 기원전 10세기 중엽의 남부 지역의 것으로 다윗왕조에 의해 자료가 편집되었으며, E자료(하나님의 이름을 엘로힘, Elohim으로 사용한다)는 기원전 9세기 중엽의 북부 지역의 것이며, 단편적인 자료로 J자료 속에 녹아들어갔다. D자료(신명기, Deuteronomy)는 기원전 7세기 히스기아와 요시야의 종교개혁에 토대가 되었고 포로기에 완성된 것으로 추정된다. P자료(제사문서, Priestly Document)는 포로기나 포로기 이후의 작품으로 여겨진다. 최종 P의 틀거리 안에 JE와 D가 합류되어 오경을 이룬다.

이스라엘 백성의 처지이기도 하다. 이들이 말하는 약속의 땅을 향한 입성은 바벨론 포로기에서 벗어난 사람들이 세워야 하는 과제, 이스라엘과 유다의 회복 프로그램이기도 하다. 이들은 제의를 통해 하나님을 섬기며 야훼를 하나님으로 모실 때 모세시대의 영광을 다시 찾을 수 있다고 생각했다.

제사문서는 안식일, 할례, 제사 등을 엄격하게 강조한다. 이런 규정들은 당시 이스라엘로서는 자신의 정체성을 유지할 수 있는 유일한 방법이었다. 제사문서의 편집자는 인간이 자기 욕심과 일을 멈추고 하나님 앞에서 자신을 돌아보는 안식일 정신을 사회 전체로 확장시킨다. 그의 안식년, 희년에 대한 구상은 새로운 사회 공동체를 꿈꾸는 혁명적 상상이며 땅과 자연도 안식이 필요하고 회복이 요구된다는 폭넓은 사상이다.

제사문서는 인간의 잘못에 대해 벌하신다는 조건적인 모세계약까지도 무조건적인 하나님의 은혜를 말하는 다윗계약, 영원한 계약으로 말한다.[4] 따라서 계약을 파기한 사람에 대한 하나님의 무서운 심판은 하나님의 자비로 바뀐다. 그는 포로기 이전 예언자들처럼 이스라엘과 유다의 멸망을 예언하기보다는 하나님의 자비에 근거해서 민족의 회복을 꿈꾼다. 제사문서 전체가 어떻게 새로운 공동체로 회복할 수 있을까를 모색하는 이스라엘과 유다의 회복 프로그램이기도 하다.[5]

왕국시대의 예언들이 비교적 단순한 신학을 반영하고 있다면 이스라엘과 유다의 중요한 신학적 위업은 민족이 큰 위기에 봉착한 포로기의 신학들이다. 지금까지도 인류의 이상이 되는 안식년, 희년에 대한 혁명

---

4) 김경호,『역사서-새 역사를 향한 순례』대장간, 2018, 제9장 참조
5) 김경호,『오경-야훼신앙의 맥』대장간, 2017, 제10장 참조.

적인 새 역사의 구상은 포로기의 위기에서 잉태되었다.

포로기 위기를 극복하기 위한 작품들

신명기 신학을 바탕으로 전체 이스라엘과 유다 역사를 되돌아보는 대서사를 집필했는데 이를 신명기 역사라 부른다. 이 역시 포로기의 작품이다. 이는 남북왕국이 존재할 때의 작품이 아니다. 신명기 역사는 북 왕국 이스라엘의 역사를 말한 후에 이어서 동시대 남 왕국 유다의 역사로 넘어가며 남북 왕국을 자유롭게 오간다.

그러나 사실 남북왕국은 서로 망할 때까지 싸움질을 하다가 북 왕국 이스라엘은 아시리아에 의해서, 남 왕국 유다는 바벨론에 의해서 나라가 망하고 각각 외국의 포로가 되었다. 이들은 왕국의 분열 이후에 한 번도 단일 왕국을 형성하지 못했다. 그러나 성서는 두 왕국을 마치 한 민족의 역사를 다루듯이 통합해서 서술한다. 성서가 말하는 "유대왕 역대지략"이나 "이스라엘왕 역대지략"은 기초사료겠지만 그 책들은 현재는 존재하지 않는다. 오직 성서를 통해서 이름만 알 뿐이다. 분열왕국 시대에는 각기 왕국의 역사로 존재하던 것을 나라가 각각 멸망한 후에 신명기 역사가는 '두 왕국은 한 민족'이라는 정신으로 통합해서 집필했다. 신명기 역사가의 기상천외한 역사관이 포로기의 위기를 어떻게 뛰어넘는 대안을 제시하는가를 볼 것이다.

또한 예레미야, 에스겔, 제2이사야, 제3이사야, 학개, 스가랴 등의 포로기 예언자들은 왕국시대 예언자들이 상상도 하지 못한 굵고 다양한 정신적 유산들을 배출하였다. 그들이 남긴 깊은 성찰과 심오한 신학적 구조들을 앞으로 살펴보겠다. 난세에 영웅이 나온다고 가장 위험하고 고통스러운 민족의 집단 위기에서 나온 위대한 영감들은 지금까지도 전 세계인의 마음을 이끄는 성서가 되어 가장 위대한 신앙, 위기를 극복하는 정신들을 남겼다.

신명기 역사가의 신학적 통찰

신명기부터 연속적으로 나오는 여덟 권의 책(신명기, 여호수아, 사사기, 룻기, 사무엘 상하, 열왕기 상하)을 '신명기 역사서'라고 부른다. 여기서 다루는 역사는 출애굽부터 유다가 멸망할 때까지의 이스라엘과 유다의 전체 역사를 다루지만 어느 시대를 다루건 그 안에는 포로기의 위기 상황이 스며있다. 나라가 사라질 위기가 아니면 성서 집필도 없었을 것이다. 신명기 역사가는 위기의 민족에게 심오하고 위대한 신학을 펼친다.

솔로몬이 성전을 완공한 후에 하나님 앞에 봉헌기도를 올리는 감동적인 기도문이 열왕기상 8장 22절부터 53절까지 나온다. 상당히 긴 기도문인데 다윗이 이루지 못한 성전 건축의 꿈을 아들이 이루고 마침내 하나님께 봉헌하는 기도이니 얼마나 감격스러운가? 그러나 자세히 보면 이 기도문에 상당히 어색한 내용들이 나온다.

> 이 백성이 주님께 죄를 지어서, 주님께서 진노하셔서 그들을 원수에게 넘겨주시게 될 때에, 멀든지 가깝든지, 백성들이 원수의 땅으로 사로잡혀

가더라도… 그들을 사로잡아 간 사람들 앞에서도 불쌍히 여김을 받게 하셔서, 사로잡아 간 사람들도 그들을 불쌍히 여기게 하여 주십시오.(왕상 8:46-50)

경사스런 민족 축제에서, 성전을 봉헌하는 감격스러운 예배에서 무슨 어울리지 않는 기도란 말인가? 이는 마치 결혼식에서 주례자가 "오늘 결혼하는 이들이 만약 이혼을 하게 되더라도 아들은 엄마가, 딸은 아빠가 나누어 돌보게 하시고 재산은 반씩 공정하게 나누게 하시고…"라고 기도하는 것과 같다.

이렇게 상황과 어울리지 않는 본문은 도대체 무슨 이유인가? 마르틴 노트(M. North)는 신명기부터 연속적으로 나오는 여덟 권의 책을 모두 단일한 역사의 기록이라고 하며 이를 '신명기 역사서'라고 불렀다. 이스라엘 왕국이 멸망하고 포로 신세가 됐을 때, 신명기의 신학과 정신에 따라 이스라엘 전체 역사를 반성적으로 회고한 통권의 역사서라는 것이다. 그렇기 때문에 어느 시대를 기술하건 모든 역사에 토대가 되는 것은 포로기의 위기 상황이며 그에 대한 절박함이 반영된다. 심지어는 매우 감격스러운 경축의식인 솔로몬의 성전봉헌식에까지도 집필자들 자신이 처한 포로기의 위기 상황이 반영될 정도로 오늘 우리가 대하는 성서의 모든 전승에는 식민지 시대의 위기감을 볼 수 있다.

마르틴 노트는 그의 저서 『신명기적 역사』[6] 에서 솔로몬의 봉헌기도를 분석하면서, 여기에 언급한 성전 역할에 대해 주목한다. 여기서는 성

---

6) Martin Noth, *The Deuteronomic History*, Sheffield, 1981

전이 "기도를 들어주고", "야훼의 이름을 두는 곳"(왕상 8:28-30), "땅 위의 모든 백성이 주의 이름을 알게 하시고 주님을 경외하고... 주의 이름을 부르는 곳"(왕상 8:43)이라고 한다. 그러나 본래 예루살렘 성전의 기능은 희생제사를 드리는 곳이었다. 하지만 이 봉헌기도에서는 희생제사에 대한 언급이 전혀 없다. 왜 그럴까? 이것은 이 기도문을 쓸 때 예루살렘 성전은 이미 폐허가 되었고 돌 위에 돌 하나 남지 않고 무너져 내렸기 때문이다. 그렇기에 전성기에 제사를 드리고 떠들썩하던 성전의 모습은 전혀 언급되지 않는다. 성전은 단지 "그곳을 향하여 기도하는 곳", 또는 "야훼의 이름을 두는 곳"이라고만 한다.

또 하나의 특징은 신명기 역사는 비극으로 끝난다. 모세로부터 유다의 멸망까지를 다루는 대역사의 기록이라면 그래도 무언가 비전을 제시하는 해피엔딩이거나, 워낙 멸망의 역사를 다루는 것이기에 그렇게는 못하더라도 적어도 희망을 제시해야 하는데, 예루살렘의 멸망과 파괴, 유다백성이 바벨론으로 잡혀가는 것, 그리고 바벨론의 총독이 부임하는 것 등 아주 절망적인 결말로 민족의 대 서사시를 마감한다.

끝에 여호야긴의 석방 이야기를 약간 언급해서 앞으로 이스라엘의 운명이 회복될 것을 암시하기는 하지만 전체적으로 비극적인 결말을 바꾸지는 못한다. 역사를 움직일만한 어떤 희망과 관련될 만한 일이 아니고, 단지 포로지에서 옛 왕이었던 한 인물이 억류상태에서 풀려나게 되었다는 에피소드 성 기사에 불과하다. 신명기 역사가는 왜 이렇게 비극으로 역사를 마감하였는가?

신명기 역사가는 무너진 성전이 오히려 더 강하게 야훼 하나님의 위대함을 증거 한다고 보았다. 이제까지 모든 신은 자기 민족을 무조건 감싸는 민족 신에 불과하다. 민족마다 자기 신의 이름을 앞세워서 전쟁을 수행했다. 각 민족들 사이의 전쟁은 그들이 섬기는 수호신들의 전쟁이기도 했다. 민족신 들은 암탉이 자기 병아리를 감싸듯이 무조건 자기 백성을 감싸고돌았다. 그러나 사정이 바뀌었다. 바벨론이 세계를 정복하면서 이제 세계는 국제화 시대가 되었다. 각 나라에서 잡혀 온 백성들은 여러 민족들이 가졌던 신들도 서로 비교하였다. 무조건 자기 민족을 감싸고도는 민족신 들의 영웅담은 이미 무너진 신화이며 변화된 국제사회에서 식상한 개념이 되어 버렸다. 더는 이런 전쟁 신에 대한 신관은 용납될 수 없었다.

이런 상황에서 신명기 역사가는 야훼 하나님의 개념을 새롭게 제시한다. 야훼 하나님은 자기 민족이라고 무조건 감싸는 신이 아니고 법의 하나님, 정의의 하나님이라는 것이다. 그분은 자기 민족, 자기 자식까지도 정의에서 벗어났을 때는 가차 없이 심판하고 법대로 판단하신다. 그래서 오히려 모든 민족은 무너진 성전을 보고 법의 하나님, 정의의 하나님이신 야훼의 우수성을 알게 된다. 돌 위에 돌 하나 남지 않은 처참한 모습은 오히려 각자 자기 민족의 수호신 개념을 뛰어넘는 야훼 하나님께서 전 세계를 섭리하는 높은 경륜과 섭리를 드러낸다. 그러므로 비극으로 끝나는 역사, 무너진 성전과 포로로 잡혀간 백성, 폐허가 된 예루살렘이야말로 더없이 야훼의 참 하나님다움을 증거 하는 표징이다. 이러한 역설은 신명기 역사가가 그 시대에 던지는 감동적인 신학적 구상이다.

코흐는 신명기의 제의 중앙화는 일상생활의 세속화와 깊은 관련이 있다고 본다. 신명기가 성전을 "하나님의 이름을 두는 곳"이라고 하는 것은 거룩한 영역을 세속화한 것이라고 보았다. 신명기는 지방 성소를 폐지하고 중앙 성소로 단일화했을 뿐만 아니라, 야훼께서 고르신 그 한 곳 조차도 다시는 야훼의 거룩함으로 가득 찬 장소로 여겨서는 안 된다는 것이다. 예루살렘은 단지 야훼께서 '자신의 이름을 두시려고' 택하신 곳으로 간주되었다.(신명기 12:21) 하나님께서는 오로지 말씀과 언어를 통해서만 그곳에서 자신을 드러내신다. 야훼의 참된 실존은 하늘에 속한 것이라는 표상은 하나님은 사람의 눈에 보이지 않으며 특정한 장소에 묶어두지 않는다는 의미이다. 또한, 당시 희생 제물로 이해되던 짐승을 죽이는 행위 역시, 이제 정함과 부정의 영역에서 벗어나 특정한 곳이 아니고 성읍 어디서나 자유롭게 할 수 있게 되었다.(신명기 12:15) 정해진 장소에서 드려야 했던 십일조도 삼 년째 되는 해에는 마을과 부락 단위로 그것이 필요한 가난한 자들에게 나누어 주었다.(신명기 14:22-29)[7]

신명기 역사가에 의해 본래 희생 제사를 드리던 성전은 법을 모시는 곳, 법궤가 안치되어 있는 곳으로 그 역할이 변화하였다. 법궤 안의 내용물도, 신명기 이외의 자료들에서는 세 가지를 말한다. 만나, 아론의 싹이 돋은 지팡이, 그리고 율법이 새겨진 돌 판이 있다고 한다. 하지만 신명기 역사가는 오직 율법이 새겨진 돌판만 있다고 한다. 이것은 희생 제사를 드리던 성전 기능을 오직 법을 지키는 곳, 하나님의 말씀을 두는 곳으로 강조하여 야훼종교가 가진 종교성보다는 일상의 삶을 주관하는 하나님, 정의로우신 하나님으로 세속화한다. 신명기 종교개혁은 단지 제의의 중앙화라는 장소의 단일화뿐 아니고 야훼 신앙을 생활 전반으로 확장시키는 의미가 더욱 크다.

---

7) 클라우스 코흐, 『예언자들 2-바벨론과 페르시아 시대』 강성열 역, 크리스천다이제스트, 1999, 16.

폐허 위에 아무런 희망도 갖지 못하고 우왕좌왕하는 이스라엘 백성들에게 신명기 역사가는 길고 큰 호흡으로 하나님의 역사를 보게 하였다. 그들은 시온이 하나님께서 거하시는 곳이기에 영원히 멸망하지 않는다는 신앙이 있었는데 이제는 그 거룩한 성 예루살렘과 성전은 돌 위에 돌 하나 남지 않았다. 이런 절망감으로 가슴을 쓸어내리는 백성들에게 신명기 역사가는 위대한 희망을 제시한다.

하나님께서는 다른 신보다 힘이 없어 무너져 내린 것이 아니다. 오히려 법을 중시하고 정의를 강물 같이 흐르게 하는 야훼의 우수성을 드러내었다. 이제는 힘이 모든 것을 지배하는 세계는 지나갔다. 정의와 원칙, 법을 위반하면 자기 백성이라도 예외 없이 내치시는 야훼 하나님의 공의로우심이, 이제까지 힘과 군대로 세계를 지배하던 질서를 대신한다. 바야흐로 야훼로 인하여 도의의 시대가 도래하였다.

하나님에 대한 새로운 발견은 새로운 세계관, 역사관이며 동시에 새로운 종교를 보는 계시이다. 신명기 역사가의 신학은 당시 세계와 종교를 싸고 있는 껍질을 한 꺼풀 벗겨내고 새로운 질적 변화를 향해 도약하게 하는 종교와 역사의 혁명이었다.

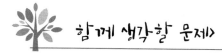

함께 생각할 문제>

* 이스라엘과 유다가 당한 식민지 시대(포로기)의 위기와 당혹감에 대해서 이
  야기해 봅시다.

* 그동안 남, 북 왕조의 중요한 정신적 기둥이었던 신학들에 대해 이야기해 봅
  시다. 그 신학들이 어떻게 무너졌는지에 대해서도 이야기해 봅시다.

* 포로기 위기에서 야훼신앙을 지키고 민족의 정체성(Identity)을 유지하기 위
  해 어떤 노력을 했는지 이야기해 봅시다.

* 이스라엘의 중요한 신학적 위업은 민족이 큰 위기에 봉착한 순간에 이루어
  졌다. 우리가 개인이나 집단의 경험을 통해 가장 위험하다고 생각하는 순간
  이, 가장 큰 기회가 되기도 한다. 이런 경험들을 나누어 보자.

우리를 구원하시는 반석

시편 95:1-10

오너라, 우리가 주님께 즐거이 노래하자.
우리를 구원하시는 반석을 보고, 소리 높여 외치자(시편 95:1-2).

오늘 시편은 하나님을 가리켜 반석이라고 한다. 이스라엘은 돌이 많은
나라다. 온 나라가 석회암으로 구성되었다. 돌은 집을 짓는 도구지만 부
서져 버린 잔돌보단 반듯한 반석이 집이 설 터가 되며 쉼터가 된다. 그러
므로 반석은 그들의 안정과 평안의 상징이다.

주님은 크신 하나님이시요,
모든 신들 위에 뛰어나신 왕이시다.
땅의 깊은 곳도 그 손 안에 있고,
산의 높은 꼭대기도 그의 것이다.(3-4절)

팔레스타인은 높낮이 변화가 심한 땅이다. 사해 바다 수면은 해저 4백
미터이며 갈릴리수면도 해저 백미터의 깊이다. 반면 북으로는 헤르몬 산
이 솟아있는데 해발 3천미터의 만년설이 덮여있다. 시편은 그 모든 것이
하나님의 손안에 있다고 한다.

바다도 그의 것이며 그가 지으신 것이다.
마른 땅도 그가 손으로 빚으신 것이다.(5절)

물이 넘쳐나는 바다도, 물 한 방울 나오지 않는 광야와 사막도 모두 하나님께서 손으로 지으신 것이고 그의 주권 아래 있다. 여기 높낮이의 변화, 바다와 마른 땅의 대조는 우리가 어떤 변화나 어떤 극한 상황에 처하더라도 무슨 염려냐? 그것이 하나님 안에 있는 일이고, 우리가 대처할 수 있는 범위 밖에서 일어나 우리를 망가뜨리는 일이 아니고 하나님의 주권 아래 있는 일임을 일깨운다.

오너라, 우리가 엎드려 경배하자.
우리를 지으신 주님 앞에 무릎을 꿇자.
그는 우리의 하나님이시요,
우리는 그가 기르시는 백성이며,
그가 손수 이끄시는 양 떼다.(6-7절)

주님은 양 떼를 이끄시는 참된 목자라고 한다. 양과 목자의 관계를 생각해보면, 거기에는 이중적인 면이 있다. 양이 목자를 어찌 생각할까? 혹시 '저 지팡이를 든 인간 때문에 나는 저 골짜기로 뛰어가고 싶은데 그러지 못한다. 저놈 아주 골치 아픈 놈이다. 못마땅하다. 저놈만 없으면 내 자유가 보장될 터인데...'라고 생각할지도 모른다. 우리도 때로는 하나님을 섬기는 것이 내게 족쇄가 된다고 생각할 수도 있다. 하지만 정작 양 떼를 습격하는 큰 짐승이나 맹수가 나타나면 목자가 목숨 걸고 달려가 그

지팡이로 막아준다. 목자는 양 떼의 보호자와 안식처이며, 그들의 품이다. "야훼는 나의 반석이시오" 하는 것도 마찬가지의 고백이다.

> 므리바에서처럼, 맛사 광야에 있을 때처럼,
> 너희의 마음을 완고하게 하지 말아라.(8절)

므리바에서, 맛사에서 도대체 무슨 일이 일어났는가? 광야의 삶이란 아무것도 없는 마른 땅에서의 삶이다. 농사는 고사하고 풀 한 포기 없다. 여기서 40년 생존한다는 것 자체가 질긴 기적이다. 광야 40년은 위기의 시대이며 많은 불안과 아우성의 시간이었다. 기본 생존에 필요한 것들이 절대적으로 부족하다. 오늘은 살아 있으나 내일 또 살 수 있을지 어떨지를 예측하기 어렵다. 그들의 고생이 오죽했겠는가? 음식이 없어 다 굶어 죽는다고 아우성이다. 그런 그들에게 하늘에서 만나를 비같이 내려주어 살게 하셨다.

므리바와 맛사는 물에 관한 기적이 일어난 장소다. 배가 고픈 것은 그런대로 참을 수 있으나 목이 마른 것은 정말 참기 힘들다. 광야를 횡단할 때 금보다 귀한 것은 낙타나 나귀다. 이것은 유일한 운반수단이다. 제 몸 가누기도 힘든 광야에서 가축 없이 짐을 메고 횡단하기는 불가능하다. 낙타나 나귀는 정 급할 때 비상식량이 되기도 한다. 그런데 그 가축들마저도 물이 없어 비틀거리며 쓰러진다. 그 다음은 불을 보듯 뻔하다. 자신들이 쓰러질 차례다.

물이 나올만한 땅을 파보기도 하였지만, 전혀 깜깜 무소식이다. 가능성마저 비치지 않았다. 근처 산천으로 혹시나 하는 마음에서 물을 구하러 사람들을 보냈으나 그들이 돌아와 전하는 소식은 모두가 다 실망스런 소식이다. 마지막 한 조, 가장 가능성 있는 지역을 탐사한 조가 돌아왔다. 그런데 그들이 전한 소식마저도 절망이다. 그 어디서도 물이 나올 희망은 없다. 기대를 걸던 백성들은 급격히 마음이 동하기 시작했다. 앞으로 며칠 지나지 않아 모든 가축이 쓰러지게 되고 사람들마저 물을 찾아 헤매다가 광야에서 쓰러질 것이다.

이미 그런 징조들이 그들의 몸속 깊은 곳에서 갈증으로 찾아오기 시작하였다. 불안한 마음이 한번 일어나면 걷잡을 수 없다. 아무리 덩치 좋고 허우대가 멀쩡한 사람이라도 그 마음에 충격을 받고 균형을 잃으면 껍데기만 버티고 있을 뿐, 이미 그의 알맹이는 없다. 이 때 누구라도 옆에서 손잡아 주며, "괜찮아, 좋아질 거야."라고 말하면 그나마 위로가 될 터인데, 불안 심리가 집단으로 터져 나와 허둥대기 시작하고 몇 사람 통곡하고 땅을 치면, 그 다음 모두가 눈이 휘둥그레져서 아무것도 보이지 않는다. 그들은 모세에게 대들기 시작했다. "왜 우리를 이곳에 데려왔느냐? 너 때문에 우리 모두가 죽게 되었다. 하나님이고 뭐고 지금 우리에게 필요한 것은 물이지 당신도 아니고 하나님도 아니다." 그들은 서로 원망하고 다투고 하나님과 모세에게 대들었다.

이들의 집단 불안증은 이해할 만하다. 누구라도 그런 극한 상황에서 그리되지 않겠는가? 그러나 이 일은 하나님의 마음을 몹시 상하게 만들었다. 나중에 모세가 가나안에 들어가지 못하는 까닭이기도 하다. 므리바와 맛사의 지명은 그들이 서로 다투며(므리바) 하나님을 시험(맛사)했다는 뜻이다. 아니, 물이 없고 그중 몇몇은 이미 쓰러지고, 죽어갈 일이 불 보듯 뻔한 현실인데, 왜 그들이 하나님을 시험했다는 것인가?

땅의 깊은 곳도 그 손안에 있고,
산의 높은 꼭대기도 그의 것이다.
바다도 그의 것이며, 그의 지으신 것이다.
마른 땅도 그가 손으로 빚으신 것이다.(4-5절)

물이 문제인가? 마실 물이 문제인가? 바다에 넘실거리는 그 많은 물도 하나님께서 지으신 것이다. 마른 땅, 광야의 열기가 문제인가? 빛과 열기를 쏟아내는 태양도 하나님의 손으로 빚으셨다. 여전히 하나님은 그들을 보호하시고 사랑하시는데, 그들은 이미 이런 하나님에 대한 믿음을 버렸다. 하나님 없이 세상에 자기들만 혼자되어 허둥대고 대책도 없이 무너지기 시작했다. 이것은 하나님에 대한 도전이고 시험이다. 하나님은 여전히 손을 붙잡고 계시는데, 그들의 조급증이 하나님의 손을 뿌리치고 허둥대었다. 이 불신이야말로 바로 하나님에 대한 시험이다. 도대체 땅이 무너졌는가, 하늘이 내려와 앉았는가, 천지를 지으신 하나님이 계시고, 그분의 품안에 있지 않은가?

우리가 어떤 일을 당하더라도, 우리는 우리를 세상에 내신 아버지이시고 어머니이신 하나님의 품 안에 있다. 우리의 반석이고 목자이신 그분의 품 안이다. 우리는 이 근본을 잊어버리고 마치 하나님 없이 혼자인 듯 절망한다. 내 마음 안에서 하나님을 놓아 버리는 것은 바로 하나님을 시험하는 것이다. 우리를 품으려 팔 벌리고 다가오시는 분을 발길로 차버리는 행위이다.

너희 조상들은 그때에, 내가 한 일을 보고서도,

나를 시험하고 또 시험하였다.

사십 년을 지나면서, 나는 그 세대를 보고 싫증이 나서

'그들은 마음이 빗나간 백성이요,

나의 길을 깨닫지 못하는 자들이구나' 하였고,

내가 화가 나서 '그들은 나의 안식에 들어오지 못할 것이다'

하고 맹세까지 하였다.(9~11절)

　　하나님을 시험하고 또 시험할 때라도 하나님께서는 그들에게마저도 기적을 보여주시기도 하고, 므리바와 맛사에서 일어난 일처럼 바위 속에서 샘물이 터져 나오게도 하신다. 사람들은 물이 나오고 기적이 터지면 환호하고 하나님께서 함께하셨다고 떠들어 댄다. 그러나 하나님께서는 이미 그 전부터 그들과 함께 계셨다. 물이 나오고 만나가 하늘에서 내려와야만 하나님과의 신뢰가 계속되는 것이 아니다.

　　내가 하나님을 신뢰하는가가 더욱 중요하다. 하나님께서는 '믿음', 온전한 믿음을 원하신다. 그러나 사람들은 물질을 원하고 이적과 기적만을 찬양한다. 정작 하나님은 내팽개치면서 그가 던져주는 떡밥만을 원한다. 이스라엘 백성들이 바위에서 물이 솟구쳐 나왔다며 찬양하지만 이미 하나님의 마음은 무너져 내렸다. 물이 나오고 안 나오는 것이 중요하지 않다. 이미 마음으로 그분을 배신하고 버린 것, 하나님을 신뢰하지 못한 것이 중요하다. 그들이 하나님 없이 혼자 행한 것이 문제다. 물이 나오면 어떻고, 안 나오면 어떤가, 그들이 죽기라도 했나? 항상 막다른 골목으로 생각하고 아우성치지만 언제나 그랬듯이 하나님께서는 그들을 살려 주셨다. 바다에 넘실거리는 물이 모두 하나님의 것인데, 광야의 이글거리

는 태양도 하나님의 손안에 있는 것 아닌가? 보다 근본적으로 하나님을 신뢰하지 못하는 마음이 문제이다.

한번 몰아닥친 마음의 불안, 이것은 걷잡을 수 없이 사람을 피폐하게 하고 인간관계를 파괴한다. 마음이 불안해서 허둥대는데 누구와 만나고 이야기하는 일이 얼마나 고역인가? 마음에 평정이 깨졌을 때는 아무것도 도움이 되지 않는다. 분노는 오히려 우리 안에 어떤 에너지를 솟구치게 할 수 있다. 그러나 큰 불안으로 인해 마음에 중심을 잃거나 절망이 닥칠 때는, 무엇이든지 귀찮기만 하다. 큰 파도에 표류하는 조각배라고 할까.

우리가 어떤 어려움을 당한다고 하더라도, 하나님께서 함께 하신다면, 오히려 그 어려움이 약이 될 수 있다. 신앙인들은 삶의 목적을 편리하고 좋은 상황을 만들어 가는 데 두기보다 얼마나 하나님과 가까워질 수 있는가에 두어야 한다.

사람이 평안할 때는 여러 가지 욕구들로 인해 산만해진다. 힘이 남아 있는 한 어떻게 하든지 자기를 더욱 즐겁게 할 궁리를 한다. 오락의 기쁨, 끊임없이 호기심을 만족시킬 거리를 찾아 헤매느라 우리에게 꼭 필요한 소리를 들을 여유가 없다. 마음을 비우고 하나님을 받아들일 여유가 없다. 그러나 절망의 순간은 우리가 가장 간절하게 주님을 찾고, 나 자신의 뿌리로 돌아갈 수 있다. 그때 체험은 평생 가장 값비싼 선물이 될 수 있다. 이것은 천만금의 돈으로도 살 수 없는 체험이다. 칼 야스퍼스는 "위기의 순간이야말로 가장 성스럽고 영적인 깨달음에 다다를 수 있는 시간"이라고 하였다.

종교인들은 이런 체험을 얻으려고 일부러 사서 고행을 하기도 한다.

정신적으로 절망적인 상태를, 육체적으로는 극도의 고난의 상태를 자처해서 만든다. '깨달음'을 얻기 위해서 특히 종교심이 강한 인도 등의 나라에서는 인간의 한계를 시험하는 단식으로, 또는 수십 킬로미터에 해당하는 길을 오체투지로 가기도 하고 무릎으로 걷기도 한다. 그 과정에서 많은 사람이 탈진하여 죽기도 하지만, 그들은 오직 깨달음을 얻기 위해 목숨을 건다.

우리에게 가장 귀한 체험과 감사는 살아있다는 것과 하나님께서 우리와 함께 하신다는 사실이다. 지금 내 코에 숨이 붙어 있고 생존한다는 것은 이미 내가 당한 어려움을 이기고 있다는 것이다. 내게 덮친 죽음의 기운보다도 내게 임한 생명의 기운이 승리했다는 증거가 바로 나의 코끝에 있고, 때가 되면 강렬하게 고파오는 나의 배안에 있다. 나를 짓누른 죽음의 기운보다도 내가 살아서 감당할 수 있는 양이 훨씬 무게가 있다. 그것은 어떤 절망이든지 극복할 수 있는 넘치는 조건이 된다.

어떠한 조건에 처하든지 하나님을 바라본다면, 그분은 "우리의 피난처이며 우리의 든든한 반석이며 우리의 쉴만한 물가"라는 것을 느끼게 될 것이다. 하나님을 의지하고 그분과 더불어 생활할 수 있는 것이 가장 큰 행복이고, 주님 안에서 머물 때라야 우리는 참다운 우리가 될 수 있다.

» 강남향린교회 강단 중에서

2

예레미야-민중의 생명을 위하여

예레미야의 생애

여기서는 예레미야의 생애를 4단계로 나누어 살펴본다. 제1단계는 소명기이며, 제2단계는 여호야김(엘리야김) 시대이다. 예레미야는 여호야김에게 말씀을 전했지만, 왕은 그 말씀을 모두 찢어서 불태우고 예레미야를 죽이려했다. 예레미야는 다시 말씀을 기록하여 보관했다. 제3단계는 시드기야(맛다디야) 시대이다. 시드기야는 주변 세력을 규합해서 반바벨론 운동을 벌이지만 예레미야는 유다의 멸망을 예언한다. 마지막 제4단계는 유다가 멸망한 후에 그달리야 총독이 부임했으나 총독이 암살당하자 예레미야가 이집트로 피신하여 살아간다.

제1단계 : 소명기

예레미야는 주전 627년 요시아왕 제 13년에 소명을 받는다.(1:2)[1] 그러나 요시아왕에 대한 직접 언급은 없고 그의 아들들에게 내린 심판 말씀 중에 간접적으로 언급한다. 요시아에 대해서는 매우 존경하는 마음을 나타낸다.(22:10-16)

> 너희는 죽은 왕(요시아) 때문에 울지 말며, 그의 죽음을 슬퍼하지 말아라. 오히려, 너희는 잡혀 간 왕을 생각하고 슬피 울어라. 그는 절대로 다시 돌아오지 못한다. 다시는 고향 땅을 보지 못한다.(22:10)

제2단계 : 여호야김(엘리야김) 시대

예레미야는 여호야김에 대해 부정적으로 평가하며, 그는 하나님을 알지 못한다고 한다. 여호야김의 부친인 요시야가 법과 정의를 실천하고, 가난한 사람과 억압받는 사람의 사정을 헤아려서 처리해 주었는데, 바로 그것이 야훼를 아는 것이라고 한다. '야훼를 아는 것'이라는 추상적인 용어를 아주 분명하게 설명하는 구절이기도 하다.

> 불의로 궁전을 짓고, 불법으로 누각을 쌓으며, 동족을 고용하고도, 품삯을 주지 않는 너에게 화가 미칠 것이다. '내가 살 집을 넓게 지어야지. 누각도 크게 만들어야지' 하면서, 집에 창문을 만들어 달고, 백향목 판자로 그 집을 단장하고, 붉은 색을 칠한다. 네가 남보다 백향목을 더 많이 써서,

---

1) 예레미야 1:2을 말함. 앞으로 각 장에서 장절만 표기된 성서는 해당 예언자의 이름으로 된 성서를 말한다.

집짓기를 경쟁하므로, 네가 더 좋은 왕이 될 수 있겠느냐? 네 아버지가 먹고 마시지 않았느냐? 법과 정의를 실천하지 않았느냐? 그때에 그가 형통하였다. 그는 가난한 사람과 억압받는 사람의 사정을 헤아려서 처리해 주면서, 잘 살지 않았느냐? 바로 이것이 나를 아는 것이 아니겠느냐? 나 주의 말이다.(22:13-16)

여호야김은 국제정치에서 외교적으로도 형편없었다. 주관 없이 변화하는 국제정세에 따라 아시리아와 이집트 사이에서 갈팡질팡하였으며 성질이 아주 난폭해서 많은 죄 없는 사람들을 죽이기도 하였다.

여호야김이 다스리던 해에, 바빌로니아의 느부갓네살 왕이 쳐들어왔다. 여호야김은 그의 신하가 되어 세 해 동안 그를 섬겼으나, 세 해가 지나자, 돌아서서 느부갓네살에게 반역하였다. 주께서는 바빌로니아 군대와 시리아 군대와 모압 군대와 암몬 자손의 군대를 보내셔서, 여호야김과 싸우게 하셨다. 이와 같이 주께서 그들을 보내신 것은, 자기의 종 예언자들을 시켜서 하신 말씀대로, 유다를 쳐서 멸망시키려는 것이었다. 이것은, 므낫세가 지은 그 죄 때문에 그들을 주 앞에서 내쫓으시겠다고 하신 주의 말씀이, 유다에게서 성취된 일이었다. 더욱이 죄 없는 사람을 죽여 예루살렘을 죄 없는 사람의 피로 가득 채운 그의 죄를, 주께서는 결코 용서하실 수 없으셨기 때문이다.(왕하 24:1-4)

예레미야는 바룩을 통해 하나님의 말씀을 기록하여 그것을 대신들과 여호야김 왕 앞에 낭독한다.(36:1 이하) 그러나 왕은 한장 한장 읽을 때마다 그 말씀을 잘라서 불에 태워버리며 예레미야에게 극도의 증오심을 보인다. 마침내 예레미야를 체포하라고 명령하자 사반의 아들 아히감이 목숨을 내놓고 예레미야를 빼돌려 숨긴다. 그 때 예레미야는 다시 바룩을 통해 말씀을 기록하여 오늘 우리가 볼 수 있는 예레미야서가 남게 되었다. 여호야김은 예레미야를 죽이기 전에 이미 예언자 한 명을 죽인 적도 있다.

> 그 당시에 주의 이름으로 예언한 사람이 또 한 명 있었는데, 그가 바로 기럇여아림 사람 스마야의 아들 우리야였다. 그도 예레미야와 같은 말씀으로, 이 도성과 이 나라에 재앙이 내릴 것을 예언하였다. 그런데 여호야김왕이, 자기의 모든 용사와 모든 고관과 함께 그의 말을 들은 뒤에, 그를 직접 죽이려고 찾았다. 우리야가 이 소식을 듣고 두려워하여 이집트로 도망하였다. 그러자 여호야김 왕이 악볼의 아들 엘라단에게 몇 사람의 수행원을 딸려서 이집트로 보냈다. 그들이 이집트에서 우리야를 붙잡아 여호야김 왕에게 데려오자, 왕은 그를 칼로 죽이고, 그 시체를 평민의 공동묘지에 던졌다. 그러나 예레미야는 사반의 아들 아히감이 보호하여 주었으므로, 그를 죽이려는 백성의 손에서 벗어날 수 있었다.(26:20-24)

여호야김이 애굽(이집트)와 바벨론 사이를 왔다갔다 하자 마침내 바벨론이 유다를 침공했다. 예레미야는 여호야김에 대해 아주 부정적인 총평으로 마감한다.

그런데 너의 눈과 마음은 불의한 이익을 탐하는 것과 무죄한 사람의 피를 흘리게 하는 것과 백성을 억압하고 착취하는 것에만 쏠려 있다." 그러므로 주께서 유다 왕 요시야의 아들 여호야김을 두고, 이와 같이 말씀하신다. "아무도 여호야김의 죽음을 애도하지 않을 것이다. 남자들도 '슬프다!' 하지 않고 여자들도 '애석하다!' 하지 않을 것이다. '슬픕니다, 임금님! 슬픕니다, 폐하!' 하며 애곡할 사람도 없을 것이다. 사람들은 그를 끌어다가 예루살렘 성문 밖으로 멀리 내던지고, 마치 나귀처럼 묻어 버릴 것이다.". (22:17-19)

바벨론이 유다를 치러 온다는 소식을 듣고 바로 사망한 여호야김의 뒤를 이어 여호야긴이 왕이 되었지만, 그는 출정한 바벨론 군대가 예루살렘에 당도하는 3개월 동안 만 왕으로 있었다. 바벨론의 1차 침공으로 유다가 무너지고 첫 번째 포로들을 바벨론으로 잡아가는데, 그때 에스겔과 여호야긴이 포로로 끌려갔다. 여호야김의 아들 여호야긴(고니야, 여고니야)에 대한 예레미야의 평가 역시 부정적이다. 마침내 야훼는 다윗왕조 전체에 대해 멸망과 단절을 선언한다.

나 주의 말이다. 내가 내 삶을 두고 맹세한다. 여호야김의 아들 유다 왕 고니야야, 네가 내 오른손에 낀 옥새 가락지라고 하더라도, 내가 너를 거기에서 빼버리겠다. 네 목숨을 노리는 사람들의 손과, 네가 무서워하는 사람들의 손과, 바빌로니아 왕 느부갓네살의 손과, 바빌로니아 사람들의 손에, 내가 너를 넘겨주겠다. 나는 너와 네 친어머니를, 너희가 태어나지 않은 곳인 이국땅으로 쫓아내어, 거기에서 죽게 할 것이다. 마침내 그들은 그처럼 돌아가고 싶어 하던 고향으로 영영 돌아갈 수가 없을 것이다." 이

사람 고니야는 깨져서 버려진 항아리인가? 아무도 거들떠보려고 하지 않는 질그릇인가? 어찌하여 그는 자신도 모르는 낯선 땅으로 가족과 함께 쫓겨나서, 멀리 끌려가게 되었는가? 땅이여, 땅이여, 땅이여, 주의 말씀을 들어라. "나 주가 이렇게 말한다. 너희는 이 사람을 두고 '그는 자녀도 없고, 한평생 낙을 누리지도 못할 사람'이라고 기록하여라. 다윗의 왕위에 앉아서 유다를 다스릴 자손이, 그에게서는 나지 않을 것이다. (22:24-30)

제3단계 : 시드기야(맛다디야) 시대

시드기야는 주전 597년에 왕이 되어 유다가 멸망하는 주전 587년까지 다스렸다. 바벨론의 1차 침공으로 여호야긴이 잡혀가고 바벨론에 의해 왕위에 오르게 된 시드기야는 바벨론을 적(敵)으로 여기고 이에 대항하는 운동을 벌인다. 그러나 예레미야는 전쟁을 하려고 나온 사람들을 향해 저항하지 말고 항복하라고 한다. 그 당시의 분위기로 보아 조정이 반바벨론 정책을 쓰고 전쟁을 하려고 하는 때이기에 예레미야의 항복하라는 예언은 반역이었다. 마침내 그의 친척들마저도 그를 죽이려한다. 예레미야의 말이 당시에 얼마나 하기 어려운 말씀이었나를 짐작할 수 있다.

시드기야는 조정의 분위기에 편승해서 계속 반(反) 바벨론 운동을 벌이다가 마침내 바벨론의 호출을 받는다. 아마 그는 자신의 반역행위에 대해 호된 책임 추궁을 당하고 왔을 것이다. 그러나 유다 조정의 분위기는 바뀌지 않았다. 시드기야가 주전 589년 이집트의 지원을 받아 다시 반 바벨론 운동을 벌이게 되자, 약이 오른 바벨론이 제2차 유다 정벌에 나선다. 예루살렘은 극렬하게 저항했지만 결국 2년간의 포위를 견디지 못했다. 이로써 유다는 패망하였고 많은 사람이 제2차 포로로 바벨론으로 끌려갔다.(52:4-11, 왕하 25:1-7)

유다가 망하고 바벨론은 그달리야를 총독으로 임명하였다. 그러나 반 바벨론 정서는 여전해서 주전 582년 그달리야는 암살당했다. 엄청난 보복이 예상되는 상황이었다. 예레미야를 비롯한 유다인 들은 이 무렵 대거 이집트로 피신했다. 바벨론은 보복을 위해 응징에 나섰다. 다시 유다는 잔인하게 짓밟히고 사람들은 제3차 포로로 끌려갔다.(52:30)

제4단계 : 이집트 피난 시기

마지막 제4단계는 예레미야가 이집트로 피난 가서 활동한 시기이다. 예레미야서 44장은 이집트로 피난한 이스라엘 사람에게 내린 말씀이다. 이집트로 피난한 후에도 그들의 악행이 그치지 않자 예레미야는 다음과 같이 외친다.

> 그러므로 이제, 만군의 하나님이며 이스라엘의 하나님인 나 주가 말한다. 어찌하여 너희는 그렇게 큰 악을 행하여, 너희 자신을 해치고 있느냐? 너희는 유다 백성 가운데서 남자와 여자와 어린 아이와 젖먹이들까지 다 죽게 하여서, 너희 가운데 살아남는 사람이 아무도 없게 할 작정이냐?(44:7)...이제는 내가, 그들을 지켜보겠다. 복을 내리려고 지켜보는 것이 아니라 재앙을 내리려고 지켜보겠다. 그래서 이집트 땅에 있는 모든 유다 사람이 멸종될 때까지, 전쟁과 기근으로 그들을 죽이겠다.(44:27)

본문의 운문과 산문

예레미야서는 1인칭으로 묘사하는 시적 운문 부분과(1-25장, 30-35장, 46-51장), 예언자에 관한 말씀으로 이루어지는 산문 형식의 글(26-29장, 36-45장, 52장)이 있으며, 나중에 신명기 역사가가 추가한 부분으로 구성되어 있다.

예레미야의 가문

예레미야는 솔로몬 때 쫓겨난 아비아달 제사장 가문(1:1, 왕상 2:26) 출신이다. 다윗이 통일왕국의 면모를 갖추기 위해 북쪽 지파 출신으로는 아비아달을 제사장으로 임명하고, 남쪽 지파 출신으로는 사독을 임명하였다. 하지만 다윗이 후계자를 세우는 과정에서 운명이 갈렸다. 아비아달은 다윗의 장남인 아도니야를 지지하였고, 사독은 솔로몬을 지지하였다. 솔로몬이 왕이 된 후, 아비아달 계는 추방됐다. 아비아달은 옛 이스라엘 성소인 실로의 제사장 엘리의 후예이며, 사독은 아론의 후예이다. 이후 사독 가문에서는 다윗왕조 대대로 제사장들이 이어졌고, 반면 실로를 중심한 아비아달 가문에서는 후에 북 왕국을 창건한 아히야, 예레미야 등 걸출한 예언자들을 많이 배출한다.

예레미야와 하나냐의 대결

예레미야와 하나냐는 예언자의 상징행동으로 대립한다. 하나냐는 예루살렘에 각국의 사절들이 모인 앞에서 나무멍에를 메고 나와 그를 부수며 야훼께서 바벨론의 멍에를 부수어 버릴 것이라고 한다. 하지만 예레미야는 곧 이어 쇠 멍에를 메고 나와서 야훼께서 유다와 각 나라에 쇠 멍에를 메어 사로잡아 갈 것이라며 바벨론에 항복할 것을 권한다.

미리살펴보기

* 하나냐의 주장(28:2-11, 이사야 9:4 참조)과 예레미야의 주장(27:6-11, 28:10-14, 26:16-19)을 살펴보고 각각 주장의 차이와 지지자들을 살펴보시오.

* 예레미야가 모순으로 생각한 것은 무엇입니까?(5:26-31, 6:13-15)

*예레미야는 유다의 멸망 이후 무엇을 봅니까?(27:11, 39:8-10, 40:7, 52:16)

민중의 생명을 위하여

예레미야는 위기의 상황이 낳은 신학자였다. 그는 유다가 바벨론에 의해 망하기 직전 민족의 운명이 풍전등화와 같은 상황에서 예언했다. 바벨론과 전쟁을 하기 위해 동원령이 내리고 온 나라가 한판 전쟁을 준비하고 있는 때였다. 그런데 그가 전하는 메시지는 "유다는 망한다.", "바벨론에 항복하라"는 것이다. 가뜩이나 불안한 마음에 움츠리고 있는 백성들에게 그야말로 불난 집에 부채질하는 격이었다. 어느 누구도 이런 말씀에 동조하기는 쉽지 않았다. 흔히 예레미야를 '눈물의 예언자'라고 부르는 것도, 그의 말씀이 범상치 않은 만큼 그의 생애도 수난의 연속이 었기 때문이다. 심지어는 그의 친척들마저도 그를 죽이려고 했다.

저는 도살장으로 끌려가는 순한 어린 양과 같았습니다. 사람들이 나를 해 치려고 "저 나무를, 열매가 달린 그대로 찍어 버리자. 사람 사는 세상에서 없애 버리자. 그의 이름을 다시는 기억하지 못하게 하자" 하면서 음모를 꾸미고 있는 줄을 전혀 몰랐습니다... 그러므로 주님께서 아나돗 사람들 을 두고서 이렇게 말씀하신다. "그들이 너의 목숨을 노려서 이르기를 '너 는 주님의 이름으로 예언하지 말아라. 주님의 이름으로 예언을 계속하다 가는 우리 손에 죽을 줄 알아라" 한다.(11:19-21)

예레미야는 자신의 출생을 저주하며 하나님께 울부짖기도 했다.

아! 어머니 원통합니다. 왜 나를 낳으셨습니까? 온 세상이 다 나에게 시비 를 걸어오고, 싸움을 걸어옵니다. 나는 아무에게도 빚을 진일도 없고, 빚 을 준 일도 없는데, 모든 사람이 다 나를 저주합니다.(15:10)

예레미야는 왜 이렇게 고난을 자초하는 메시지를 전했을까, 이렇게 시 대가 받아들이기 힘든 예언을 한 것은 어떤 이유일까, 예루살렘의 지도 자들은 거대한 바벨론과의 전쟁에 백성들을 부추기어 몰아넣는다. 유다 민족은 단결해서 이(異)민족인 바벨론 제국에 대항하라는 것이다. 유다 지도층의 이러한 주장은 하나냐의 낙관적인 예언으로 대변된다. 예루살 렘에는 유다 왕 시드기야를 만나려고 각국의 사절들이 와있다. 에돔 왕과 모압 왕과 암몬 사람의 왕과 두로 왕과 시돈 왕이 모였다.(27:3) 시드기야는 반(反)바벨론 세력을 규합하는 중인데, 하나냐는 사절들 앞에 나서서 말한다.

> 나 만군의 주, 이스라엘의 하나님이 이렇게 말한다. 내가 바빌로니아 왕의 멍에를 꺾어 버렸다. 바빌로니아 왕 느부갓네살이 이 곳에서 탈취하여 바빌로니아로 가져 간 주의 성전의 모든 기구를, 내가 친히 이 년 안에 이 곳으로 다시 가져 오겠다. 또 유다 왕 여호야김의 아들 여고니야와 바빌로니아로 잡혀 간 유다의 모든 포로도 내가 이 곳으로 다시 데려오겠다. 나 주의 말이다. 내가 반드시 바빌로니아 왕의 멍에를 꺾어 버리겠다.(28:2-4)

그들은 꺼지지 않는 신념을 가진 민족주의자이다. 예루살렘에는 이런 '민족주의자'들이 세력을 떨쳤다. 어쩌면 이런 현상은 바벨론과 대결로 치닫고 있는 상황에서 부득이했을지도 모른다. 그런데 '민족'이란 것은 무엇인가? 하나냐의 민족, 예루살렘 주민들이 가지고 있는 민족주의란 것은 무엇인가? 고대사회에서 민족 개념이 아직 형성되지도 않았고, 어렴풋이나마 개념이 있었다 해도 그 나라 전체, 농사짓는 백성들에게까지 알 수 있는 개념도 아니었다. 안다고 하더라도 그들이 목숨을 바쳐 싸울 만큼 절실했을 리도 만무하다. 민족이란 것은 예루살렘의 고관들, 지도자들이 자신들의 이익을 관철시키기 위해 내세우는 고상한 껍데기에 불과했다. 민족을 위해 거대한 바벨론과 맞서 전쟁을 한단 말인가, 그 전쟁은 누구를 위한 전쟁인가, 그 전쟁에서 희생을 당하는 사람들은 누구인가?

그들이 내세우는 명분인 '민족'이란 것은 결국 예루살렘 지배층이 자기들의 기득권과 이익을 보장받기 위한 허울일 뿐이다. 오히려 예레미야가 중요시한 것은 지배층이 내세우는 명분보다는 민중의 생존, 생명 자체였다. 예레미야의 관심사는 유다와 바벨론 간의 모순이 아니라, 예루살렘에 있는 지배계급으로부터 민중의 이익, 또한 그들의 생존, 생명을 지키는 일이다. 이 '생명'은 실재하는 진리이며 민중이 처한 현실이다. 반면 유다와 바벨론 간의 모순은 유대의 지배층이 꾸며대는 선전에 불과했다. 그들은 자신들의 이익을 고수하려고, 모순을 과대 포장하였을 뿐이다.[2]

그래서 예레미야는 바벨론 군대가 성을 점령하러 왔을 때에도 "바벨론에 대항하여 싸우지 말고 투항하라"고 권고한다. 상대도 되지 않는 전쟁에 백성들을 꼬여 들여 죄 없는 피를 흘리는 행위를 하루라도 빨리 종식시키려 했다. 그는 백성들에게 각자 자기 성읍을 떠나 "항복하라"(21:8-10)고 하다가 결국은 지하 감방, 친위대 울안 마른 웅덩이에 갇힌 신세가 되었다. 예레미야는 그럴 듯한 명분으로 민중을 속이고 사실은 그들을 전쟁 가운데로 몰아가는 자들에 대해 죽음의 위협을 무릅쓰고 항거했다. 그는 생명의 입장에서, 또 암하아레츠로 일컫는 땅의 백성의 입장에서 증언하였다. 예레미야가 문제 삼는 것은 이(異)민족과의 전쟁이 아니다. 그보다는 민중이 유린당하며, 빈민들의 권리가 짓밟히는 현실, 백성들의 깊은 상처가 시급한 문제였다.

---

2) H. Mottu, "예레미야와 하나냐의 대결", 『신학사상 제58집』 1987. 가을호 587-609.

나의 백성 가운데는 흉악한 사람들이 있어서, 마치 새 잡는 사냥꾼처럼, 허리를 굽히고 숨어 엎드리고, 수많은 곳에 덫을 놓아, 사람을 잡는다. 조롱에 새를 가득히 잡아넣듯이, 그들은 남을 속여서 빼앗은 재물로 자기들의 집을 가득 채워 놓았다. 그렇게 해서, 그들은 세도를 부리고, 벼락부자가 되었다. 그들은 피둥피둥 살이 찌고, 살에서 윤기가 돈다. 악한 짓은 어느 것 하나 못하는 것이 없고, 자기들의 잇속만 채운다. 고아의 억울한 사정을 올바르게 재판하지도 않고, 가난한 사람들의 권리를 지켜 주는 공정한 판결도 하지 않는다. 이런 일들을 내가 벌하지 않을 수 있겠느냐? 나 주의 말이다. 이러한 백성에게 내가 보복하지 않을 수 있겠느냐? 지금 이 나라에서는, 놀랍고도 끔찍스러운 일들이 일어나고 있다. 예언자들은 거짓으로 예언을 하며, 제사장들은 거짓 예언자들이 시키는 대로 다스리며, 나의 백성은 이것을 좋아하니 마지막 때에, 너희가 어떻게 하려느냐?(5:26-31)

예레미야는 거짓 예언자들이 행한 것을 잘 알고 있다. 그들은 백성이 상처를 입어 앓고 있을 때에, 항상 '괜찮다! 괜찮다!' 하고 말했다. 그러나 "괜찮기는 어디가 괜찮으냐?(6:14)." 거짓 예언자들은 백성들의 판단을 흐리게 만들고, 나라 운명을 이 지경까지 끌어온 사실상의 적(敵)이었다.

그러나 예루살렘의 지배자들은 바벨론 사람들을 '적'으로 규정했다. 그들에게는 무조건 저항하도록 백성들을 유인했다. 아시리아의 멸망과 더불어 유다 내에서는 성급한 낙관주의가 일어났다. 아시리아의 강력한 통치는 유다의 모든 것을 피폐화시켰고, 특히 경제 자원을 고갈시켰다.

그러한 상황 속에서 하나님께서는 유다를 보호하시고 지키실 것이라고 믿는 의식이 강화되었다. 이러한 신앙은 비이성적이고 맹목적으로 변질했다.

이런 자기만족의 낙관주의가 유다 몰락의 원인이 되었다. 그들이 규정한 '적'은 우리의 땅, 영토, 그리고 도시 속으로 침입하는 저 너머의 다른 사람들이고, 하나님은 그들과 맞서는 친구, 보호자, 가까이 있는 분으로 묘사된다. 여기에 대해 예레미야는 "내가 가까운 곳의 하나님이며, 먼 곳의 하나님은 아닌 줄 아느냐?(23:23)", "내가 하늘과 땅 어디에나 있는 줄을 모르느냐?(23:24)" 라고 하며 심지어는 바벨론 왕 느부갓네살을 "하나님의 종(25:9)" 이라고 부르기까지 한다.

예레미야는 나라가 망하고 사람들이 바벨론에 포로로 끌려 간 사건을 매우 특이한 관점에서 해석한다.

> 성 안에 있던 사람들은… 바벨론으로 데려가고 가진 것이라고는 아무것도 없는 일부 빈민을 유다 땅에 남겨 두고, 그들에게 포도원과 농토를 나누어 주었다.(39:10)

> 들판에서 부하들과 함께 있는 군 지휘관들은, 바빌로니아 왕이 아히감의 아들 그달리야를 이 땅의 총독으로 삼고, 남자와 여자와 어린 아이들뿐 아니라, 그 땅의 빈민 가운데서 바빌로니아로 끌려가지 않은 사람들을 그에게 맡겼다.(영세민을 돌보게 되었다, 공동번역)는 소식을 듣고….(40:7)

그 땅에서 가장 가난한 백성 가운데 일부를 남겨 두어서, 포도원을 가꾸고 농사를 짓게 하였다.(52:16)

아시리아나 바벨론은 점령지의 기능을 마비시키기 위하여 점령지의 상층부 기득권자들을 타지역으로 이주시키는 정책을 취했다. 이런 거대한 이동은 목숨을 건 행군이었다. 게다가 지배층들은 자기들의 모든 근거가 뿌리째 뽑히고, 단지 이민족의 포로로 살아가야 했기에 수단과 방법을 가리지 않고 거세게 저항했다.

예레미야는 이 점에 주목했다. 그에게 있어서 포로사건은 하나님이 착취자로 있던 지도자들을 강제로 격리시킴으로써 이스라엘 민족의 고질병을 치료하는 행위였다. 예루살렘 주민들은 고통을 겪었지만, 역사의 큰 흐름으로 볼 때, 그동안 백성들에게 악행을 일삼던 지도자들, 부재지주들은 바벨론으로 끌려갔고 오히려 민중은 숨통이 트였다. 하나님께서 부패한 사회의 묵은 터를 갈아엎으셨다. 백성들은 원하지 않았으나 하나님께서 강제한 변화의 조짐을 예레미야는 보았다. 국가의 멸망이건 통일이건 하나님께서 주목하시는 것은 민중의 생존이다. 그들의 생명 그 자체이다. 그 어떤 가치라도 민중의 희생을 토대로, 생명을 희생하며 이루겠다는 것은 거짓이다.

성전파괴의 예언

예레미야는 심판이 바로 성소에서부터 시작될 것이라고 외친다. 그는 유다의 종교에서 가장 중요한 성전이 오히려 최대 걸림돌이 되는 것을 감지한다. 그들은 마땅히 해야 할 인간적이고 사회적인 도리들을 하나님의 영역 밖으로 몰아내고, 하나님의 자리에, 대신해서 자신들이 드리는 제의와 종교의식을 들어앉힌다. 그리고는 그 성전이 자기들을 지켜줄 것이라고 안위한다.

예레미야는 당시 지배자들이 민중을 전쟁으로 몰아넣는 행위에 대해서 비판했다. 그는 개개인의 생명과 복지에 더 우선적인 가치를 부여했다. 민중을 전쟁터로 몰아내면서 거짓으로 사람을 몰아치는 행위는 예레미야에게 통하지 않았다. 변할 수 없는 도덕적 가치는 생명을 중시하는 데서 나온다. 생명이 핵심의 자리를 차지할 때라야 하나님의 정의와 공평이 빛을 발한다. 예레미야에게 민중의 생명을 지키는 것이야말로 어떤 것으로도 대신할 수 없는 신앙의 내용이었다.

예레미야는 정치권력인 왕들과 충돌했을 뿐만 아니라 급기야 종교권력인 성전 권위와 정면으로 충돌한다. 그는 심판이 바로 성소에서부터 시작될 것이라고 외친다. 그는 유다의 종교에서 가장 중요한 성전이 오히려 최대 걸림돌이라고 보았다. 그는 성전으로 인해 하나님께서 예루살렘을 지키시고, 전쟁에서도 자기들의 안위와 방어를 보장할 것이라는 신념은 대중을 기만하는 것으로 봤다. 잘못된 신념은 신앙 전통의 이름으로 암세포처럼 번져갔다.

사람들은 종교제의가 신께 드리는 기꺼운 예물이 되리라고 믿는다. 그들은 재빨리 사회적 책임을 수행하는 비용과 종교적 제의를 수행하는 비용을 계산하여 움직인다. 이런 영악한 계산은 종교 지도자들의 이해관계와 교묘하게 맞아 떨어진다. 이 둘의 욕심이 합치게 되면 엉뚱한 우상이 하나님의 자리를 대신한다. 그것은 결국 자신들의 계산적 이기심을 신의 뜻이라 여기고 확신하게 한다. 이것은 이미 종교도, 신도 아니다. 예루살렘을 멸망으로 이끌어온 가장 큰 적(敵)은 바로 성전이며, 하나님을 섬긴다면서 가장 하나님의 뜻에 반하는 행동을 전파하는 원흉도 성전이다. 마침내 예레미야는 성전 앞에 나아가 성전 파괴를 외친다.

> '이것이 주님의 성전이다. 주님의 성전이다. 주님의 성전이다' 하고 속이는 말을, 너희는 의지하지 말아라. 너희가, 모든 생활과 행실을 참으로 바르게 고치고, 참으로 이웃끼리 서로 정직하게 살면서, 나그네와 고아와 과부를 억압하지 않고, 이곳에서 죄 없는 사람을 살해하지 않고, 다른 신들을 섬겨 스스로 재앙을 불러들이지 않으면… 그런데도 너희는 지금 전혀 무익한 거짓말을 의지하고 있다. 너희는 모두 도둑질을 하고, 사람을 죽이고, 음행을 하고, 거짓으로 맹세를 하고, 바알에게 분향을 하고, 너희가 알지 못하는 다른 신들을 섬긴다. 너희는 이처럼 내가 미워하는 일만 저지르고서도, 내 이름으로 부리는 이 성전으로 들어와서, 내 앞에 서서 '우리는 안전하다' 하고 말한다.… 그래, 내 이름으로 불리는 이 성전이, 너희의 눈에는 도둑들이 숨는 곳으로 보이느냐? 여기에서 벌어진 온갖 악을 나도 똑똑히 다 보았다.… 내가 실로에서 한 것과 똑같이, 내 이름으로 불리며 너희가 의지하는 이 성전, 곧 내가 너희와 너희 조상에게 준 이 장소에, 내가 똑같이 하겠다... 너희도 내 앞에서 멀리 쫓아 버리겠다.(7:4-15).

예레미야는 백성들을 위해 가장 단순하고 초보적인 활동도 중지하라는 명령을 받았다. 예레미야는 그들을 위하여 중보기도도 하지 말아야 한다.(7:16) 잘못된 기도는 마치 하나님과 연결된 느낌을 갖게 할 뿐, 사실은 백성들 스스로 자기 잘못을 외면하게 한다. 이런 종교 행위는 오히려 하나님을 바로 섬기지 못하게 하는 장애물이었다. 사람들은 그들의 값비싼 제의들과 하나님께 드린 선물들이 하나님의 호의와 보호를 보증한다고 생각했다. 그러나 하나님께서 사람들에게 요구하시는 것은 물질적인 선물들이 아니라, 정의와 사람들에 대한 사랑이다. 사람들에게 덫을 놓아 넘어지게 하면서 하나님을 사랑한다고 떠벌리는 자들에게 하나님께서 외치신다.

> 내가 너희에게 받고 싶은 것은 제사가 아니다… 내가 허락할 터이니, 번제든 무슨 제사든 고기는 다 너희들이나 먹어라. 내가 너희 조상을 이집트 땅에서 데리고 나왔을 때에, 내가 그들에게 번제물이나 다른 어떤 희생제물을 바치라고 했더냐? 바치라고 명령이라도 했더냐? 오직 내가 명한 것은 나에게 순종하라는 것, 그러면 내가 그들의 하나님이 되고… (7:21-23)

> 예루살렘에 사는 사람들아,
> 예루살렘의 모든 거리를 두루 돌아다니며,
> 둘러보고 찾아보아라.
> 예루살렘의 모든 광장을
> 샅샅이 뒤져 보아라.
> 너희가 그 곳에서, 바르게 일하고
> 진실하게 살려고 하는 사람을 하나라도 찾는다면,

내가 이 도성을 용서하겠다.(5:1)

예레미야의 내면적 고통

예레미야의 내면적 고통은 '예레미야의 고백'이라고 부르는 걸출한 문장들에 잘 나타난다. 우리가 흔히 예레미야를 '눈물의 예언자'라고 부르는 것은 이 고백들이 통렬하기 때문이다. 사실은 고백이라기보다는 호소, 불평에 가깝(11:18-12:6, 15:10-11, 15-21, 17:14-18, 18:19-23, 20:7-18) 하나님 앞에 진실한 신앙을 찾아 고뇌하는 그의 모습은 처절하다. 모두가 잘못된 길을 가면서 그것이 옳다고 생각한다. 혹 친척이라고 하여 입에 달콤한 말을 할지라도 그들의 삶의 방향이 잘못되었다면 그들을 따라가서는 안 된다.

주님, 내가 주님과 변론할 때마다, 언제나 주님이 옳으셨습니다. 그러므로 주께 공정성 문제 한 가지를 여쭙겠습니다. 어찌하여 악인들이 형통하며, 배신자들이 모두 잘 되기만 합니까? 주께서 그들을, 나무를 심듯이 심으셨으므로, 뿌리를 내리고 자라며, 열매도 맺으나, 말로만 주님과 가까울 뿐, 속으로는 주님과 멀리 떨어져 있습니다. 그러나 주님, 주께서는 나를 아십니다. 주님은 나의 속을 들여다보시고, 나의 마음이 주님과 함께 있음을 감찰하여 알고 계십니다... 사람들은 자기들이 무슨 일을 하든지, 하나님께서 내려다보시지 않는다고 말하고 있습니다.··· 그렇다. 바로 네 친척, 네 집안 식구가 너를 배신하고, 바로 그들이 네 뒤에서 소리를 질러 너를 욕한다. 그러므로 그들이 너에게 다정하게 말을 걸어와도, 너는 그들

을 믿지 말아라.(12:1-6 중에서)

만군의 주 하나님, 저는 주의 이름으로 불리는 사람입니다. 주께서 저에게 말씀을 주셨을 때에, 저는 그 말씀을 받아먹었습니다. 주의 말씀은 저에게 기쁨이 되었고, 제 마음에 즐거움이 되었습니다. 저는, 웃으며 떠들어대는 사람들과 함께 어울려 즐거워하지도 않습니다. 주께서 채우신 분노를 가득 안은 채로, 주의 손에 붙들려 외롭게 앉아 있습니다. 어찌하여 저의 고통은 그치지 않습니까? 어찌하여 저의 상처는 낫지 않습니까? 주께서는, 흐르다가도 마르고 마르다가도 흐르는 여름철의 시냇물처럼, 도무지 믿을 수 없는 분이 되셨습니다.(15:16-18)

내가 입을 열어 말을 할 때마다 '폭력'을 고발하고 '파멸'을 외치니, 주의 말씀 때문에, 나는 날마다 치욕과 모욕거리가 됩니다. '이제는 주님을 말하지 않겠다. 다시는 주의 이름으로 외치지 않겠다.' 하고 결심하여 보지만, 그 때마다, 주의 말씀이 나의 심장 속에서 불처럼 타올라 뼛속에까지 타들어 가니, 나는 견디다 못해 그만 항복하고 맙니다. 수많은 사람이 수군거리는 소리를 나는 들었습니다. '예레미야가 겁에 질려 있다. 너희는 그를 고발하여라. 우리도 그를 고발하겠다.' 합니다. 저와 친하던 사람들도 모두 내가 넘어지기만을 기다립니다. '혹시 그가 실수를 하기라도 하면, 우리가 그를 덮치고 그에게 보복을 하자' 합니다.(20:8-10)

예레미야의 고뇌의 질문에 대해 하나님은 나무라신다.

네가 사람과 달리기를 해도 피곤하면,

어떻게 말과 달리기를 하겠느냐?

네가 조용한 땅에서만 안전하게 살 수 있다면,

요단강의 창일한 물속에서는 어찌하겠느냐?(12:5)

하나님은 비록 지금 고통스럽지만 보다 확실한 믿음의 토대에 설 것을 말한다. 진리에 대한 신념이 결국 이긴다는 것이다. 참된 힘은 겉으로 보이는 세력이나, 제왕들의 힘이 아니라 하나님의 말씀에 토대한 예언자 자신의 진실성이다. 하나님 앞에서와 자신에게 진실한 말은 반드시 성취되고 말 것이다.

내가 내 말을 네 입에 맡긴다.

똑똑히 보아라. 오늘 내가 뭇 민족과 나라들 위에 너를 세우고,

네가 그것들을 뽑으며 허물며,

멸망시키며 파괴하며, 세우며 심게 하였다.(1:10)

예레미야의 외침은 사람에게는 배척을 받았지만, 그의 말이 진심에서 우러나오는 한, 하나님은 그의 말에 뭇 민족의 미래를 맡긴다. 그것들을 뽑으며 허물며, 멸망시키며 파괴하며, 세우며 심게 하는 모든 권한을 예언자의 입에 맡기신다. 한마디 진실의 말이 세상의 운명을 좌우한다.

나라에 전쟁이 일어났을 때 그 나라를 지켜 갈 수 있는 가장 중요한 힘이 되는 것은 무엇인가? 군대 조직이 아주 약한 나라가 많은 고통에도 불구하고 전쟁에서 승리한 예는 얼마든지 있다. 그러나 반대로 아주 강한

군대와 재력을 가지고도 전쟁에서 패한 예도 많이 있다. 그런 결과를 가져오는 근본적인 이유는 무엇인가? 그 나라가 지킬 만한 값어치를 가진 나라인가, 과연 지도자들은 백성 모두가 평안을 누릴 수 있게 돌보는 것을 가장 중요하게 생각하는가, 온 국민이 마음으로 하나 될 수 있는 나라인가, 그때그때 세상의 흐름이 좌우하는 것이 아니라 하나님의 말씀 앞에 흔들림 없는 신념을 가진 나라는 어떤 일이 있더라도 반드시 난관을 뚫고 나갈 수 있다. 그것은 진실의 힘이다. 시대 분위기를 거스르는 예레미야의 선포는 그를 외롭고 고독하고 버림받는 예언자로 만들었다. 그러나 하나님 안에서 옳은 것은 옳다는 신념과 야훼를 향한 강한 믿음은 마침내 그를 에워싸고 있는 거짓을 걷어냈다. 그를 에워쌌던 죽음의 분위기를 삼켜버렸다. 진실한 말에는 무게감이 있다. 그 믿음이 흔들려서는 안 된다.

회복을 향한 상징행위

예레미야는 여러 가지 상징행위로 유다가 결국은 회복할 것이라는 신념을 표현했다. 그는 힌놈 골짜기에 가서 오지병을 깨뜨리기도 하며, 장례식이나 결혼식에 참여하지 않았다. 왜냐하면, 앞으로는 죽은 자들을 위한 예식이 더는 불가능해지고 결혼식 잔치에서 누리는 기쁨의 기회도 더는 없을 것이기 때문이다. 이런 상징 행동은 단순한 말이 아니라 '확실하게 보이는 언어'로 선포하는 것이며 예언자 자신의 신념을 한층 강화하는 목적도 있다.

그는 자신의 친척이 잃어버릴 위기에 놓여있는 아나돗의 땅을 사들여 그 땅문서를 항아리에 밀봉해 묻어 놓는다.(32장) 당시 바벨론 군사가 거기에 주둔해 있었고 땅을 사봤자 아무런 득이 되지 않았다. 그러나 그런 행위를 통해서 예레미야는 언젠가 그 땅이 다시 회복되는 날이 오면, 항아리 안의 법들이 다시 빛을 보게 될 것을 기대한다. 친척의 잃어버린 땅을 되사주는 것은 이스라엘의 초기 평등사회에서 친척 의무를 상징하는 법이었다. 그가 그 법을 항아리에 묻는 것은 그날이 오면 초기 평등사회의 법과 정신이 다시 회복되고 야훼를 아는 지식이 넘치게 될 것이라고 믿기 때문이다.

함께 생각할 문제》

* 예레미야가 전해야 하는 메시지가 어떤 것이기에 주변 사람들은 물론, 심지어 자기 가족에게도 배척을 받았는지 이야기해 봅시다.

* 예레미야와 하나냐의 예언에 대해서 살펴보고 각각 어떤 입장을 대변했는지 말해 봅시다.

* 나라에 전쟁이 일어났을 때 그 나라를 지킬 수 있는 가장 중요한 힘은 무엇이라고 생각하는가? 군대 조직이나 재력에 상관없이 약한 나라가 승리하기도 하고 강한 나라가 패하기도 하는 근본적인 이유는 무엇인지 이야기해 봅시다.

* 적당한 예일지 모르겠으나 6·25전쟁 직전에 이승만이 행한 농지개혁은 비록 유상매입 유상분배라는 한계가 있었으나, 그래도 한반도 남쪽의 농민들이 자기들의 땅을 지켜나가자는 의지를 결집시키는 요인이 되었다. 한 나라가 지킬 만한 값어치를 가진 나라이며, 국민의 마음이 하나로 뭉치기 위해 우리에게 지금 어떤 것들이 필요한지에 대해 이야기합시다.

성령 안에서 누리는 의와 평화와 기쁨

로마서 14:13-23

하나님의 나라는
먹는 일과 마시는 일이 아니라,
성령 안에서 누리는
의와 평화와 기쁨입니다.(17절)

오늘 본문은 음식에 관한 말씀이다. 사람들은 자신들의 의를 과시하기 위하여 타인과 구별되는 지점을 여러 가지로 찾아낸다. 그중에서도 먹는 것, 마시는 것, 여러 가지 일상생활에 관한 규정, 종교적 규정들을 세세하게 해놓고 그것을 율법적으로 지키려고 한다. 유대교뿐만 아니라 초대교회도 음식에 대한 자세한 규정이 있었다. 모든 것을 개방한 오늘날도 제사상에 놓인 음식, 주초에 대해서는 여전히 논란이 많다. 그러나 오늘 본문은 말한다.

내가 주 예수 안에서 알고 또 확신하는 것은 이것입니다. 무엇이든지 그 자체로 부정한 것은 없고, 다만 부정하다고 여기는 그 사람에게는 그것이 부정한 것입니다.(14절)

음식 자체는 모두 선하다. 사람을 비롯한 모든 생명체에게 먹을거리를 제공하니 지극히 선한 역할을 한다. 예수께서도 "입으로 들어가는 것이 사람을 더럽히는 것이 아니라, 입에서 나오는 것이 사람을 더럽힌다.(마태 15:11)."고 하셨다. 음식은 모두 거룩하고 먹지 못할 것이 없다는 말이다. 그러나 여전히 음식에 대한 금지조항이 언급된다. "어떤 것을 먹음으로써 남을 넘어지게 하면, 그러한 사람에게는 그것이 해롭습니다."(20절) 모든 음식은 다 거룩한 것이지만 음식을 먹는 것은 사람들과 더불어 평화를 도모하기 위함이다. 그래서 거룩한 음식이라도 그것을 먹고 안 먹는 일로 시험에 빠지는 사람이 있다면 그를 위해서 먹지 말라는 것이다.

> 그러므로 우리는 서로 평화를 도모하는 일과, 서로 덕을 세우는 일을 힘씁시다.(19절)

만약 음식이 평화를 해치게 된다면 그것은 먹지 않아야 한다. 누가 "저 목사가 제사음식을 먹나 안 먹나"를 보고 있다면, 누가 "저 장로나 집사가 술을 먹나 안 먹나"를 눈여겨본다면 보는 이들이 실족하지 않기 위해서 먹지 않는 것이 좋다. 음식 자체는 먹어도 되고, 그렇지 않은 것이 없다. 음식은 배를 위해서 있는 것이 아니고 서로 평화를 도모하는 일과, 서로 덕을 세우는 일을 위해 존재하기 때문이다.

우리가 의를 지켜야 하는데 삶의 현장에서 의를 지킨다는 것은 어렵다. 자기 자신을 희생해야 하고 위험과 고통이 따를 수도 있다. 그래서 희생과 고통이 두려운 사람들은 진리와는 상관없이 먹고 마시는 것, 이런

저런 삶의 까다로운 규정들, 의식, 절차니 하는 것들로 진리를 대신하려고 한다. 이런 형식주의는 사실 본질을 제대로 찾지 못할 때, 진리 아닌 것으로 진리를 대신할 때, 즐기는 방식이다. 냉수 한 그릇을 먹으면서도 기도하고, 이것저것 형식적인 규정 속에 갇혀서 산다. 그들은 자신의 삶이 아닌 사소한 형식들로 의를 제 손아귀에 묶어 두고, 자기들이 만든 의를 의인인 양하는 것이다.

그런데 우리는 먹고 마시는 일에 도움이 되고 경제적으로 윤택해질 수 있다는 말에 혹하여 나라의 큰 지도자를 뽑는데 도덕성을 눈감아 주기도 했다. 그가 위장전입을 몇 번 했든, 전과가 몇 범이든 상관하지 않고 물질만능주의와 바알주의를 가장 우선하는 원칙으로 삼았었다.

> 하나님의 나라는
> 먹는 일과 마시는 일이 아니라,
> 성령 안에서 누리는 의와 평화와 기쁨입니다.(17절)

의가 무너지면 사람들 마음에 분노가 쌓인다. 공정하지 못할 때, 억울하고 답답한 마음을 만들어 낸다. 정치는 있는 듯 없는 듯해야 잘하는 것이다. 국민들에게 분노를 일으키게 해서는 안 된다. 누가 자기들 편을 들어 준다고 하여 한쪽을 부추겨서 종교와 종교가 맞서게 하고, 보수와 진보가 맞붙게 만들고, 사람들을 분노로 치닫게 하고, 더 큰 분노로 작은 분노를 다스리게 하는 정치는 아주 하급정치다.

오늘 말씀은 의가 무너지고 분노가 치솟을 때라도 성령 안에서 우리가 누리는 것은 '의와 평화와 기쁨'이라고 한다. 장로님 한 분이 말했다. "여러분, 요새 많이 힘드시지요? 그러나 분노하지는 마십시오. 자꾸 분한 일들이 마음에 쌓이면, 병들게 되고 단명합니다. 우리가 오래 살아서 불의와 싸워야 하는데 그러기 위해서는 자신을 즐겁게 기쁘게 만들면서 싸워야 합니다." 저는 그 말씀을 듣고 평안해졌다. 제가 참으로 분한 마음을 가지고 있었기 때문이다. 오늘 말씀은 우리가 가져야 할 것은 의를 넘어서 평화와 기쁨을 동시에 가져야 한다고 말한다.

삶의 현장에서 떠난 의는 순간적으로 힘을 가지는 듯하다. 그것은 세력으로, 돈으로, 숫자로 자신들의 불의를 포장한다. 의를 포기한 채 온갖 불법을 동원해서 돈을 모으고, 세력을 얻고자 달려드는 사람들을 우리가 당할 수는 없다. 힘을 가진 사람들은 자신의 힘을 과시하며, 마치 온 세상을 자기 손아귀에 잡은 것 같이 허장성세를 과시한다. 그들은 그 허장성세로 위안을 얻으며 그 그늘 아래 숨는다. 그러나 그 토대는 거짓이고 불의이다. 그것들은 언제든지 그 허위가 드러나는 순간 우르르 무너져 내릴 수밖에 없다. 도덕성과 의를 결여한 허세는 이미 무너져 내릴 수밖에 없는 결말을 그들의 운명으로 삼고 있다.

그들은 항상 막강한 세를 과시하지만, 우리는 초라하기 그지없다. 우리는 항상 왜소하고 가난하고 그들과 비교가 되지 않는다. 그러나 그 안에 도덕성이 없다면 이미 그들의 운명은 정해진 것이다. 그렇기에 의는 만사의 기본이다. 그렇지만 조급한 마음을 가지고 있으면 끝까지 의를 지켜갈 수가 없다. 그렇기에 우리는 의와 더불어 평화를 가져야 하며 동시에 마음에 기쁨을 가져야 한다. 스스로를 즐겁게 하는 법을 익히고 오래 기다리며, 기쁜 마음으로 지낼 수 있어야 궁극적으로 의를 이룰 수 있다.

오늘의 현실 가운데서 어떻게 기쁠 수 있을까? 우리는 불의를 행하는 사람들의 결말을 잘 안다. 그들은 자신이 의롭지 못한 그것으로 이미 불안하게 살아간다. 그들은 눈앞에 불어나는 세력에 취해 그것으로 자신의 불의가 면제되는 줄로 착각한다. 그러나 사실은 그들의 위선과 거짓만이 불어날 뿐이다. 그들은 제 머리 위에 스스로 숯불을 쌓고 있는 것이다.(로마서 12:20)

아무리 숫자가 많고 세력이 막강해도 거짓된 행위로는 단 한 사람의 마음도 움직이지 못한다. 그것은 결국 아무도 움직이지 못한다. 그러나 지금은 힘들고 괴로워도 그것이 하나님의 의를 이루어가는 과정이라면 감내할 수 있다. 한사람의 마음을 움직일 수 있다면 그것은 수만 수억의 사람을 움직일 수 있다. 그 한사람을 얻기가 힘든 것이다. 반대로 한 사람을 억울하게 하면 그것은 모든 사람을 등 돌리게 할 수 있다. 그러므로 우리가 무슨 일을 하기 전에 먼저 우리 안에 스스로 정당성을 가지고 있는가, 진정성이 있는가를 물어야 한다.

그리고 확실한 정당성이 토대가 된다면 이미 그것은 천하를 얻은 것이고 온 세상을 얻은 것이다. 의를 이루려는 사람은 조급하지 않아야 한다. 사랑과 여유에서 나오는 인내만이 모든 것을 견디게 한다. 비가 올 때 까지 신실하고 기쁜 마음으로 기우제를 올리는 인디안처럼, 의를 이루려면 마음에 의와 평화와 기쁨을 가지고 사는 사람만이 끝까지 이룰 수 있다.

» 강남향린교회 강단 중에서

3

에스겔,
하나님 부재의 현실에서 야훼의 현존을 보다

제국의 주인이 아시리아에서 신흥 바벨론으로 바뀌었다. 바벨론은 유다를 정복하고 백성들을 포로로 끌어갔다. 바벨론의 1차 정복 때 에스겔은 여호야긴 왕과 함께 바벨론으로 끌려가 그발 강가에 수용되었다.

역사적 배경

에스겔은 귀족 사제 출신인 부시의 아들로서, 제사장들의 사고방식, 표현양식, 모든 행동을 잘 알고 있다. 그는 주전 593년 바벨론에서 예언자로 소명 받았고(1:1-3), 결혼했으며 아내는 예루살렘이 포위된 동안 사망했다.(24:15-18)

에스겔이 태어날 때 유다는 아시리아의 속국이었다. 아시리아 최후의 왕이었던 아수르바니팔(Ashurbanipal)의 죽음으로, 한 세기 이상 전 세계를 공포에 떨게 했던 제국은 아무도 애도하지 않는 가운데 역사에서 사라져갔다. 아시리아는 가장 잔인한 정복정책을 일삼던 세계 최초의 제국이었다. 이는 유다를 비롯한 속국들에서 민족해방운동이 일어나는 신호탄이 되었다. 아시리아의 수도 니느웨가 멸망한 후에 이집트와 새로 창건한 바벨론은 근동지방에 힘의 공백을 메우기 위하여 움직였다. 요시아도 이때 절호의 기회라 여기고 독립을 꾀하려 했다. 그러나 그는 안타깝게 전사했고, 그 뒤를 이은 왕들은 무능하고 우유부단했다.

신흥 바벨론이 유다에 첫 번째 원정을 와서 예루살렘을 함락시키고 사람들을 포로로 잡아갔는데(주전 597년), 이때 에스겔은 여호야긴 왕과 함께 포로로 끌려갔다.(왕하 24:12-16) 바벨론은 시드기야를 왕으로 세웠으나, 왕과 함께 포로로 잡혀간 사람들은 여호야긴을 여전히 왕으로 생각하기도 했다. 적국이 세운 왕에 대한 반감이었다. 따라서 시드기야도 이러한 유다 백성의 정서에서 벗어나지 못했다. 그는 이집트의 프사메티쿠스(Psammetichus) 2세의 부추김을 받아 바벨론에 반란을 일으켰다.

바벨론 왕은 화가 나서 두 번째 원정을 떠났다. 예루살렘은 다시 포위되고 2년간의 저항 끝에 초토화된다. 이로써 4백 년 이상 존속해 왔던 유다는 멸망했다. 다시 많은 사람이 포로로 끌려갔다.

에스겔의 연대기

- 597 B.C. 바벨론의 1차 정복 때 에스겔은 여호야긴 왕과 함께 바벨론으로 끌려가 그발 강가 수용(제1차 포로)

- 593 B.C. 소명 / 부시의 아들, 귀족 사제(1:1-3)
- 587 B.C. 유다왕국의 멸망, 성전 파괴(제2차 포로)
- 571 B.C. 에스겔 활동의 마지막('제27년' 29:17)

에스겔서의 구조

- 1-24장 : 심판의 말씀, 회개의 촉구, 유다왕국 멸망 전
- 25-32장 : 이방에 대한 말씀
- 33-48장 : 희망의 말씀, 유다왕국 멸망 후

에스겔서의 구성은 매우 짜임새가 있다. 에스겔서는 세 부분으로 나눌 수 있다. 에스겔은 그의 소명으로부터 예루살렘이 함락되기 전까지는 '심판을 피할 수 없다.'고 선포한다.(1-24장)

그러나 예루살렘이 파괴된 후에 백성들은 정신적으로 공황상태에 빠진다. 그들이 굳게 믿어오던 구원의 근거들이 사라졌다. 왕, 성전, 도시, 땅 등 그들에게 의미 있던 것들이 모두 사라졌다. 이후 예언자의 임무도 달라졌다. 그는 절망에 빠진 사람들을 위로하고 일으켜 세우며 하나님께서 행하시는 새로운 활동에 주목하게 한다. 하나님께서는 진짜 이스라엘, 풀무불에 단련한 것과 같은 새로워진 이스라엘을 재건하신다.(33-48장)

이러한 심판과 구원의 말씀 사이에 이방 민족들을 향한 예언의 말씀을 전한다.(25-32장)

40-48장은 에스겔이 전적으로 제사장 전통에 부응하는 새 이스라엘

의 모습을 펼쳐 보인다. 새 이스라엘은 성전을 중심으로 이루어지는 거룩한 공동체이다. 이 거대한 환상들은 요한계시록에 '새 예루살렘'의 모습에서 재현된다.(계시록 21-22장)

에스겔의 심판 예언

에스겔은 바벨론에 잡혀있는 사람이라고는 믿기 어려울 정도로 예루살렘 현지 사정을 자세하게 묘사한다. 그는 실제 예루살렘에서 하듯이 여러 가지 상징행위로 유다에 대한 심판 예언을 한다. 그러므로 혹자는 에스겔이 포로지에서 예루살렘으로 돌아와서 예언했고, 유다가 멸망한 후에 다시 바벨론으로 갔을 것으로 생각하기도 하지만 포로 신분으로 몇 개월씩 걸리는 거리를 자유롭게 왕래하기는 쉽지 않았을 것이다.

에스겔은 바벨론에서 소명을 받고 바벨론에서 예언을 했다. 하지만 늘 고국에 관해 관심을 가지고, 그곳 사정을 잘 아는 예언자가 마치 그 자리에 있는 듯이 실감 나게 말씀을 전했을 수 있다. 에스겔의 상상력이 자신을 심리적으로 마치 예루살렘에 있는 것처럼 느끼게 했을 것이다.

크게 구분하여 보면 바벨론은 과거 아시리아의 정책을 계승했다. 이들은 자신들이 총독을 파견해서 직접 통치하는 것을 원칙으로 삼았다. 정복한 나라의 지배층들을 인정하지 않았으며 포로로 잡아들였다. 아시리아는 외국인들을 조직적으로 데려와 그 나라에 풀어 놓고 섞여 살도록 하는 이민 동화정책을 썼다. 그러나 바벨론은 아시리아의 가장 혹독했던 통치 방법을 조금 누그러뜨렸을 뿐 기조는 같았다. 그들도 지도층은 포로로 데려갔다. 하지만 땅에 남아있는 가진 것 없는 백성들은 땅을 차지하고 살게 해주었다.

이러한 정책은 예레미야가 기대했듯이 가난한 백성들에게는 기회이기도 했다. 예언자들은 착취자들이 포로로 잡혀간 것을 계기로 옛 평등사회가 다시 오길 바랐다. 그들은 야훼 신앙, 공동체의 규칙들인 오경의 법을 되살릴 수 있기를 바랐다. 그래서 다시 야훼 하나님의 통치가 회복되기를 기다렸다. 그러나 백성들의 생각은 딴 판이었다. 백성들은 생각했다. 회개하라고 외치던 예언자의 위협은 지나가 버렸으며, 그동안의 죄도 이미 죽음을 겪고 포로로 잡혀간 사람들을 통해 청산되었다고 생각했다. 그들은 하나님의 법이니 공동체니 하는 것들은 아랑곳하지 않고 포로로 잡혀간 사람들이 소유하던 땅이 이제 자기들의 소유가 되었다고 좋아하며 그들의 토지를 찾아내기 위해 혈안이 되었다.

> 그들은 주님에게서 멀리 떠나있다. 이 땅은 이제 우리의 소유가 되었다.(11:15)

> 사람아, 이스라엘 땅의 저 폐허 더미에 사는 사람들이 이런 말을 하고 있다. '아브라함은 한 개인인데도 이 땅을 차지하였는데, 하물며 수가 많은 우리야 더 말해 무엇하겠느냐?' 한다. 또 하나님께서 이 땅을 자기들의 소유로 주었다고 말한다.(33:24)

그러나 하나님의 인내도 한계가 있다.(33:27-31) 하나님은 역사의 시소게임을 즐기시는 분이 아니다. 잘못된 역사를 심판하는 것은 단지 그들이 미워서가 아니다. 다시는 그러한 착취와 억압이 발생하지 않도록 새롭게 하려는 것이다. 아무런 역사의 교훈 없이 지배자들이 차지하던 자리를 단지 다른 사람이 대체하여 똑같은 일을 반복한다면 하나님께서는 1차 포로로 만족하지 못하고 재차 자기 백성을 징벌할 것이다.

심판 예언의 상징행위

에스겔의 예언은 주로 상징행위로 선포된다. 그는 390일 동안 왼쪽으로만 누워 자고 40일 동안은 오른쪽으로 누워서 잔다. 이것은 각각 이스라엘의 죄와 유다의 죄를 속하기 위한 것이다.(4:4-8) 또 마치 비상식량을 훑듯이 온갖 곡식을 모아 밥을 지어 극히 소량의 물과 더불어 식사한다.(4:9-12) 전쟁과 포위 상태의 기근을 상징한 것이다. 소똥으로 밥을 만들어 먹기도 한다.(4:12-17) 또 자신의 머리카락과 수염을 잘라 삼 분의 일씩 나누어서 불에 태우고, 칼로 자르고, 바람에 날려 보낸다.(5:1-4) 불과 칼로 죽고 나머지는 포로로 잡혀갈 것을 상징한다. 그는 여행자 차림으로 손으로 벽을 파서 그것을 기어서 통과하며 포로 생활을 예견한다.(12:3-7) 떨면서 음식을 먹고 두려움에 싸여 물을 마신다.(12:17-20) 아내가 죽었는데 울지도 않는다.(24:15-24) 공포와 차마 울 수도 없는 그들의 앞날을 보여준다.

이러한 상징 행동은 예언자를 괴팍한 사람으로 보이게 한다. 하지만 예언자는 자기 안에 하나님의 말씀이 너무 강렬하여 말로만으로는 전할 수 없었다. 에스겔은 상징적인 행위를 통해 임박한 앞날을 보여준다. 또한 예언자는 백성들이 지은 죄를 자신이 져야 할 짐으로 생각하기도 한다.(4:4-8) 이는 백성의 죄를 대신하는 제2 이사야의 '고난받는 종'의 선구적인 개념이기도 하다.

법이 무너지다

에스겔 시대에 나라가 붕괴하고 포로 생활을 하면서 이스라엘과 유다의 상황은 더욱 악화하였다. 판단의 기준이 되던 오경의 법이 무너지고 개인의 욕심만이 하나님을 대신하는 세상이 되었다. 신앙의 기준이 무너지고 의지가 약해지니 이신(神), 저신(神), 이방신들을 따라나선다. 에스겔은 이를 음란한 여인의 상징으로 비판한다. 이 음란은 백성을 저버린 정치와 종교의 지도자들, 자기 기준을 잃어버린 백성들, 모두가 자초한 총체적인 부패 상황을 비유한다.

에스겔이 전하는 심판의 원인은 하나님의 법을 따르지 않는 행위들과 우상숭배 때문이다. 하나님의 법을 따르지 않는다는 것은 무엇인가? 이스라엘은 혹독한 전쟁에서 패망했고 이어지는 포로 생활로 인해 옛 공동체가 가졌던 규범들도 무너졌다. 나라가 망하고 법과 규범도 사라지자 그들 사이에 존재하던 판단의 기준도 무너졌다. 사람들은 의로운 행동에 대한 기준마저 상실했다. 전통의 법과 도의가 무너지니 그 자리를 대신해서 개인의 독단적이거나 집단적인 이기심이 자리했다. 야훼 공동체의 원칙은 무너지고 목소리 센 사람들, 재물이 많은 사람이 정당성을 획득했다. 이에 법의 필요성이 중요하게 부각하였고 에스겔은 오경의 율법을 기준으로 해서 심판 예언을 한다.

이스라엘 백성들은 저마다 자신의 욕심을 채우기 위하여 하나님의 법을 무시하거나 제멋대로 왜곡했다. 혹자는 에스겔이 법을 강조하는 것을 유대 율법주의의 시효라며 비판하기도 한다. 그러나 당시 에스겔의 상황으로는 백성들의 자유를 깨뜨리기 위한 것이 아니라 그들 전체의 자유를 지키려는 것이다.

에스겔은 다른 예언자들이 했던 것처럼 개인의 도덕성이나 사회정의에 대해서는 크게 강조하지 않는다. 사회정의를 외치는 것도 그나마 사회가 정상으로 돌아갈 때의 윤리다. 모든 것이 무너졌고 주술만이 난무했다. 에스겔은 무너진 야훼신앙을 세워보려고 안간힘을 쓴다. 백성들은 야훼 하나님이 패배했다고 생각했다. 오히려 요시야 왕이 이방신을 제거한 종교개혁의 역작용이 일어났다. 유다 백성들은 가나안 여신, 바벨론의 타무즈 신, 이집트의 호루스 신, 그리고 태양신들을 숭상했다.

위기에서 그들이 종교에 의존하고자 하는 마음은 오히려 더 강렬해졌다. 방방곡곡 제의와 기도 소리는 높지만, 그것은 나약한 의지를 달래고자 하는 단순한 종교적 본능일 뿐이었다. 역사를 섭리하시고 삶을 주관하시는 야훼 하나님의 높은 경륜과는 무관했다. 결국 그들은 야훼 하나님을 버렸고 잡신들에 의존했다. 그 신들의 이름으로 백성들은 자기 자신의 불안감과 이기적인 욕심을 하나님의 자리에 앉혔다. 나라를 잃은 백성들이 하나님의 법도 버리고 정의도 버렸지만, 그중에서도 가장 시급하게 치료가 필요한 것은 바로 하나님과의 관계 회복이었다. 에스겔은 그것이 우선하지 않고서는 그들이 하고자 하는 모든 일이 허사라고 생각했다.

우상숭배와 음란행위

미리 읽어보기

* 에스겔 23장을 읽고 이스라엘이 행하는 음란행위가 무엇을 말하는
  지 이야기해 봅시다.

에스겔이 신랄하게 비판하는 우상숭배는 무엇인가? 하나님 아닌 것
을 자신의 하나님으로 삼는 행위들을 에스겔은 음란행위로 비유한다. 이
스라엘과 유다의 반역행위는 오홀라, 오홀리바의 창녀 행각으로 묘사한
다.(23장) 오홀라와 오홀리바는 하나님과 결혼한 처녀들인데 이집트에
서부터 아시리아, 바벨론 등 시절이 바뀔 때마다 젊은 남자들을 불러들
여 놀아났다. 그들은 적극적으로 유혹하고 홀려낸다. 그들은 "지나가는
모든 남자에게 자신의 다리를 벌렸다. 심하면 남자들이 그려진 그림만
보고도 음욕을 가질 정도이다."(14절) 물론 상대가 되는 대상은 그럴듯
한 남자들이다. 그들은 힘세고 멋있다. 그들은 "정욕이 나귀같이 강하고
정액이 말과 같이 많은 호남아들이다."(20절) 이러한 이스라엘과 유다의
창녀 행각은 하나님을 떠난 백성들의 종교 행각이며, 하나님을 의지하지
않고 열방의 힘을 의지하는 외세 의존적 역사이기도 하다.

> 그들은 모두 하나같이 매력 있는 젊은이들이요, 총독들과 지휘관들이
> 요, 모두가 우두머리들과 유명한 사람들이요, 말을 잘 타는 기사들이
> 다.(23:23)

이스라엘과 유다는 하나같이 하나님을 의지하지 않았다. 지도자들이

하나님의 말씀을 지키려면 온 힘을 다해 백성을 돌보고 백성의 평화와 행복을 위해 헌신해야 한다. 그러나 위정자들은 오히려 자신들의 안전만을 위하고, 백성들은 뒷전이다. 그들은 손쉽게 정권의 안전을 찾는 방법들만을 택했다. 그들은 강대국의 병거와 군마에 의지하려고만 했으며 그때마다 백성들의 부담은 가중되었다. 이 나라 저 나라에 기울 때마다 갖다 바치는 조공의 양은 늘어났다. 열강이 각축을 벌이다가 힘의 중심이 옮겨질 때마다 이스라엘은 재빠르게 움직였고 결국에는 신의를 배신한 대가로 침공을 당할 뿐이었다. 그 피해는 고스란히 백성들의 몫이었다.

> 그들이 무기와 병거와 수레와 대군을 거느리고 너를 치러 올 것이다. 그들은 크고 작은 방패와 투구로 무장을 하고, 사방에서 너를 치러 올 것이다. 나는 심판권을 그들에게 넘겨줄 것이고, 그들은 자기들의 관습에 따라서 너를 심판할 것이다.(23:24)

지도자들은 제 백성으로부터 지지를 얻어 스스로 설 생각을 하지 않았다. 그들은 당장 눈앞에 힘의 관계만을 따져 이리저리 기대며 화를 자초했다. 이렇게 어리석은 외교 행각의 뿌리는 하나님을 신뢰하지 않는 데서 온다고 예언자는 비판한다. 에스겔은 국제적 역학관계의 변화에 따라 움직이는 것을 '음란' 행위에 비유한다. 이것은 단순히 성적인 음란행위를 말하는 것이 아니라 하늘인 백성을 저버리고 이 나라 저 나라의 힘에 의존했던 행위를 말하며 섬기는 주인이 바뀜에 따라 이 나라 저 나라의 수호신을 따라 섬기는 종교적 음란행위를 말한다.

이집트는 다시는 이스라엘 족속이 의지할 나라가 되지 못할 것이다. 이스라엘은 이집트가 당한 것을 보고서, 이집트에 의지하려 한 것이 얼마나 잘못된 것이었는가를 상기하고, 그때에야 비로소 그들이, 내가 주 하나님인 줄 알 것이다.(29:16)

백성이 '주 하나님을 알게 되는 것'은 외세에 자기 운명을 맡기지 않고, 자기 백성들을 사랑하며 그들의 단결된 힘으로 나라가 설 수 있다는 신념을 갖는 것을 말한다. 외교적으로 말하면 '자주'이다. 신앙적으로 하나님만을 아는 삶은 홀로 떳떳하고 당당하게 설 수 있는 삶을 말한다. 사람들의 눈을 의식하여 행동하며 부끄럽게 속이고 주뼛주뼛하는 삶이 아니다. 우리 깊은 내면에서 움직이는 하나님의 명령에 직면하는 삶, 그분으로부터 우러나와 당당하게 서는 것이 '주 하나님을 아는 삶'이다. 민족 전체가 그렇게 될 수 있도록 떳떳한 홀로서기가 이루어지는 것을 외교적 용어로는 '자주'라 하고, 신앙적인 용어로는 '하나님만을 알게 된다.'고 한다. 자주를 신앙적으로 말하면 우리의 영원한 뿌리인 하나님께 돌아가는 것이다.

모두가 썩었다

에스겔은 백성의 지도자들을 규탄한다. 나라가 이 지경인데 그들은 정신 차릴 줄을 모른다. 여전히 자기들의 안위를 위하여 백성을 쥐어짠다. 법과 의는 실종되고 백성들은 고아처럼 되었다. 에스겔이 왕들에게 외친다.

너, 극악무도한 이스라엘의 왕아,

네가 최후의 형벌을 받을 그 날이 왔고, 그 시각이 되었다.

나 주 하나님이 말한다.

왕관을 벗기고, 면류관을 제거하여라.

이대로 있어서는 안 될 것이다.

낮은 사람은 높이고 높은 사람은 낮추어라!

내가 무너뜨리고, 무너뜨리고, 또 무너뜨릴 것이다.(21:25-27)

에스겔은 종교 지도자들도 비판한다. 예언자들은 음모를 꾸미며 마치 먹이를 찾는 사자처럼 으르렁댄다. 그들은 생명을 죽이며, 재산과 보화를 탈취하며, 그 안에 과부들이 많아지게 하였다. 제사장들은 율법을 위반하고 거룩한 것들을 더럽혔다. 오히려 하나님은 그들 가운데서 모독을 당한다.(22:26) 그 땅의 예언자들은 그들의 죄악을 회칠하여 덮어주고, 속임수로 환상을 보았다고 하며, 하나님께서 하지 않은 말을 주의 말이라며 전한다.(22:28) 목자들은 양 떼를 먹이고 양들을 위해 때로는 목숨을 내어놓고 싸워야 한다. 그런데 제 양을 돌보기는커녕 살진 양을 잡아 기름진 것을 먹고, 그 양털로 옷을 해 입는다. 양 떼가 흩어져 온갖 들짐승의 먹이가 되었는데도 그 양 떼를 찾으려고 물어보는 목자가 없다.(34:3 이하)

예레미야 때와 같이 위기 상황에서 희망을 선포하던 하나냐 같은 예언자는 쉽게 잊혔다. 그러나 언제나 "괜찮다. 괜찮다."를 반복하던 종교 지도자들에 대한 회의와 환멸은 점증되었다. 그들에 대한 환멸은 하나님의 실체, 권능, 정의에 대한 신뢰감의 상실로 이어졌다. 또한, 백성들도 다

어긋났다. 누구도 하나님의 법과 의를 지키지 않는다. 백성들은 폭력을 행사하고 강탈을 일삼는다. 그들은 가난하고 못사는 사람들을 압제하며 나그네를 부당하게 학대하였다.(22:29)

그들은 참된 예언자의 말도 단지 호기심으로 '주님께서 그에게 무슨 말씀을 하셨는지 들어나 보자.' 하면서 그저 듣기만 할 뿐이다. 그 말에 복종할 의사가 아예 없다. 백성들은 입으로는 달갑게 여기면서도 마음으로는 자기들의 욕심을 따랐다. 백성들은 참 예언자의 말을 악기를 잘 다루고 듣기 좋은 목소리로 사랑의 노래나 부르는 가수쯤으로 생각한다. 그러나 나중에 그 말씀이 이루어진 다음에야 비로소 그들 가운데 예언자가 있었다는 것을 알게 될 것이다.(33:30-33)

이스라엘이 행하는 요란한 종교 행위는 다 거짓일 뿐 실상은 하나님 없는 고통을 겪고 있다. 하나님이 떠나셨는가? 그들이 행하는 행위 속에 이미 하나님은 아무도 찾지 않는, 찾을 수 없는 신기루가 되어있다. 이미 그들 마음속에 진실도 정의도 하나님에 대한 신실함도 없다. 모두가 자기 이익을 탐하여 속이고 꾸미고 치장하여 내보이는 거짓의 전쟁터일 뿐이니 그들이 말로 내세우는 하나님은 있지만, 사실은 그들의 마음속에 하나님은 없다. 하나님을 속이는 결과는 결국 자기 자신들에게 고스란히 되돌아오게 될 것이다.

> 거기에서 너희가 자신을 더럽히며
> 살아온 길과 모든 행실을 기억하고,
> 너희가 저질렀던 그 온갖 악행 때문에
> 너희가 스스로를 미워하게 될 것이다.(20:43)

이스라엘은 그들의 악행에 너무 깊이 연루되었기 때문에 더는 스스로 빠져나온다는 것이 불가능하다.(24:6 이하, 35:6, 36:18) 그렇기에 야훼께서는 마치 수술하듯이 굳은 마음을 제거하고 온유하고 부드러운 마음을 심으실 것이다. 이것은 일찍이 예레미야가 가졌던 이상이었다.(렘 31:33)

> 그때 내가 그들에게 일치된 마음을 주고,
> 새로운 영을 그들 속에 넣어 주겠다.
> 내가 그들의 몸에서 돌같이 굳은 마음을 없애고,
> 살같이 부드러운 마음을 주겠다.(11:19)

하나님만이 새로운 희망의 근거

이스라엘을 멸망으로 몰아넣은 것은 이스라엘 사회가 가지고 있는 총체적 부패의 결과물이었다. 사회를 판단하는 기준이 되던 법마저 실종되었고 계층별로 욕심만이 춤추었다. 이스라엘의 총체적 부패는 그동안 예언자들이 꿈꾸었던 모든 희망을 상실케 했다. 이스라엘 안에서는 아무런 희망도 발견할 수 없게 된 상황에서 에스겔은 하나님의 거룩함을 자기들의 희망의 근거로 삼는다. 자신들에게는 아무런 선한 것이 나올 수 없지만, 하나님께서 자기 이름을 위하여, 자신의 얼굴을 지켜가기 위해 이 역사에 개입하실 것이며 그 과정에서 이스라엘도 덩달아 구원하실 것이라고 포로지 백성들을 위로한다.

너희가 여러 나라에 흩어져 살면서 내 이름을 더럽혀 놓았으므로, 거기에서 더럽혀진 내 큰 이름을 내가 다시 거룩하게 하겠다. 이방 사람들이 지켜보는 앞에서, 너희에게 내가 내 거룩함을 밝히 드러내면, 그때에야 비로소 그들도, 내가 주인 줄 알 것이다. 나 주 하나님의 말이다.(36:23)

"나는 야훼(주)라."는 표현이 에스겔서에 80번이나 나온다. 이 말 뒤에 숨은 느낌은 하나님께서는 자신의 이름을 욕되게 하지 않으시고 스스로 이름을 지키실 것이라는 뜻이다. 하나님께서는 스스로 자신의 명예를 지키신다. '거룩(카도쉬)'이란 뜻도 하나님께서 죄 된 인간과 구별해서 자신의 영광을 스스로 지키신다는 의미이다.

에스겔은 하나님께서 오랫동안 자신의 분노를 참으셨다고 한다. 하나님은 자신의 이름에 욕이 될까봐 벌하지 못하셨다.(20:44) 에스겔은 지나간 역사를 아주 철저한 죄악의 역사로 해석한다.(20:1-31) 에스겔은 심지어 출애굽기에는 언급도 하지 않은 이집트에서의 우상숭배 행위를 고발하고(20:7), 광야 시절에는 단지 반역의 전승들만을 회상한다.

과거 예언자들은 이스라엘의 잘못을 지적하면서도 어느 한때는 좋았던 때가 있었다고 했다. 그러나 에스겔은 세 번 이스라엘 역사를 말하면서 철저하게 불의한 역사였다고 질책한다. 이스라엘 역사는 처음부터 지금까지 그리고 왕으로부터 백성까지 모두가 하나님을 욕되게 했다. 그들은 거룩하신 하나님에 대해 도전하는 것으로 일관했다. 에스겔은 차라리 소돔이 의롭게 보일 정도로 예루살렘의 죄질이 더욱 나빴다고 한다.(16:47-48) 그러나 하나님께서는 젊은 시절에 이스라엘과 맺은 언약을 기억해서 백성들이 지은 모든 죄악을 용서하신다. 그렇게 하는 까닭은 이스라엘이 기억하고 부끄러워서 다시는 입도 열지 못하게 하려는 것이다. 그때에야 비로소 이스라엘은, '야훼가 주인 줄 알 것'이기 때문이다.(16:59-63)

백성들이 받아야 마땅한 처벌을 그동안 하나님의 이름을 위하여, 즉 "나의 이름을 더럽히지 않게 하려고"(20:9, 14, 22) 보류했다. "나의 거룩한 이름을 위한" 신성한 동기는 에스겔서 신학의 핵심적인 부분이다.[1] 하나님께서는 자신의 명예를 지키기 위하여, 자신의 이름을 위하여 징벌을 멈추신다. 그만큼 하나님과 이스라엘은 서로 깊이 연관되어 있다. 하나님의 백성이 범하는 죄는 하나님의 이름을 욕되게 할 뿐 아니라 그분의 거룩하심에 도전하는 것이다.

이스라엘은 스스로 존재하는 것이 아니라 야훼(여호와) 하나님과 더불어 존재한다. 그러기에 그들은 하나님에게서 떨어져 나와 개인이나 특정 집단의 이름을 위하여, 자신들의 영화를 위하여 행해서는 안 된다. 자신들을 위하여 일하더라도 그것이 하나님의 뜻과 맞닿아 있어야 한다. 그들이 하나님을 위하여 살아갈 때 자신들도 명예롭고 행복할 수 있다.

하나님은 어떤 개인이나 공동체에 자기 자신의 이름을 맡기신다. 개인이나 공동체는 하나님 이름을 위임받는다. 하나님께서는 이스라엘에 그런 임무를 맡기셨다. 열방은 마치 원형극장처럼 이스라엘을 주목하며 그 주변에 둘러선다.(5:5) 그러나 이스라엘이 자신의 임무를 인식하지 못하고 계속 하나님 이름을 욕되게 할 때, 하나님께서는 일단 자신의 이름을 위하여 참으시지만, 더는 참을 수 없다고 판단하시면 또한 자신의 이름

---

1) D. E. 고웬, 『구약 예언서 신학』 차준희 역, 2004, 기독교서회, 297

을 위하여 개입하신다. 그래서 유다 민족을 부수셨다. 그것이 그들이 당하는 현재 상황이다. 그러나 명예를 중시하시는 하나님께서는 결국은 자기 이름을 위하여 그들을 일으키실 것이다. 그래서 "나는 야훼다."고 하는 선언과 하나님의 거룩하심은 백성들이 가질 수 있는 가장 확실한 희망의 근거이기도 하다.

자기 자신들을 보아서는 아무것도 희망을 품을 근거가 없다. 그들의 지나온 역사는 그것을 증명한다. 그러나 하나님께서 스스로 자신을 영화롭게 하실 것이므로 이스라엘 백성들도 따라서 영화롭게 될 것이다. 그것이 바로 그들의 유일한 희망의 근거이다. 그들은 자신들의 의(義) 때문이 아니라 하나님과의 특별한 관계로 인하여 구원받게 될 것이다. 하나님 자신의 영광을 위한 일은 하나님의 이기심이 아니라 오히려 하나님 백성들이 가질 희망의 근거가 된다. 하나님의 이름은 하나님의 얼굴이다. 하나님께서는 스스로 자신의 얼굴을 지켜가실 것이다.

개인의 책임

> 너희가 어찌하여 이스라엘 땅에서 아직도 '아버지가 신 포도를 먹으면, 아들의 이가 시다' 하는 속담을 입에 담고 있느냐? 너희 가운데서 누구도 다시는 이스라엘에서 이런 속담을 입에 담지 못할 것이다. 모든 영혼은 나의 것이다. 아버지의 영혼이나 아들의 영혼이 똑같이 나의 것이니, 범죄하는 그 영혼이 죽을 것이다.(18:2-4)

에스겔은 당시에 유행하던 속담을 들춘다. '조상의 죄가 후손에게 유전되느냐?'는 질문이다. 이스라엘은 공동체가 당한 불행에 대해 연대적 책임의식을 물었다. 아간 하나의 범죄로 모든 이스라엘이 아이성 전투에서 패배했다.(여호수아 7장) 비록 잘 지키지는 못했지만 강한 연대의식은 야훼 신앙공동체의 특징이었다.

그러나 이것이 질곡이 되기 시작했다. 처음 포로로 온 첫 세대들은 그동안 유다 민족이 저지른 범죄로 징벌을 받는다고 여겼다. 하지만 포로기가 계속되자 "그동안 역사를 통해 누적되어 내려온 범죄를 왜 자기들만 덤터기 쓰듯이 그 값을 치러야 하는가?", "포로지에서 새로 태어난 천진난만한 아이들도 조상의 죄 때문에 계속 포로로 살아야 하는가?"를 묻게 되었다. 조상의 죄에 대한 연대 책임으로 고난을 받는 것이라면 의롭게 살기 위해 아등바등할 것도 없다. 어차피 벌을 받을 테니 되는대로 살자며 자포자기하는 사람들도 생겼다. 그들은 "하나님께서 일을 처리하는 방식이 공평하지 못하다."라고 불평한다.(18:25) 에스겔은 이에 대해서 개인의 책임을 분명하게 한다.

> 죄를 지은 영혼 바로 그 사람이 죽을 것이며, 아들은 아버지의 죄에 대한 벌을 받지 않을 것이며, 아버지가 아들의 죄에 대한 벌도 받지 않을 것이다. 의인의 의도 자신에게로 돌아가고, 악인의 악도 자신에게로 돌아갈 것이다.(18:20)

백성들은 말한다. "우리의 온갖 허물과 모든 죄악이 우리를 짓눌러서, 그 속에서 기진하여 죽어가고 있는데, 어떻게 우리가 살 수 있겠는가?"라고 묻는다. 에스겔은 각자의 영혼이 그 개인의 책임하에 놓여있다고

한다. 예언의 역사에서 처음으로 회개 촉구의 메시지가 개인에게 적용되고 있다.[2]

에스겔은 각 개인이 하나님의 말씀을 직접 듣는다고 하면서, 집단으로부터 개인을 끌어냈다. 각 개인이 살아계신 하나님을 직접 상대하므로 그들이 이제껏 포기했던 길을 다시 돌이키게 하는 전환을 가져왔다. 에스겔은 백성들의 마음속에 심겨 있는 암울한 숙명주의를 극복할 터전을 마련해 준다.[3]

이방에 대한 심판

에스겔에는 '교만'이라는 주제가 등장한다.(7:10-11, 16:48-58, 28:2-19, 30:18, 31:10-14) 특히 이 주제가 이방을 향한 신탁에 명확하게 나타난다. 에스겔은 멀리 이방 땅에 와 있다. 그에게서 야훼 하나님은 더는 자기 민족만의 신이 아니다. 이방의 모든 나라의 역사 속에도 하나님의 계획과 손길이 있다. 예언자는 열방을 심판하는 예언을 한다.

두로와 시돈은 일찍이 상업이 발달해 많은 부를 누린 나라이다. 누구보다도 행복하고 좋은 조건이었으나 그들은 자신들이 가진 축복을 당연한 것으로 여겼고 우쭐하였다. 두로와 시돈은 바알을 섬기는 민족이다. 하나님을 믿지 않는 사람들이 일이 잘될 때 다 자기 덕이라고 여기는 것은 어쩌면 당연하다. 그러나 하나님을 섬기는 신앙인에게 교만은 스스로

2) K. 코흐, 『예언자들 2』 강성렬 옮김, 크리스천 다이제스트, 1999, 170.
3) Berry Friesen & John K. Stoner, 『제국에 저항하는 성경』 류의근 옮김, 대장간, 2020. 235.

하나님의 자리에 서는 것이다. 다른 신을 섬겨서는 안 된다면서도 곧잘 자기 자신이 신의 자리에 올라가 우쭐대는 셈이다.

> 너의 마음이 교만해져서 말하기를
> 너는 네가 신이라고 하고
> 네가 바다 한가운데
> 신의 자리에 앉아 있다고 하지만,
> 그래서 네가 마음속으로
> 신이라도 된 듯이 우쭐대지만,
> 너는 사람이요, 신이 아니다.(28:2)

화려했던 역사를 가진 이집트에 대해서도 말한다. 그들은 한때 백향목 같았다. 그들은 물을 넉넉히 먹고 큰 나무가 되었다. 깊은 물줄기에서 물을 빨며 크게 자랐다. 그래서 들의 모든 나무보다 더 높게 자랐고, 그 큰 가지 속에 공중의 모든 새가 보금자리를 만들고, 그 나무 그늘에는 많은 짐승이 깃들었다. 이렇게 한 것은 하나님의 손길이었다. 그러나 그들은 나무의 키가 커지고 그 꼭대기가 구름 속으로 뻗치면서 그 마음이 교만해졌다.(31:10) 그러므로 야훼께서는 그를 민족들의 통치자에게 넘겨주고, 가장 잔인한 다른 백성이 그 나무를 베어버리게 하였다. 그렇게 함으로 물가의 나무들이 다시는 키 때문에 교만하지 못하게 하며, 그들이 자신의 교만에 머물지 못하게 하였다.(31:14)
그리고 또 이것은 이스라엘 백성들이 이집트나 두로에 대해서 가지는 헛된 기대에 대해 경종을 울리기 위해서이기도 한다. 이집트 파라오의 군대가 공격함으로 말미암아 느부갓네살이 예루살렘에 대한 포위를 풀었다.(렘 37:5-11) 이 사건은 이집트의 도움만 있다면 유다가 자유를 되찾을 수 있으리라는 잘못된 희망을 고취했다.

반면 두로는 그 중심 도시가 섬 위에 있었기 때문에 무려 13년 동안이나 바벨론 군대에 대항할 수 있었다. 결국 느부갓네살은 두로를 정복하는데 실패했다.(29:17-20) 그렇게 오랫동안 저항할 수 있었던 두로를 보면서 유대인들은 헛된 희망을 품었다. 에스겔은 그러한 기대 심리를 가진 포로민들로 하여금 현실을 직시하도록 촉구했다.4)

하나님 부재의 절망 속에 야훼의 임재

에스겔은 네 생물이 발현하고 그들이 이끄는 바퀴가 포로민들이 머무는 그발 강가로 움직이는 이야기로 시작한다. 야훼께서 하나님 없이 절망에 빠진 백성들을 새롭게 하시려고 보좌를 옮겨 그들 가운데 임재 하신다. 에스겔은 새 하늘 새 땅의 구상을 펼치기 전에 곡과 마곡의 침략에 대한 묵시문학적인 대 전쟁의 이야기가 나온다. 엄청난 규모의 적들이지만 그것들은 하나님께서 새것을 펼치기 위한 과정에 불과하다. 끝까지 견디는 자는 새것을 볼 것이다.

미리 읽어보기

* 에스겔 1:4-28, 3:12-15를 읽고 여기 발현한 네 생물과 그들이 이끄

---

4) D. E. 고웬, *op*.cit., 309-310.

는 바퀴는 무엇을 뜻하는지 이야기해 보시오.

그때 내가 바라보니, 북쪽에서 폭풍이 불어오는데, 큰 구름이 밀려오고, 불빛이 계속 번쩍이며, 그 구름 둘레에는 광채가 나고, 그 광채 한가운데서는 불 속에서 빛나는 금붙이의 광채와 같은 것이 반짝이었다. 그러더니 그 광채 한가운데서 네 생물의 형상이 나타나는데, 그들의 모습은 사람의 형상과 같았다... 그때 내가 그 생물들을 바라보니, 그 생물들의 곁에 땅 위에는 바퀴가 하나 있는데, 그 바퀴는 네 얼굴을 따라 하나씩 있었다... 그 생물들이 나아가면, 바퀴들도 생물들의 곁에서 함께 나아갔고, 생물들이 땅에서 떠오르면, 바퀴들도 함께 떠올랐다. 그 생물들은 어디든지, 영이 가고자 하면, 그 영이 가고자 하는 곳으로 갔다. 바퀴들도 그들과 함께 떠올랐는데, 생물들의 영이 바퀴 속에 들어 있었기 때문이다. 생물들이 나아가면 그 바퀴들도 나아갔고, 생물들이 멈추어 서 있으면, 바퀴들도 멈추어 서 있었다. 또 생물들이 땅에서 떠오르면, 바퀴도 그들과 똑같이 떠올랐는데, 생물들의 영이 바퀴들 속에 들어 있었기 때문이다.(1:4-21 중에서)

그때 주의 영이 나를 들어 올리시는데, 주의 영광이 그 처소에서 나타날 때에, 내 뒤에서 지진이 터지는 것같이 크고 요란한 소리가 들렸다. 생물들의 날개가 서로 부딪치는 소리와 생물들의 곁에 달린 바퀴들의 소리가, 그렇게 크고 요란하게 들렸다. 주의 영이 나를 들어 올려서 데리고 가실 때에, 나는 괴롭고 분통이 터지는 심정에 잠겨있었는데, 주의 손이 나를 무겁게 짓눌렀다. 나는 델아빕으로 갔다. 그곳 그발강 가에는 포로로 끌려온 백성이 살고 있었다. 나는 그들과 함께 이레 동안 머물러 있었는데, 얼이 빠진 사람처럼 앉아 있었다.(3:12-15)

에스겔 1장은 마치 묵시록을 보는 것 같다. 네 생물이 이끄는 바퀴가 발현한다. 마치 큰 짐승들이 이끄는 병거와 같은 것이 공중에 일어난다. 이것은 하나님의 보좌를 실어 움직이기 위한 바퀴와 생물들이다. 하나님의 보좌는 예루살렘에서부터 발현해 포로민들이 머무는 곳으로 돌아와 머문다. 하나님 부재의 땅에 하나님의 보좌가 돌아오는 이야기로 그의 예언도 시작한다. 하나님은 이제 무너진 성전에 계시지 않고 포로지에서 고난받는 백성들 가운데로 옮기셨다. 그리고 야훼의 영광은 새로 세울 하나님의 성전에 영원히 자리한다.(43장)

바퀴와 생물의 발현에 대한 환상은 낯선 포로의 땅에서도 이스라엘 사람들이 다른 신을 구할 필요가 없다는 것을 전한다. 야훼는 한 시간에 한 장소 이상에 존재할 수 있었고 그들과 함께 바벨론에 갈 때 동행했다. 그리고 야훼가 강력한 바벨론 위에 있는 하늘을 다스렸다면 그 때 야훼는 이 세상 만물의 왕이었다.[5]

절망하는 포로민들에게 가장 필요한 것은 "하나님께서 우리와 함께 하신다."는 확신이었다. 그런 믿음을 가진 사람은 어떤 조건에도 무엇이든지 능히 해 낼 수 있다. 그러나 이스라엘 백성들은 말한다.

우리의 뼈가 말랐고, 우리의 희망도 사라졌으니, 우리는 망했다.(37:11)

---

5) Berry Friesen & John K. Stoner, op.cit., 230.

이들은 바벨론 포로의 땅에서 울부짖는다.

주님께서 우리를 돌보고 있지 않으시며, 주님께서 이 나라를 버리셨다.(8:12)

이들은 깊은 절망감 속에서 허우적거린다. 아무것도 의미가 없고, 아무것도 새롭지 않고, 아무것도 그들의 마음을 끌지 못한다. 그들은 하나님께서 이미 떠나셨다는 절망감 속에 있다. 이는 하나님 없는 절망이었다. 에스겔은 이스라엘 백성이 가진 가장 큰 문제가 하나님을 잃어버린 것이라고 보았다. 그들의 문제 해결은 이런저런 방식에 있지 않다. 사회적 정의와 공의의 부재, 그것도 중요하지만 궁극적으로 가장 중요한 것은 그들이 "하나님 없이" "하나님 부재 상태"에서 이런 일을 당한다고 생각하는 것이 더욱 근본적인 문제였다.

포로기는 처음 맞는 끔찍한 위기 상황이었다. 그래도 뜻이 있는 사람들에게 가장 절박한 것은 예배였다. 그들은 예루살렘이야말로 하나님께서 거주하시는 곳이라 굳게 믿어 왔었다. 해마다 수차례 백성들이 성전으로 순례를 하며 예배(제사)를 드렸다. 그때 예루살렘(시온)은 민족을 통합할 수 있는 좋은 요소였다. 그러나 지금 성전은 파괴되었고 자신들은 수만 리나 떨어진 바벨론 땅에 와있다. 그곳은 당연히 하나님께서 계시지 않는 땅이었다. 더군다나 이제까지의 예배는 특정한 절기에 공동체가 함께 참여하는 것이었다. 그러나 이제는 드러내 놓고 공동체 예배를 드리는 것은 불가능했다. 그들은 아직 개인 종교라는 것은 생각하지 못했다. 무엇보다 시급한 것은 하나님께서 그들 가운데 임하시는 것이다.

에스겔서에는 예언자가 움직이기 전에 먼저 주께서 거동한다. "주님께서 권능으로 나를 사로잡으셨다. 주님의 영이 나를 데리고 나가서, 골짜기의 한가운데 나를 내려 놓으셨다.…"(37:1) 에스겔서의 장면이 바뀌는 곳마다 영의 움직임이 연결고리처럼 쓰인다. "하나님의 영이 그를 들어서 어디 어디에 갖다 놓으심으로… 하나님의 영이 무엇을 증언하심으로…." 이런 말들로 그의 예언이 시작한다. 마칠 때도 "그것으로 이 백성이 내가 하나님임을 알게 될 것이다."라고 한다. 하나님으로 시작하여 하나님으로 끝난다. 에스겔은 늘 "나 주가 그들의 하나님이 되고 그들은 나의 백성이 되어야" 하는 것을 강조한다.

그들이 잘 나갈 때는 하나님 없이도 모든 것이 잘 될 줄 알았다. 그래서 자신들이 내키는 대로 막 나가버렸다. 그 결과 지금은 모든 것이 엉망진창이다. 제멋대로 제 욕심대로 행한 결과 그들의 진액이 말라버렸다. 유명한 해골 골짜기의 회복 이야기도 그 극적인 이야기의 핵심은 '하나님의 영이 돌아오는 것'이다. 하나님의 영이 없을 때, 그것은 마른 뼈들이 널려 있는 것과 같다. 인간 창조 시에 마치 흙으로 빚은 생명 없는 덩어리에 하나님의 영이 들어가자 생명이 넘치는 사람이 되는 것처럼, 그 마른 뼈들 위에 하나님의 영이 불어와 뼈들이 맞추어지고 새 살이 돋아난다. 마른 뼈들은 마침내 살아 움직이게 되고, 하나님의 큰 군대가 되어 행진하는 극적인 변화를 본다. 이 극적인 변화의 실마리는 "내가 내 영을 너희 속에 두어서" 가능했다.(37:14)

곡의 침략과 새 나라의 도래

에스겔서 38-39장은 곡, 마곡의 침략에 대해 말한다. 에스겔의 새 왕국 구상은 40장부터 본격적으로 전개되는데, 그 입구에 통과의례처럼 곡의 침략이 기다린다. 이스라엘은 포로에서 귀환해 다시 옛 땅에 그들이 그렇게 꿈꾸던 새로운 왕국을 세울 그림을 그린다. 그러나 그 유쾌한 상상 앞에 어마어마한 마곡의 대군이 침략해 온다.

곡이 누구냐 하는 것은 의견이 분분한데, 당시 바벨론을 의인화했다는 것이 주된 견해이지만, 주전 2세기에는 셀류키드왕 안티오커스 유파토르로 보기도 했고, 주전 4세기에는 알렉산더 대왕이라고도 생각했으며, 탈굼에는 당시 세계 패권을 가지고 있는 로마로 보기도 한다. 한편 어거스틴은 당시 로마를 침략해 온 고트족이라고 보았으나, 역사적 인물이라기보다는 시대에 따라 평화를 위협하는 거대한 악의 세력을 상징한다.

이들의 침략은 도저히 저항할 의지마저 상실케 하는 엄청난 규모이다. 하지만 대단해 보이는 곡의 준동은 결국 하나님께서 그들을 멸망시키는 순서 속에 있다. 계시록 20:7-10에는 마지막 천년왕국 말미에 악이 풀려서 기세를 펼친다. 바로 그때도 곡과 마곡이 준동한다. 계시록에도 이들은 하나님의 통치가 이루어지는 관문에 있다.

침략자로 나타나는 메섹, 두발, 마곡은 창세기 10장의 족보에 나오는 야벳 자손들이다. 이들은 신화시대 가장 변방에 있는 땅끝 백성들이다. 여기에 로스라는 족이 언급되는데 이는 어느 곳에도 나라의 이름으로 등장하지 않는다. 근대 서구 신학자 중에는 로스가 러시아를 말한다고 제멋대로 해석하기도 했으나, 단지 발음상 유사하다는 것뿐 그렇게 보아야 할 아무런 근거가 없다. 민족 차별의 편견이 담긴 해석일 뿐이다. 로스는 고유명사로 나오는 것은 없고 "우두머리"를 가리키는 보통명사이다. 따라서 세상에서 잘 나가는 우두머리들을 새 하늘 새 땅을 침공하는 마지막 세력으로 보았다고 할 수 있다.

곡과 마곡은 무적의 백성이며 엄청난 무장과 힘을 과시하지만 교만하여 자기 힘만 의지하다가 스스로 망한다. 그들은 손도 쓰지 못하고 하나님 앞에 무너져 내린다. 칼을 든 자가 저희끼리 살육하고 전염병이 창궐하며 억수 같은 소나기, 돌덩이 같은 우박, 불과 유황이 그들 연합군 위에 퍼붓는다. 뭇 민족이 보는 앞에서 야훼께서는 위용을 떨치신다. 그 결과 그들이 버리고 도망간 창과 방패만을 주워도 7년 동안 땔감으로 쓴다.(39:9) 이는 이사야와 미가에 나오는 '낫을 쳐서 보습으로' 만드는 평화의 이상이다. 침략군들의 시체를 일곱 달을 묻어도 다 묻지 못해 나머지는 짐승들이 먹고 이를 희생제사로 여긴다.(39:12-20)

이 이야기는 지금 자기들이 당하는 현실이 바로 민족의 새 아침을 맞이하기 전에 당하는 마곡의 침략에 해당한다는 뜻이다. 실제로 이스라엘이 귀환해서 정착할 때 에스겔에서 말하는 대규모 침략은 없었다. 그러나 그들이 당하는 모든 좌절과 절망, 어려움을 곡이라는 세력의 침략으로 표현한다. 이것은 묵시문학적 표현의 실마리며 악을 물리치고 새것을 맞이하는 데 필요한 우주적 청소 과정이다. 그것은 예언자의 역사 해석 패러다임이며 자기들 앞에 당면한 걸림돌과 그를 해소하시는 하나님의 능력을 말한다. 언제나 새것이 나타나기 전에는 혼란이 절정을 이룬다. 그러나 그에 견디는 자, 넘어지지 않는 자는 새것을 볼 것이다.

하나님을 중심으로 한 대안의 나라

에스겔은 민족중흥의 실제적 대안들을 제시한다. 에스겔의 이러한 새 세상에 대한 구상은 그대로 요한계시록에 영향을 미친다. 에스겔만큼 적극적으로 대안을 제시하는 예언자도 드물다. 그는 40-48장에서 재건될 새로운 이스라엘의 모습을 말한다. 그 대부분은 새 성전(40:5-42:20)과 새 성전의 예배규정(43장)에 중심을 두고 있다. 그 외에 회복된 이스라엘 땅의 경계(48:30-35), 땅의 분배(47:13-20), 새 예루살렘(48:1-29)에 대해 말한다.

하나님 부재를 경험하고 있는 이스라엘은 나라를 회복할 때 하나님을 중심에 모시는 것이 제일 조건이다. 그가 구상하는 새 왕국의 가장 중심 부분에는 하나님의 성전이 자리한다. 그 성전 중심에서 샘물이 발원해 흘러나온다. 사방으로 물이 흘러넘쳐 천 자(약 450미터)를 지나니 물이 발목까지 차고, 또 천 자를 지나가니 그 물이 무릎까지 차고, 다시 천 자를 내려가니 물이 무릎까지 올라왔다. 다시 천 자를 내려가니 허리까지 오고, 다시 천 자를 가니 물이 헤엄을 쳐서나 건널 수 있는 강이 되었다. 마침내 성전에서 흘러가는 물이 온 누리에 가득하다.

이 물은 단순한 물과는 다르다. 이 물이 닿는 곳에 죽은 물이 살아나며 온갖 생물이 번성하고, 사해도 고기가 살게 되어 온 이스라엘에서 고기를 잡게 된다.(47:7-9) 새 왕국의 중심, 새 하늘과 새 땅의 중심은 성전, 거기서 흘러나오는 생명수이다. 이것을 문자 그대로 이해해서는 안 된다. 사해(死海)는 아직 짠 물이고 그 이름대로 생명이 살지 못한다. 그것은 영적으로 하나님과 새로운 관계가 그들의 미래를 전적으로 새롭게 하는 중심이라는 의미이다. 성전에서부터 나오는 물이 온 누리에 가득 찬다는 것은 하나님을 중심에 모시는 마음으로 온 세상에 넘치는 것을 상징한다.

　에스겔에 나오는 성전의 모습은 천상의 원형을 따라 지어질 성전 또는 하나님 도성의 모습이다. 고대 종교 전통에서 신전의 모습은 그들이 꿈꾸던 이상세계의 원형이다. 성전이나 신전은 이상세계와 현실 세계가 합치하는 지점이며 그 안에서 수행하는 예배 역시 태초부터 종말 때에 이르기까지 천상의 예전에 참여하는 의미가 있다. 에스겔이 본 성전의 모습 역시 이러한 이상을 담고 있으며 후에 요한계시록에 언급한 천상의 예루살렘 모습에 영향을 미친다. 요한계시록 역시 곡과 마곡의 패배와 파멸 뒤에 땅이 변모하고 천상의 예루살렘이 내려온다. 에스겔이 환상으로 보니 새 성전에 하나님께서 임재하시는 영광이 가득 넘친다.

> 그 뒤에 그가 나를 데리고 동쪽으로 난 문으로 갔다. 그런데 놀랍게도 이스라엘 하나님의 영광이 동쪽에서부터 오는데, 그의 음성은 많은 물이 흐르는 소리와도 같고, 땅은 그의 영광의 광채로 환해졌다. 그 모습이, 내가 본 환상, 곧 주님께서 예루살렘 도성을 멸하러 오셨을 때 본 모습과 같았으며, 또 내가 그발 강가에서 본 모습과도 같았다. 그래서 내가 얼굴을 땅에 대고 엎드렸다. 그러자 주님께서 영광에 싸여서, 동쪽으로 난 문을 지나 성전 안으로 들어가셨다. 그때 주님의 영이 나를 들어 올려, 안뜰로 데리고 갔는데, 주님의 영광이 성전을 가득 채웠다! 그 사람이 내 곁에 서 있는데, 나는 성전에서 들려오는 소리를 들었다. 나는 말하는 소리를 들었다. "사람아, 이곳은 내 보좌가 있는 곳, 내가 발을 딛는 곳, 내가 여기 이스라엘 자손과 더불어 영원히 살 곳이다".(43:1-7)

통일된 왕국

에스겔의 성전은 모든 건축 구조에서 12지파 체제를 상징한다. 성전으로 출입하는 문도 동서남북 각 방향으로 3개씩 12문인데, 이것은 각 지파가 성전에 드나드는 문이다. 왕국 역사에서 통합된 12지파 체제라는 것은 없다. 왕국이 이스라엘과 유다로 나누어진 후, 각자의 왕국에 지파들이 나누어져 서로 죽어라 싸움을 했을 뿐이다. 12지파 체제는 통일왕국 시대에 세워진 이데올로기이지만 분열 왕국 시대에는 사라졌다가 에스겔에 비로소 나타난다. 이는 분열 왕국에 대한 강력한 반성과 재통일의 염원을 의미한다.

에스겔은 나라의 멸망 원인을 분단으로 보고 남과 북이 하나 되는 이상을 그린다. "유다와 그와 함께 한 지파"라고 쓴 막대기와 "에브라임과 그와 함께 한 지파"라고 쓴 두 개의 막대기를 하나가 되도록 손에 쥐고 있으라고 한다.(37장) 새로운 이스라엘 체제는 12지파의 연합체제, 즉 모든 지파가 다시 연합한 통일 체제다. 에스겔의 이러한 이상은 후기 유대교에 통일 이스라엘에 대한 강한 이미지를 심게 하며, 통일왕국의 왕이었던 다윗 왕은 다시 오는 메시아의 표상이 된다. 후에 역대기 기자는 12지파로 이루어진 나라의 시작을 창세기까지 소급하여 적용함으로써 그것만이 처음부터 하나님께서 뜻하셨던 이스라엘의 모습이라는 것을 강하게 역설했다.

새로운 지도자의 출현

좋은 지도자를 만나는 것은 그 집단과 나라의 운명을 좌우하는 가장 큰 요소이다. 이스라엘이 왕정에 대해 기대하고 출발했지만, 결과는 실패였다. 그들은 나라가 망한 원인을 왕정 실패에서 찾았다. 그래서 과거 왕정과는 다른 측면에서 새로운 왕의 출현을 고대한다. 오래전 북 왕국 이스라엘이 망해갈 무렵 예언자 호세아가 외쳤다.

> 그때가 되면, 유다 자손과 이스라엘 자손이 통일을 이룩하여, 한 통치자를 세우고, 땅에서 번성할 것이다. 그렇다. 이스라엘의 날이 크게 번창할 것이다.(호세아 1:11)

여기에 쓰인 "한 통치자"는 '로쉬(rosh)'라는 용어이다. 호세아는 '왕'(멜렉, melek)을 피하고 왕국이 분열되기 전 초기 평등사회(사사시대)의 지도자였던 우두머리(로쉬)를 다시 세울 것이라고 말한다. 이것은 남북 분단왕조의 경쟁이 나라를 망친 것으로 파악하고 나라가 갈리기 전 지도자의 이름을 사용한 것이다. 또한, 우리가 앞에서 본 바와 같이 이사야도 '이새의 뿌리'라는 표현으로 다윗 왕국을 근본적으로 뿌리에서부터 다시 나아야 할 것으로 비판했다.

에스겔은 여전히 다윗과 같은 왕의 출현을 기대한다. 그러나 새로 오는 다윗은 왕으로 군림하지 않는다. 에스겔도 역시 전통적으로 써오던 '왕'(멜렉)이라는 용어를 회피하고 '수령'(나시, nasi)이라는 말로 대치하고 있다. 이 말도 역시 왕국 형성 이전의 지도자에 사용하던 말이다.

'나시'의 특징을 살펴보면, 첫째, 하나님께서 직접 세우셨다는 느낌이 강한 말이다. 지도자가 완전한 자율권을 갖기보다는 하나님께 종속되었음을 전제한다. 둘째, 나시는 사법권을 갖지 않는다. 그것은 제사장들의 권한이다.(44:24) 이것은 신명기가 왕권을 제한하는 것 이상으로 왕권을 제한하는 의미다. 셋째, 나시는 제의를 위하여 희생 제물들을 준비하고 감독하는 임무를 수행한다. 그는 축제의 날에 행해지는 종교적인 의례들에서 국가 전체를 대표하는 임무를 수행한다. 이는 지도자는 백성의 죄를 감당할 책임이 있다는 것을 암시한다.[6]

에스겔은 이방의 왕들과 최근 유다에 현존했던 왕에 대해서는 '멜렉'이라는 말을 쓰지만, 미래에 나타날 다윗 왕가의 통치와 관계된 구절에 대해서는 한결같이 '나시'로 표현한다. 예언자의 이러한 표현은 포로기 이전 왕들의 악행이 얼마나 깊이 뇌리에 박혀있는지를 잘 보여준다. "그러면, 내가 세운 왕(나시)들이 더 이상 땅 때문에 내 백성을 탄압하지 않을 것"(45:8)이다. '나시'는 야훼의 질서와 정의를 존중하며 강자로부터 약자를 보호하는 임무를 수행할 지도자이다.

에스겔은 또한 왕을 목자로 묘사한다. 이러한 이미지는 예레미야(23:1-8)로부터 유래한다. 목자들이란 양 떼를 먹이는 사람들인데 오히려 그들은 자신들을 위하여 살진 양을 잡아 기름진 것을 먹고, 양털로 옷을 해 입기만 했다.(34:3) 이것이 이스라엘 지도자들이 범한 죄악이다. 그러나 이제 새로운 지도자는 참 목자 상을 갖게 될 것이다. 그들은 "헤매는 것을 찾아오고, 길 잃은 것은 도로 데려오며, 다리가 부러지고 상한 것은 싸매어주며, 약한 것은 튼튼하게 만드는 목자"이다.(34:16) 이러한 참 목자 상은 요한복음에서 예수의 이미지로 발전한다. 목자는 양들 하나하나를 알고, 양들은 그의 목소리를 알고, 필요한 경우에 목자는 다치거

---

6) K. 코흐, *op*.cit., 179.

나 죽을 위협을 무릅쓰고 양들을 공격으로부터 보호한다.(요한 10:1-18)

또한, 다윗을 '종'이라고 지칭한다.(37:24-25, 예레미야 33:21-22, 스가랴 3:8 참조) 이것은 이사야 42:1-4절에 나오는 '야훼의 종' 이미지와 통한다. 왕은 폭력과 자의적인 권력 행사를 자행하지 않고 공의를 행하며, 오히려 고난받는 종의 임무를 수행하며 섬김의 임무를 수행한다.

토지의 재분배

새로 이루어지는 나라에서는 토지의 공평한 재분배가 이루어져야 한다. 에스겔은 주장에 그치는 것이 아니라 구체적인 토지 재분배의 구역까지도 제시한다.(47-48장) 공평한 토지분배가 이루어진다면 약자를 돌보라느니 가난한 사람을 돌보라느니 할 필요도 없다. 다시 찾게 될 나라에서는 아주 공평한 토지의 재분배가 필수적이다.

이것은 출애굽 이후 이루어진 토지분배를 뛰어넘는다. 처음 토지분배에서는 레위인들을 제외했다. 그 결과 레위인들은 약자가 되고 말았다. 그래서 새로운 토지분배에는 레위인도 포함한다. 그들은 예루살렘 근처의 중심지 땅을 분배받는다. 그동안 땅을 소유했던 지배층들은 지금 모든 것을 빼앗기고 포로가 되었다. 하나님께서 주신 절호의 기회이다. 만약 나라를 되찾았을 때 공평한 토지분배가 이루어지지 못하면 또다시 하나님의 정의는 무너질 것이다.

민족의 광야에 계신 여호와 샤마

에스겔은 포로생활을 '민족의 광야'로 데리고 나와 심판하는 것이라고 한다.(20:35) 이집트에서 나올 때의 광야는 자연조건의 광야였지만 지금 바벨론, 그곳은 자연조건으로는 기름진 땅이지만 하나님 없는 민족들이 득실거리는 영적으로 메마른 광야, '민족의 광야'이다. 그들은 그 가운데서 '불에 정제된 민족', '남은 자'로서 다시는 하나님을 떠나지 않는 "온전히 하나님께 정제된 백성"이 될 것이다.

에스겔은 어떤 구체적 대안의 제시보다도 하나님 부재의 백성이 하나님을 다시 만나게 되는 것이 시급하고 유일한 대안이라고 한다. 백성들이 절망하는 원인은 그들이 하나님을 배신하고 떠난 데서 유래했다. 이제 그들은 생존하기 위해서라도 하나님과 새로운 관계를 시작해야 한다. 하나님에 한쪽 발을, 세상에 한쪽 발을 어정쩡하게 걸치는 것은 영적인 음란이다. 결과는 큰 낭패이기 십상이다. 적당한 발 걸침으로는 안 된다. 하나님은 온전한 신뢰와 믿음의 관계를 요구하신다. 그 관계가 새롭게 갱신되는 곳에 반드시 놀랍고 새로운 역사가 일어날 것이다. 에스겔서는 하나님의 병거 발현으로 시작하여 '여호와 샤마(주님께서 거기에 계심)'라는 말씀으로 끝났다.

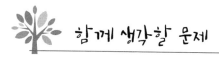

함께 생각할 문제

* 에스겔서를 커다란 바퀴가 달린 병거가 발현하여 포로지로 움직이는 것으로 시작하는 것은 무엇을 상징하는지 말해 봅시다.

* 야훼 하나님께서 자신의 영광을 지키는 일이 포로민에게 유일한 희망이 되는 이유를 말해 봅시다.

* 에스겔이 민족중흥을 위한 대안으로 제시한 중심은 무엇인지 말해 봅시다.

* 에스겔은 공포와 절망이 가장 정점에 다다를 시점에 예언했다. 그는 인간에게 이제는 기대할 것이 없이 모든 것이 무너져 내리는 상황 속에서, 유일한 희망의 근거를 하나님을 믿는 신앙 속에서 발견한다. 하나님을 믿는 사람이나 믿지 않는 사람이나 일상 속에서 정해진 삶을 살아가기는 마찬가지이다. 하지만 생활 가운데서 신앙을 가진 사람과 그렇지 못한 사람의 삶은 어떤 점에서 차이가 날까? 일상에서 하나님을 믿는다는 것이 삶에서 어떤 차이점으로 나타날지를 각자의 경험에 비추어 말해봅시다.

사랑은 생명보다 귀하다

시편 63:1-11

다음에 세 가지 이야기를 들어봅시다.

1. 밤하늘의 별이 반짝거리는데 사실은 지금 사라지고 없는 별일 수도 있다. 지금, 이 시점에 그 별이 있는지 없는지 모른다. 어떤 별은 빛의 속도로도 수억 년이 걸려서 지구에 도착하기 때문에 우리가 지금 보고 있는 것은 수억 년 전 별의 모습일 수 있다.

2. 내일 태양이 뜬다는 보장이 없다. 내일은 아직 오지 않은 시간이다. 아직 아무도 경험하지 않았기 때문에 내일이라는 시간 안에 어떤 중대한 변화가 올지도 모르고 따라서 내일 태양이 안 뜰지도 모른다.

3. 오늘 사랑하는 사람이 내일도 나를 계속 사랑하리라고는 아무도 장담할 수 없다. 사람은 늘 변하는 것이니까.

위에 세 가지 이야기는 과학적으로 모순이 없는 이야기이다. 그러나 여기에 빠져 있는 것이 있다. 이 이야기를 다시 구성해 보겠다.

1. 밤하늘의 별이 반짝일 때 그 별을 보며 "하늘나라에 계신 어머니도 내

생각을 하며 저 별을 보고 기도하고 계시겠지."라고 생각한다. 저는 과학적이지 않더라도 별을 보고 어머니의 사랑을 생각하고 눈물짓는 쪽을 택하겠다.

2. 당연히 내일도 변함없이 태양이 뜰 것이라는 믿음을 가지고 살 것이다. 오늘 이 모임이 끝나고 집으로 돌아가더라도 그사이에 우리 집에 아무런 변화가 없고 여전히 모두가 건재해서 나를 기다린다고 믿고 살 것이다.

3. 검은 머리 파뿌리 되도록 당신은 영원한 나의 동반자라고 생각할 때 우리 삶은 풍요로워진다. 또한, 내가 어떤 상황에 부닥칠지라도 내 주변 사람들이 나를 계속 믿어주고 지지하리라는 생각을 가질 때, 우리는 신뢰를 할 수 있다.

처음에 했던 이야기와 나중에 했던 이야기가 다른 것은 무엇인가? 후자의 이야기에는 공통으로 "믿음", "사랑"이 존재한다.

노지영의 "어머니 무덤"이란 시를 봅시다.

여름내 여름내 풀이 엉켜도
버혀줄 사람 하나도 없고
겨우내 겨우내 눈이 쌓여도
쓸어 줄이 하나도 없는
아, 나의 어머니 무덤

아, 나의 어머니 무덤
눈 싸힌 겨울에는 달이나 비치고
풀 엉킨 여름에는 법국이 나와서
어머니 무덤을 직혀 줄는지
　(1926년 표기 방식대로)

눈이 내리자 작가는 어머님 무덤에 눈이 쌓여 얼마나 추우실까를 염려한다. 이미 오래전에 돌아가신 어머니가 무덤에 눈이 쌓인다 한들 추위를 느낄 리 없다. 그렇다고 이 시를 비과학적이라고 비난할 사람도 또한 없다. 국립묘지에 가면 수많은 사연이 적혀 있고 언제나 방금 누가 다녀간 듯 싱그런 꽃들이 쌓여 있다. 고인이 그 향기를 맡을 리 없지만, 항상 그 앞에 찾아와 이야기하듯 속삭이는 연인들의 노래가 가득하다.

이런 것이 우리 삶이다. 우리 삶은 사실-팩트(fact)의 세계를 넘어서 존재한다. 없는 것에서 믿음을 보고 사랑을 만들어내는 것이 삶이요 신앙의 세계다. 우리 주변에 믿음과 사랑의 세계는 곳곳에 존재한다. 이미 보이지 않는 믿음의 세계는 우리 생활 가운데 깊이 자리 잡고 있으며, 우리 삶을 풍요롭게 해준다. 바로 이런 믿음과 사랑이야말로 우리의 평범한 생활을 시가 되게 하고 사랑이 되게 한다.

하나님을 안다는 것이 무엇인가? 메마르고 건조하고 아무런 의미 없이 진행되는 일상사 속에서 믿음을 찾고 사랑을 찾는 것, 그 광맥을 찾아내어 세상 안에 정말 소중한 것이 무엇인가를 보여주는 것 아니겠는가? 이 세상 사물의 흐름이나 사건의 진행 속에 나타나 보이지는 않지만 함께 있는 것, 그러나 그것이 결정적으로 사람의 마음을 움직인다.

주를 아는 지식, 그것은 믿음 안에 있다. 호세아는 광야 시대가 하나님을 아는 지식이 충만한 시대였다고 외친다. 에스겔은 물질적으로는 풍요가 넘치는 바벨론이지만 하나님에 대한 믿음이 없는 세계를 '민족의 광야'라고 했다.

에스겔은 전쟁에서 패배하고 처음 포로로 잡혀 와서 공포와 절망이 가장 정점에 다다를 시점에 예언했다. 그는 인간에게 더는 기대할 것이 없이 모든 것이 무너져 내렸지만 유일한 희망의 근거를 하나님의 거룩하심 속에서 발견한다. 하나님은 변함이 없으시고 자신의 명예를 스스로 지켜 가실 분이기 때문이다. 그 하나님의 거룩함, 영원성만이 그들의 희망이다. 현실에선 신통한 것이 보이지 않지만, 하나님을 신뢰하는 믿음을 통해서 희망을 품고 그 어려운 시절을 넘어간다.

보이지 않는 길을 가는 것이 믿음이다. 미리 어디서 바다가 갈라지고, 어디서 물이 터져 나오는지를 다 알고 광야 생활을 거쳤더라면 마음이야 편했겠지만 아마 그들은 하나님을 헌신짝처럼 버렸을 것이다. 우리 앞에 무슨 일이 벌어질지 모르고, 삶을 위협하는 절망적 상황이 널려 있는 곳에서 누구든 자신의 행복이 보장되는 것들을 손에 쥐고 그 안에서 안심하려고 한다. 그러나 하나님은 가차 없이 잘라 버리신다. 내일 어찌 될지 몰라도 오늘 우리가 오직 신뢰할 분은 단지 하나님뿐이라고! 그분 외에는 아무것도 그 자리에 놓지 말라고 요구하신다.

만약 광야가 없었다면 그들은 보이는 물질세계에서 손에 쥔 것들을 하나님으로 삼고 실리와 야박한 계산만이 횡행하는 민족으로 전락하고 말았을 것이다. 믿음이란 그야말로 보이지 않는, 한발 앞이 낭떠러지일지 모르는 위기감 속에서 한 걸음 한 걸음 내딛는 행위다. 불안해서 어떻게 사냐고, 원래 우리 삶이 그렇지 않은가? 한 치 앞을 누가 알 수 있단 말인가, 그러나 하나님을 신뢰하고, 그분을 믿는 마음이 있기에 편안하게 걸음을 뗄 수 있다. 그것이 하나님을 신뢰하는 믿음이다. 우리에겐 어떠한 경우라도 기댈 수 있는 언덕, 하나님께서 계시기에 신앙을 가진 사람들은 근본적으로 낙관론자이다.

한밤중에 차를 운전하는데 안개로 인해 앞이 전혀 보이지 않은 경험이 있다. 얼마나 진땀이 나는지 모른다. 그래도 차는 앞이 안 보이면 브레이크라도 밟을 수 있는데, 우리 인생은 일 분 앞의 일을 모르고 한 치 앞을 내다보지 못하지만 계속 일정한 속도로 앞으로 나아가야 한다. 우리 자신이 주인인 삶은 얼마나 막연하고 불안한가? 우리 자신이 삶을 운전해 나갈 수도 있겠으나 그것은 끊임없는 방황과 초조함 속에 자신을 던지는 것이다. 그러나 신앙인은 우리 삶의 주인으로 주님을 모신다.

하나님은 천지를 창조하실 뿐 아니라 우리 하나하나를 직접 빚어 이 세상에 보내시고 당신 뜻을 맡겨주셨다. 우리를 지으신 주인을 알고 그분의 보내신 뜻을 알고 그 안에 살게 될 때, 우리 앞에 진정한 행복이 있다. 우리는 나 자신이 주인인 막연한 인생, 어디로 튈지 모르는 불안한 삶에서 벗어나길 원한다. 순간순간 주님께서 우리의 주인 되시기를 간구해야 한다. 그러기에 우리 몸은 주의 거하시는 성전이다.

팔레스타인은 건조하고 메마른 땅이다. 사막과 광야에 싸여 있는 땅, 나무도 없고 풀도 없고 땅에서는 이글거리는 열선 아지랑이만이 올라온다. 입술은 바싹 말라 타오르고 목이 딱딱 마주 붙을 때 통증마저 느낀다. 목구멍에서 수수깡 타는 냄새가 올라온다. 이런 상황에서 한 방울의

물을 기다리는 목마름이란 간절함 자체다. 그것은 생명과 생존을 위한 애절함이다.

이렇듯 생명이 소중하지만, 시편 기자는 그 생명보다 더욱 소중한 것을 발견한다. 흔히 우리는 생명이 우리의 궁극적 목표요 가치라고 한다. 그러나 시편 기자는 "주의 인자가 생명보다 나으므로(개역)", "주님의 한결같은 사랑이 생명보다 더 소중하기에(새번역)"라고 한다.

크리스천에게 살고 죽는다는 것은 그것 자체로 의미 있는 일이 아니다. 삶의 시간이, 그 양(量)이 중요한 것이 아니다. 그 생명이 참으로 가치 있는 것은 주님의 인자하심을, 그분의 사랑을 흠뻑 느끼면서 사는 것이다. 그것은 생명보다 소중한 삶이며 진정한 구원의 새벽이다. 광야에서 한 방울의 물을 찾듯이 내 영혼이 간절히 주를 갈망한다.

» 설교: 사랑은 생명보다 귀하다. 시편 63:1-11

4

제2이사야, 위로를 선포하여라

제2이사야는 이사야의 앞선 장들이 심판을 외치는 것에 비해 분위기가 바뀐다. 40장부터 갑자기 위로와 구원의 메시지로 바뀌고 앞선 장들과는 전혀 다른 문학적 배경과 사회정치적인 배경이 펼쳐진다.

이사야는 여러 시대 문서들이 합해져서 이루어졌다. 주전 7백 년 경 유다에서 활동한 이사야(1-39장), 바벨론 식민지 시대에 포로지에서 활동한 제2 이사야(40-55장), 포로에서 귀환한 후 예루살렘 성전을 재건할 때 활동한 제3이사야(56-66장)로 세분한다. 시대 배경이 약 200년 이상 차이가 난다. 그러나 이렇게 구분하는 것을 반대하는 사람도 있다. 문체에는 명백한 차이가 있지만, 부분적으로 유사한 문체들이 공존하기도 해서 엄격히 구분하기 힘든 점도 있다. 또한, 성서 전체를 분석적으로 나누기보다는 통전적으로 보고자 하는 경향도 있다. 더군다나 제2이사야와 제3이사야는 세분하지 않고 통합해서 보기도 한다. 하지만 이 책에서는 배경 중심으로 구분해서 다루겠다.

제2이사야

제2이사야의 배경은 앞선 이사야 1-39장과는 전혀 다르다. 연대는 주전 8세기가 아니라 주전 6세기이며, 적(敵)도 아시리아가 아니라 신(新)바벨론이다. 유대인들은 이때 포로 생활 중이었다. 또 중요한 인물이 등장하는데, 그가 바로 페르시아를 창건한 시황(始皇) 고레스(Cyrus)이다. 그의 등장이 임박했다. 그러나 이사야 본문에는 바벨론이 이미 함락되었다는 단서는 없다. 그러므로 제2이사야의 형성연대는 포로기가 끝나는 주전 538년 이전 약 10년 어간(550-540년)이 될 것이다. 포로 생활로부터 귀환이 곧 이루어질 것이라는 기쁜 소식이 있는 것으로 보아, 예언자와 그 제자들의 활동 장소는 바벨론인 듯하다.

제2이사야는 40-48장과 49-55장, 두 단락으로 나눌 수 있다. 첫 단락 주제는 유배에서 귀환이며, 고레스에 의해 시작될 새 시대에 대한 기대로 가득하다. 반면 둘째 단락은 시온 회복에 대한 갈망이 대부분이고, 당시 정치 상황보다는 공동체 내부 상황에 관심을 기울인다. 여기서 고레스에 대한 언급은 없다.

제2이사야의 첫 단락(40~48장)은 고레스 소식을 전하고 있다. 저자는 그의 성품과 정책을 잘 알고 있으며, 그에게 많은 기대를 건다. 외국 왕인 고레스를 "야훼의 종"이라고 하며 "내가(야훼께서) 너를 지명하여 불렀다."라고 한다.(45:3) 이스라엘 역사에서 예언자들이 외국 왕에 대해 이렇게까지 칭찬을 한 적이 없다. 그를 새로운 메시아로, 이스라엘의 구원을 맡은 야훼의 종으로 바라본다. 둘째 단락(49~55장)은 공동체가 당하는 고난에 집중하며 고난받는 종의 노래를 통해 자신들이 당하고 있는 고난의 의미를 성찰하고 대안적인 답변을 시도한다.

제2이사야 저자의 개인 정보는 빈약하다. 그가 하나님을 믿었다는 것과 예언자 자신을 지칭하는 단 하나의 언급이 있기는 하다.

> 너희는 나에게 가까이 와서, 이 말을 들어라. 처음부터 나는 은밀하게 말하지 않았다. 이 일이 생길 때부터 내가 거기에 있었다. 이제 주 하나님께서 나를 보내셨고 그분의 영도 함께 보내셨다.(48:16)

물론 이 언급에서도 그의 삶에 대한 세부적인 정보는 전혀 없다. 그의 익명성이 철저해서 사실상 우리는 그의 성별조차도 확인할 수 없다. 이런 익명성은 예언자가 처한 정치적 상황과 맞물려있을 것이다. 바벨론이 아직 건재한 상황에서, 예언자가 바벨론의 몰락과 고레스의 새로운 지배를 이야기하는 것은 매우 위험했다. 제2이사야의 주제가 위로와 구원을 선포하는 내용이라 이제까지 심판을 선언했던 예언자들과는 달리 정치적인 부담은 없었으리라고 짐작하기 쉽다. 그러나 제2이사야의 메시지가 당시 바벨론 지배 아래서 박해당하는 사람들이 해방되리라고 선포하는 것은 역시 매우 위험한 행위였다. 아직은 페르시아의 시대가 온 것이 아닌데도 페르시아의 시황 고레스를 메시아라고 언급하는 것은 모험이다. 게다가 바벨론 제의에 대해 풍자하고 바벨론 신들의 허구성을 신랄하게 비판하는 것은 매우 불손하고 목숨을 거는 일이어서, 저자는 이름을 밝힐 수 없었을 것이다.[1]

---

1) 블렌킨 숍, 『이스라엘 예언사』 황승일 역, 314.

바벨론과 페르시아, 그 정책의 차이

이제까지 아시리아-바벨론으로 이어지는 점령 정책은 매우 혹독했다. 이들은 저항하는 민족에게는 가차 없이 대했다. 점령지의 지배층을 바벨론으로 데려와 일정한 지역 안에서 살도록 억류했었다. 포로들은 수백 킬로미터 이어진 사막 길을 끌려갔다. 그 과정에서 많은 사람이 죽을 수밖에 없었다. 다행히 살아남았다고 해도 옛날 유다의 지도자로 누리던 품위는 다 사라지고 남의 땅에서 노예처럼 살 수밖에 없었다. 정복자들은 "엎드려라, 우리가 딛고 건너가겠다."라고 말하며, 포로들을 땅바닥에 엎드리게 하여 길을 만들고, 그들의 등을 밟고 다녔다.(51:23) 그들은 압제자들의 분노가 두려워서, 날마다 떨었다.(51:13)

바벨론은 아시리아의 정복정책을 계승했다. 직접 관리를 파견해서 정복지를 다스리는 방식으로 통치했다. 점령당한 나라의 지배세력들에는 최악의 상황이었다. 정치적 생명은 물론이고 목숨마저도 보장받을 수 없었다. 제국은 점령한 영토에 이주민들을 보내서 그 땅의 주민들과 섞여서 살도록 했다. 바벨론은 정복한 모든 나라에 자기들의 종교와 문화를 강요했다. 지배세력은 거세게 저항할 수밖에 없었다. 목숨을 건 항전과 잔혹한 피의 보복이 악순환처럼 반복되었다.

그러나 바벨론을 물리치고 새롭게 세계의 패권을 거머쥔 페르시아의 고레스는 달랐다. 그는 피점령국의 지배구조, 종교, 문화를 그대로 인정했다. 그는 점령지 지도층을 모두 인정하고 통치의 자율성을 보장하면서 대제국의 영향권 아래 흡수하는 간접 통치의 방식을 택했다.

이는 페르시아가 바벨론보다 훨씬 넓은 영토를 점령했기 때문에 점령한 민족들을 강제로 이동할 경우 엄청난 경제적 비용이 들기 때문이다.

페르시아는 간접 통치의 방식으로 이런 통치의 비효율성을 막아줄 뿐만 아니라, 피식민지 국가의 종교나 문화를 말살하는 데서 오는 저항을 예방할 수 있었다. 그래서인지 피점령국의 저항은 거세지 않았고 페르시아 군대에 순순히 항복했다.

페르시아는 어떤 제국보다 더 광활한 영토를 차지하였다. 고레스는 먼저 이란 고원의 종족들을 통일한 후, 당시 대권을 쥐고 있던 바벨론을 무너뜨렸을 뿐만 아니라 시리아, 팔레스타인, 소아시아, 중앙아시아를 정복했다. 또한, 캄비세스는 이집트를 정복하였고, 다리우스는 인더스강 유역을 점령하여 발칸반도 동남부까지 이르는 광범위한 영역을 통치했다. 페르시아는 이집트, 지중해에서 인더스강 유역 모두를 점령했다. 당시 사람들이 알고 있는 모든 땅을 정복한 셈이다.

그의 부드러운 정복정책이 이런 거대제국을 만들 수 있었는지 아니면 너무나 거대제국이 되었기 때문에 부드러운 정책을 쓸 수밖에 없었는지 그 선후 관계는 알 수 없다. 하지만 바벨론의 강압 정치보다는 페르시아의 관용정책이 훨씬 효과가 있었다는 것은 역사의 결과가 입증해준다.

아시리아-바벨론의 정책은 자신들이 점령한 지역에 인구를 강제 이동시켜서 각 지역을 평준화하려고 했다. 그러나 페르시아는 워낙 광대한 영역이라 일일이 관리를 파견하여 통치할 수도 없었고 더군다나 각 지역을 통합하려는 시도는 더욱 불가능했다. 단지 종속관계나 납세를 명확히 한다면 피점령지의 고유한 지배구조나 종교, 문화 등을 그대로 인정했다. 이것은 피점령지의 지배자들에게는 오히려 자신들의 지배구조에 안정을 가져올 기회이기도 했다.

페르시아는 전 제국을 20개 주로 나누어 총독을 임명하였다. 그리고 마치 우리나라의 암행어사 제도와 흡사한 칙사 제도를 활용했다. 그들을 '왕의 눈' 또는 '왕의 귀'라고 불렀다. 중앙정부는 그들을 보내 통제권을 강화하고 강력한 중앙집권 체제를 유지했다. 실제로 고레스는 바벨론을 정복한 다음에 유다를 비롯해 바벨론에 억류했던 모든 사람을 각자 자기 나라로 귀환시켰다. 제2이사야는 이러한 여명의 순간을 눈앞에 보고 있다.

위로와 희망의 메시지

예루살렘의 이사야(1-39장)가 심판을 예언하던 분위기는 40장에서 갑자기 바뀌고 제2이사야는 새롭게 외친다.

> 너희는 위로하여라!
> 나의 백성을 위로하여라!
> 너희의 하나님께서 말씀하신다.
> 예루살렘 주민을 격려하고,
> 그들에게 일러주어라.
> 이제 복역 기간이 끝나고,
> 죄에 대한 형벌도 다 받고,
> 지은 죄에 비하여 갑절의 벌을
> 주님에게서 받았다고 외쳐라.(40:1-2)

여기에 쓰인 동사는 복수형이다. 예언자는 이제 백성 전체가 그들의 죗값을 충분히 치렀고 복역 기간이 끝났다는 것을 선언하는 것으로 그의 메시지를 시작한다. 포로로 잡혀 온 주민들은 커다란 절망감에 빠졌다. 잔혹한 바벨론 세력은 아직도 건재하고 그보다 더 강력한 힘을 가진 열강들이 힘을 겨루는 상황을 보면서 그들은 자신들의 운명이 어떻게 될지 매우 불안했다.

포로기 초기에는 자신들의 죄 때문에 하나님으로부터 형벌이 왔다고 생각했다. 이런 역사 해석은 자신들이 당하는 불행의 이유를 설명해주었다. 동시에 앞으로 자신들이 돌이킨다면 다시 회복될 것이라는 희망의 근거이기도 했다. 그러나 그 이후 포로 생활이 2, 3대로 계속 이어지면서 이들에게는 절망만이 남게 되었다.

그들은 하나님께 버림받았다고 생각했다.(50:1) 하나님께서는 자신들을 파멸의 길로 내던지셨고(43:28), 압제자들이 약탈하도록 가만두셨다.(42:22) 따라서 자신들은 희망도 없고 미래도 없으며(49:21), 제국의 엄청난 세력에 놀라 자신들은 그들로부터 구원받을 가능성도 없다고 생각하였다.(49:24) 포로지에서 태어난 새로운 세대들이 당하는 고난은 도대체 무슨 이유이며 어떤 의미가 있는가?

이런 질문들은 단지 지적 호기심을 채우려는 질문이 아니다. 자신들의 절망에 대한 몸부림이다. 미래에 희망이 있다면 지금의 고통도 견딜 수 있다. 그러나 아무런 뜻도 없이 계속 이어지는 고난을 단지 죗값을 치르는 것이라고 보기에는 너무나 절망적이다. '죗값을 치른다.'라는 말은 치르고 난 다음 새로운 희망이 보인다는 전제 아래서 가능하다. 그런데 자신은 물론이고 그 아들까지도 단지 죗값만 치를 뿐이라면 그것은 저주에 불과하다. 이스라엘 공동체가 좌절 상태에 빠지고, 기뻐할 일이라고는 털끝만큼도 보이지 않는 상황에서 예언자의 상상력은 절망과 맞선다. 그는 백성 가운데 만연한 절망을 희망으로 바꾸며 만물을 다시 생명으로 가득 넘치게 한다.

미래의 희망 속에서 오시는 하나님

하나님은 이스라엘의 미래 속에 계시며 그들에게 새로운 미래를 펼쳐 주신다. 하나님은 민족의 희망 속에서 포로민을 이끌고 그들을 전 세계를 새롭게 창조할 하나님의 새 창조의 주인공으로 불러 세우신다.

> 한 소리가 외친다.
> 광야에서 주님께서 오실 길을 닦아라.
> 사막에 우리의 하나님께서 오실 큰길을 곧게 내어라.(40:3)

> 만군의 주 하나님께서 오신다.
> 그가 권세를 잡고 친히 다스리실 것이다.
> 보아라, 그가 백성에게 주실 상급을 가지고 오신다.
> 백성에게 주실 보상을 가지고 오신다.(40:10)

제2이사야에게 하나님은 오실 길을 닦고 백성에게 다가오시는 분이다. 그분은 상급을 주시려고 보상을 가지고 오시는 하나님이다. 그들이 겪어보지 못한 미래에서 오시는 하나님으로 생각했다.

신개념의 변천 : 높이, 깊이에서 미래로

전통적인 신학은 하나님을 높이의 개념에서 생각했다. 하나님은 하늘 높은 곳에 머무시며 인간을 감찰하고 살피신다. 높은 곳에 계신 하나님은 인간이 드리는 제사를 흠향하시고, 예배와 찬양을 받으시고 인간이 드리는 영광을 받으시는 분이시다. 죄 많은 인간과는 질적으로 다른 거룩함을 가지고 초월한 곳에 계신다. 이런 신의 개념에는 인간과는 질적으로 다른 하나님, 인간 세상과는 별도로 하늘 높이에 머무시는 신이라는 개념이다. 인류는 오랫동안 이런 신학을 토대로 하나님을 그렸다.

실존주의 시대에 하나님은 인간의 심리적 내면에 자리한다. 두 차례의 세계대전을 겪으면서 모든 것을 완벽하게 조정하는 초월자 하나님의 개념은 무너졌다. 하나님께서 높은 곳에서 인간사를 조정하신다면 세상이 이 모양일 수는 없기에 신의 개념은 인간의 내면, 깊이의 차원으로 새롭게 전개된다. 이에 실존주의에 영향을 받은 신학자들은 하나님은 우리들의 실존의 가장 깊은 곳에 계신 존재의 근원으로 보았다. 하나님은 인간의 죄의식과 개인의 경건, 마음의 치유를 담당한다. 폴 틸리히 등은 인간의 궁극적 깊이 안에 계시는 하나님을 말했다.

그러나 현대의 신학적 개념은 이런 높이와 깊이에서 하나님을 찾던 전통적 신학과 결별한다. 하나님은 하늘 높은 곳에 계시지도 않고, 인간의 내면 깊은 곳에 머무르지도 않으신다. 하나님은 오늘 우리들의 암울한 현실의 역사를 깨치며 다가오는 전복적 미래에 계신다. 신의 존재가 높이나 깊이의 공간 개념에서 시간적인 축으로 옮겨갔다. 희망의 철학, 희망의 신학은 현실과 역사의 변화에 중점을 둔다. 이제 신학은 초월한 영역이나 인간의 내면적 영역에 머물지 않고 인간이 만들어내는 미래의 역사, 우리들의 희망 속에 계신다. 하나님은 아직 다가오지 않은 미래 속에서 우리를 손짓하며 새로운 역사의 창조 안으로 불러내신다.

어둠을 뚫고 오시는 하나님

제2이사야는 비록 지금은 암울한 역사의 절망이 사로잡을지 모르지만, 그 속에 잠재하고 있는 빛을 본다. 하나님은 그 어둠 속에서 새로운 미래를 펼치려고 오신다. 그는 백성에게 주실 상급을 가지고 오신다. 하나님은 미래에 계시며 오늘 암울한 현재를 뚫고 들어오신다. 인간의 눈에는 지금 닥치는 고통과 장차 닥쳐올 희망이 시대적으로 동떨어져 있는 것으로 보이겠지만, 하나님의 눈에는 그 둘이 하나이다. 그들이 어두움에 타협하지 않는다면, 꿈꾸는 새 하늘 새 땅은 이미 활동을 시작한 것이다. 현실이 어둡더라도 그 어둠이 계시하는 빛을 놓치지 않는다면, 이 어둠을 뚫고 오시는 하나님을 벅찬 가슴으로 맞이할 수 있다.

내일은 하나님의 날

오늘 우리가 하나님을 믿는다는 것은 다른 것이 아니다. 내일은 바로 하나님께서 계시는 공간이며, 내일은 하나님의 뜻이 이루어지는 날임을 믿는 것이다. 내일을 절망의 눈으로 보는 사람에게 새 일은 없다. 우리 믿음은 하나님의 미래를 오늘 우리의 현실로 맞이하여 살아가는 희망 속에 존재한다. 내일은 하나님에게서 오는 것이기에 그 자체로 전복적인 성격을 가지며 낡은 것을 무너뜨리는 힘을 가진다. 때로 내일은 현재가 지닌

휘황찬란한 가식을 제거하기도 한다. 우리가 당연한 것으로 알고 몸 바쳐온 현재가 근본적으로 의심받고 있다는 선언을 하기도 한다. 우리 스스로가 현재 상황을 절대화하고 우상화한 결과로 그 안에 갇혀버리고 안주하려고 하지만, 결국 하나님의 미래는 선포되고 마침내 자신을 가두는 굴레를 깨부순다. 예언자들이 때로는 강한 심판을 말하고 임박한 재앙을 선포할지라도 그 궁극적 목표는 하나님 안에 있는 내일을 선포하는 것이다.

그들 중 일부는 현상을 유지하고 아무런 변화도 요구하지 않겠지만, 진정한 절망은 더는 자신들 문제를 인식하거나 타개하려고 하지 않고 그 자리에서 타협하고 주저앉는 것이다. 그것은 하나님을 거부하는 일이다. 대안 부재, 꿈의 부재는 그들을 밑바닥이 보이지 않는 심연으로 가라앉힌다.

그러나 여기서 예언자는 영감 가득한 상상력으로 새로운 미래를 선포한다. 이것은 현실을 심판하고 전복한다. 하나님의 적은 사탄이 아니다. 우리를 오늘의 현실에 주저앉히는 타협이나 좌절이다. 우리가 갖는 희망 안에는 전복적인 미래가 숨어있고 오늘을 이기게 해주는 힘이 있다.

예언자는 이제까지 과거 전통이 말하는 모든 희망의 주제들을 총동원하여 백성에게 지금 그 희망들이 이루어지고 있다는 꿈을 심어준다. 문화적으로 새것을 표현할 때는 과거의 것을 재해석하는 방식을 취한다. 또는 널리 알려진 틀을 이용하기도 한다. 이러한 것들은 이미 알려진 것이기에 가장 호소력 있게 대중에게 전파될 수 있을 뿐만 아니라, 옛것과 비교할 때 자신들이 주장하는 새것을 명백하게 드러낼 수 있다. 제2이사야 역시 과거 전승들이 이야기하는 희망 주제들을 사용한다. 그것은 단지 옛것을 말하기 위함이 아니라 오히려 자신의 새로운 희망을 더욱 강하게 부각하는 방법이다.

새 창조

제2이사야는 바벨론의 웅장한 창조신화들에 영향을 받아 놀라운 상상력으로 하나님의 구원을 새로운 창조라고 말한다. 옛 창조가 단지 생명을 존재케 하는 것이었다면 새 창조는 창조하신 뭇 생명 안에 의(義)와 올바른 길을 알게 하신다. 하나님께서는 모든 생명 안에 행복과 평화도 함께 창조하신다. 하나님은 빛도 어둠도, 평화도 재앙도 모두 지으시고 모든 것이 그에게서 나온다. 제2이사야처럼 유일신관이 명백하게 드러난 곳은 없다.

> 나는 빛도 만들고 어둠도 창조하며,
> 평안(샬롬, 평화)도 주고 재앙도 일으킨다.
> 나 주가 이 모든 일을 한다.(45:7)

세상일의 근원을 선신과 악신, 혹은 하나님이나 사탄으로부터 유래하는 것으로 보는 이원론은 결국은 운명론, 결정론으로 귀결한다. 대개 종교 사상이 초기 미성숙한 단계에서 이원론적 경향이 강하다. 이원론은 우리 삶에서 일어나는 행복과 불행을 인간 외적인 요인, 초월한 영들의 작용에 근거한다고 생각한다. 그러나 본문과 같이 빛과 어둠, 평화와 재앙이 모두 한 분으로부터 유래한다는 일원론 사상, 유일신 사상이 확립되면 인간은 더욱 책임 있는 사고를 하게 된다. 하나님께서 왜 평화를 주셨고, 왜 그렇지 않으실 때도 있는가를 성찰하는 것은 결국 삶의 주체인 인간을 돌아보고 삶을 보다 책임지고 살아가게 만든다.

> 하늘을 창조하신 주,
> 땅을 창조하시고 조성하신 하나님,
> 땅을 견고하게 하신 분이 말씀하신다.
> 그분은 땅을 혼돈 상태로 창조하신 것이 아니라,
> 사람이 살 수 있게 만드신 분이다.
> ....
> 나 주는 옳은 것을 말하고,
> 바른 것을 알린다.(45:18-19)

그러나 인간을 위해 사랑을 베푸시는 하나님께서 재앙도 만드시고 어둠도 만드시는가? 우리가 이제까지 본 하나님은 병도 주고 약도 주는, 제 마음대로 인간을 다루는 폭군 하나님이 아니다. 하나님은 '땅을 혼돈 상태로 창조하신 것이 아니라 사람이 살 수 있게 만드신 분이다.'

하나님의 새 창조는 단순한 창조가 아니라 그 안에 정의와 평화와 행복까지 창조하신다. 하나님께서는 하드웨어뿐만이 아니라 완벽한 소프트웨어까지 만드셨다. 하나님의 새 창조는 불완전했던 창조를 완성한다. 비로소 세상에는 조화가 이루어지며 찬양으로 가득하게 된다.

깨어나십시오! 깨어나십시오! 힘으로 무장하십시오,

주님의 팔이여! 오래전 옛날처럼 깨어나십시오!

라합을 토막 내시고 용을 찌르시던 바로 그 팔이 아니십니까?

바다와 깊고 넓은 물을 말리시고,

바다의 깊은 곳을 길로 만드셔서,

속량 받은 사람들을 건너가게 하신, 바로 그 팔이 아니십니까?

주님께 속량 받은 사람들이 예루살렘으로 돌아올 것입니다.

그들이 기뻐 노래하며 시온에 이를 것입니다.

기쁨이 그들에게 영원히 머물고, 즐거움과 기쁨이 넘칠 것이니,

슬픔과 탄식이 사라질 것입니다.(51:9-11)

이 창조는 옛날 혼돈과 악의 상징인 전설적인 바다의 괴물 라합을 토막 내어 자르고 용을 찔러 넓은 길을 내며, 그 위로 당신의 속량 받은 백성을 건너가게 한다. 라합을 토막 내어 혼돈을 정복하는 내용은 바벨론의 창조신화 에누마엘리쉬의 이야기이다. 남신인 마르둑이 바다의 여신 티아맛을 죽여서 그의 몸을 토막 내어 하늘과 땅을 창조한다는 바벨론의 창조신화다. 그런데 제2이사야는 그들의 창조신화를 통해 이스라엘이 이집트에서 나올 때, 바다를 가른 전통적인 출애굽의 해방 이야기와 결합하는 대서사를 쓴다. 새 창조는 옛 창조를 넘어선다. 바벨론의 창조신화는 이스라엘 새 민족을 창조하기 위한 준비과정에 불과하다. 하나님은 이스라엘 민족의 귀환을 통해 이 땅에 모든 민족에게 정의와 평화를 새롭게 창조하신다. 바로 그 하나님의 새 창조를 위해 이스라엘은 바벨론으로 끌려와 고난을 겪는 것이다. 이것이 그들이 이국땅까지 끌려와서 고난받는 이유이다. 하나님의 새 창조는 이들을 통해 이루어지며, 이들

은 하나님의 의를 이루는 도구들이다.

> 나 주가 의를 이루려고 너를 불렀다.
> 내가 너의 손을 붙들어 주고, 너를 지켜주어서,
> 너를 백성의 언약과 이방의 빛이 되게 할 것이니,
> 네가 눈먼 사람의 눈을 뜨게 하고,
> 감옥에 갇힌 사람을 이끌어 내고,
> 어두운 영창에 갇힌 이를 풀어 줄 것이다.(42:6-7)

> 바로 내가 그를 의의 도구로 일으켰으니,
> 그의 모든 길을 평탄하게 하겠다.(45:13)

하나님께서 펼치시는 새로운 미래

제2이사야는 이스라엘 전통이 가지고 있는 구원과 해방의 메시지들을 활용하여 하나님께서 펼쳐주실 새로운 미래를 그려본다. 이스라엘이 바벨론에서 해방되는 출바벨론을 전통적인 출애굽과 비교한다. 새 출애굽(출 바벨론)은 과거의 출애굽을 능가하며 이스라엘이 겪어보지 못한 하나님의 새로운 구원사건이다.

이스라엘의 출애굽 이야기는 해방 이야기의 원형이다. 그러나 이제 예언자는 전에 있었던 출애굽을 훨씬 능가하는 새로운 출(出)바벨론으로 자신들의 미래를 이야기한다. '출 바벨론'은 과거의 출애굽처럼 황급히 쫓기듯 도망쳐 나오는 것이 아니다.(52:12) 주님께서 앞장서시고, 만인의 축복을 받으며 주의 영광을 온 천하에 알리며 나올 것이다. 출 바벨론은 광야를 가로질러 직선거리로 큰길을 내고 바벨론을 나오게 될 것이다. 이 길은 계곡을 메우고 산과 언덕은 깎아내려 평탄 대로를 만들면서 행진하는 길이다. 이스라엘이 출 바벨론을 할 때, 광야에는 물을 대고 사막에 강을 내어 택한 백성들에게 물을 마시게 하는 대역사가 일어날 것이다.(43:20) 이는 물이 없어 광야에서 고생하던 출애굽과는 질이 다르다.

한 소리가 외친다.
광야에 주님께서 오실 길을 닦아라.
사막에 우리의 하나님께서 오실 큰길을 곧게 내어라.
모든 계곡은 메우고,
산과 언덕은 깎아내리고,
거친 길은 평탄하게 하고,
험한 곳은 평지로 만들어라.
주님의 영광이 나타날 것이니,
모든 사람이 그것을 함께 볼 것이다.(40:3-5).

출애굽 당시 바다를 가르고 건너온 역사가 다시 재연될 것임을 노래한다.

네가 물 가운데로 건너갈 때, 내가 너와 함께 하고,
네가 강을 건널 때에도 물이 너를 침몰시키지 못할 것이다.(43:2)

내가 바다 가운데 길을 내고, 거센 물결 위에 통로를 냈다.

내가 병거와 말과 병력과 용사들을 모두 이끌어 내어 쓰러뜨려서,

다시는 일어나지 못하게 하고,

그들을 마치 꺼져가는 등잔 심지같이 꺼버렸다.(43:16-17)

이런 출 바벨론은 단지 인간세계만 변하는 것이 아니고, 온 산천도 더불어 변화하게 한다. 산천도 해방을 받아 다시는 사람들과 적대적인 관계를 맺지 않고 더불어 기쁨을 누리며 온 자연이 소리 높여 하나님을 찬양한다.

산과 언덕이 너희 앞에서 소리 높여 노래하며,

들의 모든 나무가 손뼉을 칠 것이다.

가시나무가 자라던 곳에는

잣나무가 자랄 것이며,

찔레나무가 자라던 곳에는

화석류가 자랄 것이다.

이것은 영원토록 남아 있어서,

주님께서 하신 일을 증언할 것이다.(55:12-13)

새로운 다윗계약

다윗왕가는 좌절되었고, 예루살렘이 무너져 내리면서 다윗계약 역시 무용지물이 되었다. 제2이사야는 낡은 다윗계약을 대신한 새로운 다윗

계약을 선포한다.

> 너희는 귀를 기울이고, 나에게 와서 들어라.
> 그러면 너희 영혼이 살 것이다.
> 내가 너희와 영원한 언약을 맺겠으니,
> 이것은 곧 다윗에게 베푼 나의 확실한 은혜다.(55:3)

이스라엘 백성은 새로운 다윗이다. 과거에 다윗과 그의 후손에게 내렸던 하나님의 약속은 파기되었지만 이제 온 백성들과 새로운 다윗계약, 영원한 계약을 맺는다. 하나님의 약속 대상은 '너희들(라켐)'이란 2인칭 복수이다. 이것은 다윗 가문에게만 내리는 과거의 약속과는 다르게 모든 이스라엘 백성과의 계약이다. 이것은 '다윗계약의 민주화'라고 볼 수 있다.[2]

새로운 왕의 즉위

이사야 40:9-11과 52:7의 두 가지 대관식은 제2이사야의 나머지 시들이 흘러나오는 원천이다.

> 좋은 소식을 전하는 시온아,
> 어서 높은 산으로 올라가거라.

---

2) G. von Rad, Roberts 등도 이런 표현을 쓴다. 장일선, 『이스라엘 포로기 신학』, 197.

아름다운 소식을 전하는 예루살렘아,

너의 목소리를 힘껏 높여라.

두려워하지 말고 소리를 높여라

유다의 성읍들에게

"여기에 너희의 하나님이 계신다." 하고 말하여라.

만군의 주 하나님께서 오신다.

그가 권세를 잡고 친히 다스리실 것이다.(40:9-10)

놀랍고도 반가워라! 희소식을 전하려고

산을 넘어 달려오는 저 발이여!

평화가 왔다고 외치며, 복된 희소식을 전하는구나.

구원이 이르렀다고 선포하면서,

시온을 보고 이르기를

"너의 하나님께서 통치하신다." 하는구나.(52:7)

이런 새 왕의 즉위식은 새 노래의 원천이다. 전통적으로 바벨론에서도 새 왕이 즉위할 때 노예를 해방하며, 부채를 탕감하고, 갇힌 자를 풀어주는 해방의식이 수행되었는데 이를 '안드라룸'(Andrarum)이라고 부른다. 희년에는 안드라룸에서 유래한 '드로르'(자유)가 선포된다.(예레미야 25:10)

새 왕의 즉위는 모두에게 큰 기다림이고 축제였다. 그러나 인간 왕은 그 화려한 즉위식 다음에는 계속 인간에게 실망을 가져다주기 일쑤이다. 이에 하나님께서 직접 세상의 왕으로 즉위하시고 통치하신다. 하나님의 의로우신 통치가 시작되는 즉위식은 예언서와 시편에 언급되며 예수는 하나님의 나라로 선포한다.

영원히 배고프지 않은 새 잔치

이스라엘에서 베푸는 잔치는 새로운 꿈을 나타낸다. 이스라엘의 잔치는 배고프고 목마른 사람들을 향해서 그들이 와서 음식을 들라고 하는 통상적인 초청의 말로 시작한다.(잠언 9:5, 집회서 24:19) 그때 잔치에 초청된 사람들은 돈 없이 먹을 수 있다.

> 너희 모든 목마른 사람들아,
>
> 어서 물로 나오너라.
>
> 돈이 없는 사람도 오너라.
>
> 너희는 와서 사서 먹되,
>
> 돈도 내지 말고 값도 지불하지 말고
>
> 포도주와 젖을 사거라.
>
> 어찌하여 너희는 양식을 얻지도 못하면서
>
> 돈을 지불하며,
>
> 배부르게 하여 주지도 못하는데,
>
> 그것 때문에 수고하느냐?(55:1-2)

신약에서 이러한 잔치는 하나님 나라의 비유에 자주 사용한다.(마태 9:15, 22:2, 마가 2:19, 누가 13:29, 14:13) 새로운 희망은 잔치에서 베푸는 새 양식의 이미지로 표현한다. 우리가 일상에서 얻고자 하는 양식은 결국은 또 배고파지는 양식인데, 사람들은 평생을 그것만을 위하여 수고한다. 그러나 새 양식은 값도 지불하지 않으면서 영원히 배부를 수 있는 양식이다. 이스라엘이 맞이할 새로운 시대는 바로 영원히 배고프지 않은 잔치와 같을 것이다.

고통받는 여인의 구원

제2이사야는 수도 시온이 당하는 고통을 여인이 당하는 고통에 비유한다. 백성들의 죄 때문에 당하는 어머니의 고통(50:1, 52:1-2), 아기를 낳지 못하는 어머니의 이미지로 강조한다.

> 주님께서 이렇게 말씀하신다.
> 내가 너희 어머니를 쫓아내기라도 하였느냐?
> 내가 너희 어머니에게 써 준 이혼증서가 어디에 있느냐?
> 내가 너희를 채권자에게 팔아넘기기라도 하였느냐?
> 이것 보아라, 너희가 팔려 간 것은 너희의 죄 때문이다.
> 너희 어머니가 쫓겨난 것은 너희의 죄 때문이다.(50:1)

> 너 시온아, 깨어라, 깨어라! 힘을 내어라.
> 거룩한 성 예루살렘아, 아름다운 옷을 입어라.
> 이제 다시는 할례 받지 않은 자와 부정한 자가
> 너에게로 들어오지 못할 것이다.

예루살렘아, 먼지를 털고 일어나서 보좌에 앉아라.

포로 된 딸 시온아, 너의 목에서 사슬을 풀어내어라.(52:1-2)

임신하지 못하고

아기를 낳지 못한 너는 노래하여라.

해산의 고통을 겪어 본 적이 없는 너는

환성을 올리며 소리를 높여라

아이를 못 낳아 버림받은 여인이

남편과 함께 사는 여인보다

더 많은 자녀를 볼 것이다.

주님께서 하신 말씀이다.(54:1)

　　성서가 구원을 말하는 하나의 주제는 아기를 낳지 못하는 여인이 출산
하는 희망이다. 사라(창세기 11:30), 리브가(창세기 25:21), 라헬(창세기
29:31), 삼손의 어머니(사사기 13:2-3), 사무엘의 어머니 한나(사무엘상
1:5) 그리고 신약의 엘리자베스(누가 1:7) 등으로 이어진다. 죽은 사람이
나 다름없는(히브리서 11:12) 이들 가운데서 기적적인 선물이 주어진다.
메어리 칼라웨이(M. Callaway)는 "제2성전 시기에 널리, 그리고 중요 전
통으로 사용되던 '시온'이 하나님의 새로운 백성의 어머니로 묘사되는
전통은 아이를 낳지 못하는 모 가장 전통(the barren matriarch tradition)
에서 비롯된 것이라고 본다.[3]

---

3) Mary Callaway, Sing, *O Barren One*: *A Study in Comparative Midrash*(Atlanta, GA:
　　Scholars Press, 1986) 64.

그러나 이전에 아기를 낳지 못하는 여인들의 본문은 그 여인들에 관한 (about) 이야기이다. 예전 본문들은 고통당하는 여인들을 3인칭으로 묘사하면서 관심의 초점을 그들이 낳는 아들에 뒀지만, 이사야 54장 1절에서는 여인이 2인칭인 "너는"으로 언급된다. 제2이사야는 관심의 초점을 그 자식에 두는 것이 아니라 아이를 통해 위로받는 그 여인 자체에 둔다. 이영미는 "이사야에는 고난받는 남종만 있는가?"라고 물으며 이사야에서 중요한 구원의 주제로 쓰인 시온의 회복이 여성들이 고통에서 해방되는 주제와 연결되었다면서 여성의 은유가 성서의 구원 주제의 하나로 쓰였다는 것을 부각시켰다.4)

백성의 죄는 야훼의 아내인 시온의 고난을 가져오며 결국 남편 야훼와의 계약 파기를 야기한다. 이로 인해 시온은 이혼당할 처지에 있는 아내(50:1), 애도하는 여인(52:1-2), 아이를 낳지 못하는 여인(54:1) 그리고 과부(54:4) 등이 당하는 고난을 받게 된다.5)

여기서 구원이란 이 버림받는 아내에게 다시 남편이 찾아오고(60장), 하나님이 아내 시온과의 관계를 회복하고(62장), 다시 선택된 백성/자식으로서의 지위를 되찾는 것이다. 새로운 구원은 하나님의 가족공동체(야훼-남편, 시온-아내, 이스라엘 백성-자식)의 회복으로 묘사된다.

고난 받는 야훼의 종

제2이사야에는 네 개의 고난 받는 종의 노래가 있다. 예언자는 이스라

---

4) 이영미, 『이사야의 구원신학-여성 시온은유를 중심으로』 서울: 맑은울림, 2002, 162.
5) *Ibid.*, 161.

엘이 겪는 포로생활, 그들이 당하는 고통의 의미를 발견하고 이를 고난받는 종의 노래로 말한다. 후에 예수를 따르는 무리들은 이 고난 받는 종의 노래를 통해 예수를 보았다. 예수의 십자가에서 온 인류를 위해 십자가를 지신 대속의 의미를 연결했다. 그러니 제2이사야의 고난 받는 종의 노래는 예수의 길을 예비한 셈이다.

미리 읽어 보기

    * 이사야에는 '고난받는 종의 노래'가 네 개 있다. 각 노래를 읽어 보고 고난받는 종은 어떤 사람인가 이야기해 보자(42:1-9, 49:1-7, 50:4-11, 52:13-53:12).

    고난받는 종, 그는 주님께서 택하신 사람, 주님이 기뻐하는 종이다. 그는 영의 사람이며 뭇 민족에게 하나님의 공의를 베푼다.(42:1) 그는 주의 의를 이룰 종이며 비로소 세상에 구원을 펼친다.(42:6-7) 그는 태어나기도 전에 이미 하나님께서 택하셨고, 땅끝까지 주의 구원이 미치게 하려고 '뭇 민족의 빛'으로 삼으셨다.(49:5-6) 그러나 그는 때리는 자들에게 등을 내맡기고 수염 뽑는 자들에게 뺨을 맡기는 수난 받는 종이며, 고발당해 법정에 선다. 하지만 그는 하나님께서 도우시므로 그 모욕 가운데도 마음 상하지 않고, 오히려 각오하고 어려움을 견뎌낸다.(50:6-7) 그런데 주의 택함 받은 종이 이렇게 묵묵히 고난을 받을 수 있는 이유가 있다. 그것은 그들의 고난에는 대속의 의미가 있기 때문이다.

      그는 실로 우리가 받을 고통을 대신 받고,

우리가 겪어야 할 슬픔을 대신 겪었다.

그러나 우리는,

그가 징벌을 받아서 하나님께 맞으며,

고난을 받는다고 생각하였다.

그러나 그가 찔린 것은 우리의 허물 때문이고,

그가 상처를 받은 것은 우리의 악함 때문이다.

그가 징계를 받음으로써 우리가 평화를 누리고,

그가 매를 맞음으로써 우리의 병이 나았다.

우리는 모두 양처럼 길을 잃고,

각기 제 갈 길로 흩어졌으나,

주님께서 우리 모두의 죄악을 그에게 지우셨다.(53:4-6)

고난받는 종은 누구를 말할까? 한 위대한 인물이나 개인을 말할까? 당시 스룹바벨 처럼 이스라엘의 희망을 한 몸에 받았던 총독인가? 아니면 예언자 자신인가? 고레스인가? 아니면 어떤 집단을 말하는 것일까? 우리는 자구(字句)에 얽매일 필요가 없다. 이스라엘은 개인을 통해 민족을 말하며, 또한 민족 전체를 한 개인으로 표현하기도 한다. 이들은 인류의 죄를 대속하는 위대한 종의 노래를 통해 자신들의 처지, 민족에게 주어진 새로운 사명을 발견한다.

제2이사야의 가장 큰 공헌은 '고난'에 대한 이해를 전적으로 새롭게 해준 것이다. 여기서 고난받는 종은 어떤 위대한 능력을 갖춘, 그들 앞에 신출귀몰하는 신적 존재가 아니다. 우리 역사 안에 비약이 없듯이 그는 하나님의 종이지만 묵묵히 도살장에 끌려가는 어린 양과 같이 수모를 당하고 매 맞고 죽임을 당한다.

예언자는 고난받는 종의 노래를 통해 이스라엘 민족의 새로운 사명을 밝힌다. 그들의 희망은 단지 상상 속에 존재하는 장밋빛 희망이 아니다. 만약 그렇다면 그것은 단지 환상이고 속이는 것이다. 역사의 현실은 늘 그렇지 않기 때문이다. 고난받는 종은 신화적 존재가 아니다. 그는 역사적 존재이며 그렇기에 고난을 통해서 새것을 불러들인다.

흔히 신학이 빠지기 쉬운 함정은 하나님을 전지전능한 초월자로 생각하는 것이다. 이는 역사와 인간의 책임을 간과하기 쉽다. 하나님께서 무엇을 불쑥 가져다주시지 않을까 하는 생각들은 우리의 책임을 약화시킨다. 어려운 일이 있을 때, 외부에서 어떤 힘이 개입해 해결사 노릇을 해주기를 기다리기만 한다면 인간의 노력은 무용하게 된다. 정작 자신의 책임은 회피한 채, 하늘만 쳐다보는 것은 참다운 신앙이 아니다. 신앙이라는 아름다운 말로 위장한 요행주의, 한탕주의가 되기 쉽다. 새로운 희망이 고난을 통해서 온다는 제2이사야의 인식은 역사 중심적인 책임적 사고를 요청한다. 인간의 고통에 참여하지 않는 희망은 거짓이다.

예언자는 그 희망을 현실로 불러오기 위한 매개로 고난받는 종을 내세운다. 그는 하나님의 의를 세우기 위해 부름을 받은 종이다. 부름을 받은 종이 이 역사 안에서 하나님의 뜻을 실현해 나가는 방법은 '고난'이다. 그것은 하나님께서 마술사처럼, 눈속임으로 역사에 개입하지 않기 때문이다. 하나님의 종으로 부름을 받은 그들은 역사 안에서 역사를 바로 세우는 역할을 부여받는다. 그러므로 그들에게는 고난이 뒤따를 수밖에 없다.

이스라엘 민족은 지금 고난받는 종의 역할을 하고 있다. 그들이 세계의 중심지 바벨론까지 잡혀 온 까닭은 야훼의 왕권을 드러내기 위해서이다. 자기들이 세계의 중심으로 알았지만 한 변방에 불과했다는 것을 알았다. 그러기에 예전 우물 안 개구리와 같은 시절의 생각대로 예루살렘 안에 야훼를 묶어 둘 수는 없다. 야훼께서는 제국의 중심지 바벨론, 당시 세상의 중심지에서 그의 주권을 드러내신다. 이스라엘은 그 역사적인 선교의 과제를 수행하는 역할을 부여받았다. 그것이 자신들이 이곳까지 오게 된 이유이다. 더 죗값을 치르기 위해서가 아니라 새로운 사명을 수행하기 위해서이다. 더군다나 예언자는 고레스에 대해서도 희망의 상상력을 불러일으켰다.

'고레스는 새로운 세상의 주인이 될 것이다. 그는 지금 자기들을 여기까지 잡아 왔던 바벨론을 위협하고 있다. 소문에 의하면 그는 매우 사려 깊은 사람이라 각 민족이 섬기는 신들을 존중하고 주의 깊게 살핀다. 그는 반드시 야훼 하나님에 대해서도 경청할 것이고 결국은 야훼야말로 만군의 주님이시고 모든 민족이 섬겨야 할 참 신이라는 것을 알게 될 것이다. 바벨론에 와서 만나는 각국의 신들은 덩치는 크지만 유치하기 그지없다. 고레스가 그 졸렬한 신들 가운데서 참 하나님 야훼를 알아보지 못할 리가 없다. 야훼 백성은 비록 노예 생활을 하고 있으나 그들이 섬기는 야훼는 그 어느 신들도 감히 따라올 수 없는 높은 뜻을 가지셨다.'

이스라엘의 사명은 바로 이것이다. 자기들이 이곳까지 와서 고생하는 것은 바로 야훼 하나님과 세계의 대권을 쥔 고레스와의 만남을 주선하고 전 세계 앞에 야훼 하나님을 전하기 위해서이다. 그런 의미에서 고레스는 '야훼의 종'이며, '야훼의 대리자'이다. 그는 이제까지 억류당해온 각국의 지도자들을 귀환시킨다. 고레스는 유다 백성들도 고향으로 돌려보낼 것이다.

그들은 세계의 길을 평탄케 하며 시온으로 향할 것이다. 자신들이 바벨론으로 올 때는 포로로 끌려왔지만, 시온으로 돌아갈 때는 모든 민족의 환호와 축복 속에서 귀환할 것이다. 야훼는 비로소 역사와 우주를 섭리하시는 하나님이라는 것을 온 천하가 인정하게 될 것이고 시온은 그제야 세계 역사의 중심지가 되어 만인의 부러움을 사며 시온으로 향하는 개선 행진을 할 것이다. 이것은 단지 이스라엘만의 귀환이 아니고 온 세계 거주민 전체의 귀환에 해당한다. 야훼로 인하여 전 세계 거주민은 꿈꾸었던 해방을 이루게 될 것이고 참 기쁨을 누릴 것이다.

예언자적 상상력은 고난과 무의미 속에 발버둥 치는 민족을 새로운 기대와 희망으로 들뜨게 만든다. 포로지에서 절망하는 백성들을 대반전 시키는 뒤집기 한판이 이루어진다. 그것이 예언의 힘이다. 이스라엘 민족은 야훼 하나님을 소개함으로 전 세계에 의를 이루는 사명을 수행한다. 그들은 그 일을 위하여 특별히 하나님께서 가장 먼 곳에서 데리고 오신 사람들이다. 그들을 통해 이제까지 없었던 새로운 의가 창조되며 온 세상은 새롭게 된다.

> 그러나 나의 종 너 이스라엘아,
> 내가 선택한 야곱아, 나의 친구 아브라함의 자손아!
> 내가 땅끝에서부터 너를 데리고 왔으며,
> 세상의 가장 먼 곳으로부터 너를 불러냈다.

그리고 내가 너에게 말하였다.

너는 나의 종이니,

내가 너를 선택하였고,

버리지 않았다고 하였다.

내가 너와 함께 있으니,

두려워하지 말아라.

내가 너의 하나님이니,

떨지 말아라.

내가 너를 강하게 하겠다.

내가 너를 도와주고,

내 승리의 오른팔로 너를 붙들어 주겠다.(41:8-10)

이스라엘은 자신들의 범죄로 인하여 나라가 망했다며 큰 절망감을 가졌다. 그러나 하나님께서는 지렁이 같은 야곱, 벌레 같은 이스라엘을 속량하신다.(41:14) 하나님께서 그들에게 주님의 영을 부어 주셨다. 그것은 그들을 들어서 쓰심으로 모든 민족에게 공의를 세우신다.(42:1) 그것을 위해 이스라엘은 지금 고난을 받고 있다. 그것은 바로, 인류의 죄를 대속하기 위한 고난이다.

그들이 당하는 고난을 단순히 죄의 대가라고 보는 신명기적 해석은 불충분했다. 이에 대해 제2이사야는 탁월한 상상력을 통해 고난의 새로운 의미를 부여한다. 이스라엘 백성들이 당하는 고난, 민중들이 당하는 고난에는 대속의 의미가 있다. 그들은 얻어맞고 죽임을 당하지만, 그 고난으로부터 너의 죄, 그들이 속한 사회의 죄, 나아가 온 민족의 죄와 악은 소멸한다. 단지 그 사람이 저지른 죗값이 아니다. 그 자신은 오히려 죗값을 치를 이유가 없지만, 이 사회의 죄악 덩어리, 모순덩어리들을 소멸시키기 위해서 그 고난에 뛰어 든다. 이것이 대속적인 고난이며 메시아적 고난이다. 이러한 '고난받는 종'에 대한 새로운 사상은 후에 예수와 그의 제자들에게 깊은 영향을 미쳤다. 예수의 고난과 십자가의 죽음을 세상 죄를 지고 가는 고난 받는 종의 역할로 해석한다. 에티오피아의 내시가 고난의 종에 관한 성경을 읽고 있을 때 빌립은 그 말씀이 바로 예수를 두고 한 말씀임을 알려준다.(사도행전 8:26절 이하)

고난은 피해가려고 하면 고통 그 자체일 뿐이다. 그러나 고난을 정면으로 맞서서 그 속으로 파고 들어가서, 그 고난을 통해서 우리에게 들려주는 하나님의 메시지를 경청하게 될 때, 그 고난은 하나님께 순종하게 되는 새로운 신앙적 기쁨을 우리에게 준다. 우리 주님께서는 "고난을 통해서 순종을 배우셨다."(히브리서 5:8)고 했다. 우리는 고난을 통해서 성숙해지고, 고난을 통해서 생명을 낳게 되고, 고난을 통해서 순종하는 것을 배우게 되고, 고난을 통해서 새 역사를 창조하게 된다.

이 땅의 민중들이 얻어맞고 죽임을 당하지만, 그들이 당하는 그 고난으로 인해 우리 사회의 죄는 대속된다. 누군가 져야할 역사의 짐 덩어리를 지는 사람들로 인해 이 역사의 죄는 속량된다. 구태여 남이 지게 내버려 두어도 되는 짐 덩어리를 자신이 지고자 하는 사람이 바로 예언자가 말하는 '고난받는 종'이고 그들을 통하여, 그들을 향하여 폭력을 행사하는 사람의 죄까지도 소멸해 간다.

이것이 '고난받는 종'에 대한 민중적, 역사적 해석이다. 의인의 고난은 대속의 의미를 가지며 그를 통해서 용서와 화해와 평화가 창조된다. 고난의 종이 제시하는 대리적 고통에 관한 것은 구약성서의 다른 곳이나 후기 유대교에서는 찾아볼 수 없다. 제2이사야의 고난 받는 종의 주제는 예수에게 적용되었고, 대속의 신학은 바울신학과 복음서 신학의 중심이 되어 성서에서 가장 큰 무게를 가진 신학을 낳았다.

함께 생각할 문제

* 제2이사야가 사용하는 구원과 해방의 주제들을 이야기해봅시다.

* 아시리아-바벨론의 정복 정책과 페르시아의 정복정책의 차이점에 관해 이야기합시다.

* 새 출애굽(출 바벨론)은 옛 출애굽과 어떤 차이점이 있는지 말해 봅시다.

* 고난의 종이 제시하는 대리적 고통에 관한 것은 구약성서의 다른 곳이나 후기 유대교에서는 찾아볼 수 없는 사상이다. 그런데 이것이 예수에게 적용되었다. 우리는 예수의 고난과 십자가를 어떻게 이해해야 할까? 예수께서 우리의 죄를 대속하기 위해서 십자가를 지셨고 그것을 믿는 믿음으로 구원에 이른다는 것은 우리의 현실에서 어떤 의미가 있는 것인지 이야기해 봅시다.

* 우리 주변에서 특정한 사람들이 당하는 고난으로 인해 새로운 역사가 열리게 되는 예를 찾아 이야기해 봅시다.

의와 평화를 새롭게 창조하신다.

"이제 내가 말로 평화를 창조한다. 먼 곳에 있는 사람과

가까운 곳에 있는 사람에게 평화, 평화가 있어라."

주님께서 약속하신다. "내가 너를 고쳐 주마."(이사야 57:19)

옛 창조가 단지 생명을 존재케 하는 것이었다면 새 창조는 창조하신 뭇 생명 안에 의(義)와 올바른 길을 알게 하신다. 하나님께서는 모든 생명 안에 행복과 평화도 함께 창조하신다. 하나님은 빛도 어둠도, 평화도 재앙도 모두 지으시고 모든 것이 그에게서 나온다.

나는 빛도 만들고 어둠도 창조하며,

평안(샬롬, 평화)도 주고 재앙도 일으킨다.

나 주가 이 모든 일을 한다.

너 하늘아, 위에서부터 의를 내리되,

비처럼 쏟아지게 하여라.

너 창공아, 의를 부어내려라.

땅아, 너는 열려서 구원이 싹 나게 하고,

공의가 움도게 하여라.

나 주가 이 모든 것을 창조하였다.(이사야 45:7-8)

세상을 살다 보면 좋은 일도 생기지만 전혀 상상하기 싫은 나쁜 일들도 생겨난다. 그럴 때 가장 손쉬운 생각은 일의 근원을 선신과 악신, 혹은 하나님이나 사탄으로부터 유래하는 것으로 나누어 보는데, 이를 이원론이라고 한다. 대개 종교 사상이 초기 미성숙한 단계에서 이원론적 경향이 강하다. 이원론은 우리 삶에서 일어나는 행복과 불행을 인간 외적인 요인, 초월한 영들의 작용에 근거한다고 생각한다.

그러나 본문과 같이 빛과 어두움, 평화와 재앙이 모두 한 분으로부터 유래한다는 사상은 일원론 사상, 유일신 사상이라고 한다. 기독교는 유대교로부터 유일신 사상을 배웠다. 유일신 사상은 몇 가지 특징을 가진다.

첫째, 유일신 신앙 안에서 인간은 더 책임적인 존재다.
좋은 일과 나쁜 일을 어쩔 수 없는 영들의 행위로 보면 인간의 책임과 선택은 배제된다. 결국, 인간은 자신의 의지를 배제하고 신들에게 순응해야 하며 이를 운명이라고 부르게 된다. 이런 사고방식은 인간의 의지를 약화시키고, 모든 것이 운명론, 결정론으로 귀결한다. 하지만 모든 것이 한 분 하나님에게서 왔다고 볼 때, 하나님께서 평화를 주신 이유와 그렇지 않은 이유를 성찰한다. 이것은 결국 삶의 주체인 인간을 돌아보고 더욱 책임적으로 삶을 살아가게 만든다.

둘째, 유일신 신앙은 인간의 믿음을 전제한다.
거대한 바벨론의 신들 앞에서 이스라엘 사람들은 야훼 신앙을 버렸다.

그들은 첫 마음을 버리고 갈등한다. 이에 예언자는 외친다.

> 나보다 먼저 지음을 받은 신이 있을 수 없고, 나 이후에도 있을 수 없다.(43:10)

> 나는 시작이요, 마감이다. 나밖에 다른 신이 없다.(44:6)

> 나는 주다. 나밖에 다른 신은 없다.(45:18)

> 바벨론의 신들은 단순 조형일 뿐이다. 벨과 느보는 백성들에 의해 업혀 다녀야 하지만 야훼 하나님께서는 항상 백성들을 품고 다니신다.(46:1-4)

세상 일부를 악한 영들의 장난으로 던져버리는 것은 하나님, 혹은 자신이 믿는 선한 신에 대한 믿음이 부족하기 때문이다. 이스라엘은 포로로 외국 땅에 잡혀 왔고 삶의 최대 위기를 겪고 있다. 많은 사람이 배교했다. 바벨론의 이원론을 받아들였다. 이원론이 되면 다신교가 된다. 나쁜 일이 생겼다고 해서 내가 믿는 신앙의 대상을 저버리고 다른 길을 선택한다면 결국 두 마음을 품고 끊임없는 선택 속에 갈등하게 된다. 이것은 악(악령)의 역사라고 결론을 내리는 것은 하나님에 대한 신뢰의 끈을 놓아버렸기 때문이다. 믿음이 흔들리면 쉽게 자신이 선택했던 것들을 버린다. 내가 섬기는 신은 마음의 지향이다. 나는 하나인데 향하는 목표가 서로 다르다면 그 사람은 결코 자신을 존중할 수 없다. 결국, 정신분열에 이르게 될 것이다.

셋째, 유일신 신앙은 기쁨을 창조한다.

유일신 신앙을 가진 사람은 결국 하나님께서 승리하실 것을 믿기 때문에 낙관적인 세계관을 갖는다. 스스로 할 수 있다는 자존감을 가지고 세상의 도전과 맞서며 기쁨을 창조하게 된다. 하나님께서는 인간을 위해 사랑을 베푸시는 존재이기에 간혹 우리가 당하는 재앙이나 어둠도 다 하나님의 손안에 있다. 결국은 하나님께서 우리에게 새 세상을 열어주시기 위한 과정 중에 있을 뿐이다. 우리가 이제까지 본 하나님은 병도 주고 약도 주는 분, 제 마음대로 인간을 다루는 폭군 하나님이 아니다. 하나님은 '땅을 혼돈 상태로 창조하신 것이 아니라, 사람이 살 수 있게 만드신 분이다.' 일원적 신앙, 유일신 신앙을 가진 사람들은 결국 하나님의 승리를 믿게 되고 우리의 삶에 긍정적 자세를 갖는다. 아니 '하나님의 승리'라는 말은 적합하지 않다. 다른 신과의 전투를 전제하기 때문이다. 예언자는 말한다.

> 나는 빛도 만들고 어둠도 창조하며,
> 평안(샬롬, 평화)도 주고 재앙도 일으킨다.
> 나 주가 이 모든 일을 한다.(45:7)

그렇다. 어둠도 재앙도 일시적일 뿐이다. 그것 자체가 힘을 가진 존재가 아니다. 빛이 오면 어둠은 존재도 없이 사라진다. 우리의 믿음이 부족했을 때, 우리가 완전히 신뢰하지 못하고 믿음을 저버렸을 때, 우리는 불안하고 흔들린다. 그러나 어둠도 재앙도 결국은 우리에게 사랑을 주시는 하나님의 손안에 있다. 그러기에 우리는 어둠과 재앙 앞에서 호들갑 떨며 정신 줄을 놓아 버릴 것이 아니라 이것 또한 하나님의 손안에 있다는 것을 신뢰해야 한다.

내게 닥치는 시련이 하나님 밖에 있다고 생각하면 두려움 속에 빠져든다. 그러나 그것이 하나님 안에, 하나님의 뜻 안에 있다면, 누구를 원망할 일도, 두려움도 아니다.

> 그러니 너희는 내가 창조하는 것을 길이길이 기뻐하고 즐거워하여라. 내가 예루살렘을 기쁨이 가득 찬 도성으로 창조하고, 그 주민을 행복을 누리는 백성으로 창조하겠다.(65:18)

새 창조는 단순한 창조가 아니고 해방을 이루는 창조이다.

하나님의 새 창조는 처음 창조와는 다를 것이다. 처음 창조 후 하나님은 후회하신다. 땅 위에 사람을 지으셨음을 후회하시며 마음 아파하셨다. 주님께서는 탄식하셨다. "내가 창조한 것이지만, 사람을 이 땅 위에서 쓸어버리겠다. 사람뿐 아니라, 짐승과 땅 위를 기어 다니는 것과 공중의 새까지 그렇게 하겠다. 그것들을 만든 것이 후회되는구나(창세기 6:6-7)." 그래서 하나님의 새 창조는 의와 평화와 행복의 창조이다. 하나님께서는 하드웨어뿐만이 아니라 완벽한 소프트웨어까지 창조하신다. 하나님의 새 창조는 불완전했던 창조를 완성한다. 비로소 세상에는 조화가 이루어지며 찬양으로 가득하게 된다.

목사 안수 후 33년 목회 중에 주일 예배를 이렇게 오래 모이지 못한 것은 처음이다. 아니 주일 예배는 한 주라도 멈추어 본 적이 없다. 처음 대면 예배를 드리지 못하는 날, 몹시 당황스럽고 허전했다. 주일에 교우들과 함께할 수 있다는 것이 얼마나 소중한 일인가를 깨닫는다. WHO에서는 세계적으로 대유행 단계임을 선언했다. 지구 인구의 60-70%가 코로나 19에 감염될 수 있다고도 한다. 그러나 이 어둠과 재앙 또한 하나님의 손안에 있다는 것을 명심하자 똑바로 정신 차리고 우리 자신이 돌아보아야 할 것을 돌아보자. 이 기회에 자신의 부족을 성찰하고 더욱 하나님을 굳게 신뢰하는 신앙을 회복하자. 하나님께서는 우리에게 인간과 세상을 창조하셨을 뿐만이 아니고 정의와 평화, 믿음과 기쁨도 함께 창조하셨다. 하나님의 새 창조를 감사하며 열린 마음으로 하나님께 나아갑시다.

» (강남향린교회 강단 중에서)

5

하박국, 오바댜, 나훔, 스바냐, 요나

하박국 –하나님께 역사를 묻다

하박국은 불의한 역사의 의미를 묻는다. 그러나 누가 하나님의 의중을 알아 정답을 말하겠는가? 우리가 하나님의 역사 운영 방식을 알 수는 없으나 단지 어떤 사람의 역사 해석이 당대의 사람들에게 새로운 힘과 용기를 주었는가는 가름할 수 있다. 예언자들의 역사 해석이 당대의 사람들에게 용기를 주었다면 그것은 의미 있는 역사 해석이다.

시대적 배경

하박국은 여호야김이 다스리던 때(주전 609-598년)에 활동한 듯하다. 하박국 1장 6절에 바벨론 사람에 대한 언급이 나온다. 하지만 예루살렘이 함락되었다는 정황은 아직 보이지 않는다. 하박국은 예루살렘에 살았으리라 추측한다.

주전 612년에 아시리아의 수도인 니느웨가 바벨론 사람들과 메대 사람들에게 파괴되고, 결국 악명 높았던 아시리아 왕국은 끝이 난다. 이집트 사람들은 이 기회를 틈타 중동지방을 자신들의 통제 아래 두려고 하였다. 그러나 그들은 주전 605년 칼케미쉬에서 바벨론의 느부갓네살과 싸워서 패배하고 그동안 점령했던 지역을 내주어야 했다. 하박국은 칼케미쉬 전쟁과 유대 사람들이 처음으로 바벨론으로 잡혀간 주전 597년 사이에 활동한 듯하다.

하박국-하나님께 역사를 묻다

유다의 멸망을 지켜보아야 하는 하박국은 이해할 수 없는 하나님의 조치에 대해 항변한다. 혹자들은 이스라엘 민족이 범한 죄 때문에 하나님의 심판이 임한다고 한다. 그렇다면 그들을 집어삼키는 바벨론 사람들의 의가 이스라엘보다 뛰어나다는 것인가? 절대 그렇지 않다. 오히려 그들에 비해서, 이스라엘 민족이 아직은 상대적으로 의롭다. 그럼에도 불구하고 그들에게 능욕당하고 있는 부조리한 현실은 도대체 무엇인가? 하박국은 그 이유를 묻는다.

주님께서는 눈이 맑으심으로,

악을 보시고 참지 못하시며,

패역을 보고

그냥 계시지 못하시는 분입니다.

그런데 어찌하여

배신자들을 보고만 계십니까?

악한 민족이 착한 백성을 삼키어도

조용히만 계십니까? (하박국 1:13)

살려 달라고 부르짖어도 듣지 않으시고,

"폭력이다!" 하고 외쳐도 구해 주지 않으시니,

주님, 언제까지 그러실 겁니까?

어찌하여 나로 불의를 보게 하십니까?

어찌하여 악을 그대로 보기만 하십니까?

약탈과 폭력이 제 앞에서 벌어지고,

다툼과 시비가 그칠 사이가 없습니다.

율법이 해이하고,

공의가 아주 시행되지 못합니다.

악인이 의인을 협박하니,

공의가 왜곡되고 말았습니다.(하박국 1:2-4)

하박국은 어찌하여 악한 민족이 착한 백성을 삼키어도 조용히만 계시느냐고 소리친다. 하나님께서 유다의 불순종을 심판하시기 위해 그보다 훨씬 더 나쁜 백성들을 통해 심판하시는 이유를 묻고 있다. 엄연한 불의임에도 불구하고 그 앞에서 여전히 하나님의 침묵을 경험해야 하는 것은 오늘 우리 가운데도 여전히 반복되는 의문이다. 이런 하나님의 침묵은 그나마 우리의 희망의 싹과 의지를 꺾어버린다. 역사의 진보가 여지없이 무너지고 좌절되는 사건들, 뜻하지 않은 선거 결과들, 여전히 악인들이 득세하고 그들은 으스대며 자신들의 힘이 곧 하나님이라(1:11)고 떠벌린다. 하박국은 이렇게 해도 되는 것이냐(1:17)고 물으며 어째 역사가 거꾸로 가느냐고 한탄한다.

그러나 우리가 '정의의 하나님'이라고 하는 것은, 하나님께서 인간의 의를 저울질하여 조금이라도 상대적으로 선한 쪽을 선택하시는 것을 뜻하지 않는다. 만약 하나님께서 이 역사를 그렇게 운행해 나가신다면 아마도 우리는 더욱 실망하게 될 것이다. 상대적으로 역사의 선택은 약간의 선함을 유지하는 선에 적절히 맞추어지고 사람들은 '단지 변화를 흉내 내는 척하는 것'으로 오히려 하나님의 통치를 늦추어 갈 것이다. 이것을 기대했는데 실망하고 저것을 기대했는데 실망하기를 반복하면서 우리는 아무것도 기대할 수 없는 상대주의에 빠져버리고 말 것이다. 결국, 사람들은 지루한 역사적 진척으로 인해 자포자기하고 방향마저 잃게 될 것이다. 에스겔에도 이러한 주제가 나온다.

> 내가 그들에게, 옳지 않은 율례와, 목숨을 살리지 못하는 규례를, 지키라
> 고 주었다.(에스겔 20:25)

무슨 말인가? 하나님 자신이 그런 것을 주시고 또 나중에는 벌하신단 말인가? 그렇다면 벌하기 위해 규례를 주신다는 말인가? 성서에서 때로는 이러한 하나님의 충동을 볼 수 있다. 마치 파라오의 마음을 강퍅하게 하시는 것과 같다.

왜 파라오를 강퍅하게 하시나?

왜 하나님은 모세로 하여금 해방을 준비시키면서 또 다른 쪽으로는 파라오를 강퍅하게 만드셨는가? 강퍅케 하심은 그것 자체로 심판이기도 하면서 또한 동시에 새로운 세대를 준비시키기 위한 것이다. 모세가 처음 파라오를 만나서 요구한 것은 광야로 걸어 나가 야훼 하나님께 제사를 지내고 올 터이니 사흘의 말미를 달라는 요구였다.(출 3:18)

만약 파라오가 마음씨가 좋아서 그냥 처음 요구대로 들어주었더라면 얼마나 싱거운가? 출애굽도 없고, 새 민족도 없고, 모세도 없었을 것이다. 파라오는 더욱 강퍅해졌고, 열 가지 재앙을 겪으면서 조금씩 무너졌다. 그는 "제사 드리러 나가도 좋다.(출 8:8)"고 허용한다. 그러나 "이 땅에서 한 발짝도 나가면 안 된다"(출 8:25)고 조건을 단다. 이에 모세는 "하나님의 명령대로 광야로 나가겠다"라고 하자 파라오는 "광야로 나가되 멀리 가면 안 된다"(출 8:28)고 물러선다.

누가 갈 것인가에 대해서도 공방이 시작된다. 모세는 "어린이건 노인이건, 아들, 딸, 소 떼, 양 떼 모두 함께 가겠다."(출 10:9)고 요구한다. 그러나 파라오는 "가족들과 함께 갈 수 없다. 장정들만 가라."(출 10:11)고 제한한다. 그 뒤 어둠의 재앙이 내리자, 파라오는 조금씩 물러선다. "식구는 되지만 양 떼, 소 떼는 안 된다"(출 10:24)며 조건을 완화한다. 하지만 모세는 "우리의 집짐승을 한 마리도 남겨 두지 않고 다 몰고 가겠다"(출 10:26)고 파라오를 더욱 몰아붙인다. 궁지에 몰린 파라오는 모세에게 "다시는 내 앞에 나타나지 말아라. 네가 내 앞에 다시 나타나는 날에는 죽을 줄 알아라"(출 10:28)라며 화를 낸다.

이러한 과정을 보면 이스라엘 백성들도 처음에는 자기들의 요구가 무엇인지 분명하지 않은 것 같다. 만약 파라오의 마음이 강퍅해지지 않았다면, 그들은 새로운 것을 꿈꾸지 않았을 것이다. 마치 하나님께서 일을 꼬이게 하는 것처럼 보일 수도 있으나, 우리의 준비가 덜 되었을 때, 보다 근본적이고 구체적인 대안을 마련하도록 하신다. 하나님의 의를 이룰만한 그릇이 안 됐거나, 하나님의 시간표에 다다르지 못했을 때, 하나님은 악을 더욱 굳건하게 만들기도 한다.

이것은 조금 개량적인 자들의 승리, 거기서 오는 지지부진한 피로감보다는 전적으로 새로운 미래를 가져오도록 하기 위함이다. 그런 과정을 통해서 의를 도모하는 자들이 불에 단련한 확실한 대안세력이 되도록 한다. 이러한 좌절이 없이는 아무도 하나님의 역사 앞에 자신을 송두리째 내어놓으려 하지 않을 것이기 때문이다. 그런 척하는 타협에 손들어 주지 않으시는 하나님은 아주 근본적이고 철저한 헌신과 순종을 요구하신다. 지금 당장 눈앞에 일이 실망스럽지만, 낙담하지 말고 그때를 기다리면 하나님께서는 한꺼번에 이루실 것이다.

출애굽 과정을 하나의 예로 들었지만, 역사의 불가사의한 전개가 하나님께서 그 백성을 준비시키기 위해서라고 보는 것도 하나의 역사 해석이다. 누가 하나님의 의중을 알아 정답을 말하겠는가? 하나님의 역사 운영 방식을 알 수는 없으나 단지 어떤 사람의 역사 해석이 당대의 사람들을 새롭게 하며, 힘과 용기를 주었는가는 우리가 가름할 수 있다. 예언자들의 역사 해석이 당대의 사람들에게 용기를 주었다면 그것은 의미 있는 역사 해석이다.

의인은 믿음으로 살리라

하박국은 의인은 믿음으로 산다고 한다. 반면 악인의 전형적인 모습들을 제시하고 그들이 악인이 되는 근본에는 불안이 존재하는 것을 본다. 보이는 것을 확인하고 확실한 것을 손에 쥐어야만 산다면 그것은 믿음의 길이 아니다. 믿음은 아무것도 없는 길을 오직 믿음으로 바라보고 걷는 길이다.

미리 살펴보기

* 하박국 2:1-14까지를 읽고 의인은 어떤 사람이며 악인은 어떤 사람인가를 본문에서 찾아보시오.

믿음으로 사는 것은 훌륭한 일이기는 하지만, 그런 사람을 왜 '의인'이라고까지 하는가? 하박국은 이어지는 구절에서 악인의 삶을 묘사한다. 여기 언급되는 악인의 모습은 이렇다.

탐욕스러운 사람(5절), 정복자(6절), 남의 것을 긁어모으는 사람(6절), 빼앗은 것으로 부자가 된 사람(6절), 수많은 민족을 털은 사람(8절), 사람들을 피 흘려 죽게 한 사람(8절), 주민에게 폭력을 휘두른 사람(8절), 부당한 이득을 탐낸 사람(9절), 피로 마을을 세우고 불의로 성읍을 건축한 자(12절), 이웃에게 분노를 더 하게 만드는 자(15절), 우상을 섬기는 자(19절)라고 한다.

하박국 2장에는 다섯 가지 "화 있을진저…"로 시작되는 경고문이 나오는데 그 내용 중에 악인의 모습들이다. 분명 전형적인 악인들의 모습인데 문제는 하박국 선지자는 이들을 믿음이 없는 삶으로 소개한다. 믿음이 없으면 악인인가?

그렇다. 이들 악을 행하는 사람들은 사실은 그 근본이 악해서라기보다 자기 미래에 대해 불안하기 때문이다. 그들은 자신의 손에 확실한 미래를, 자신의 미래를 보장해 줄 수 있는 것들을 손아귀에 확보해 놓으려 한다. 그래서 이들은 남의 사정 돌보지 않고 자기 앞에 쌓아 놓으려 하고 그 과정에서 악하게 된다. 그들 스스로는 결코 악인으로 생각지 않을 것이지만….

하박국은 그 근본을 꿰뚫어 보고 있다. '악의 근원, 그것은 불안이다.' 이것은 하나님께 대한 믿음이 없기 때문이다. 자신의 불안 때문에, 자기가 확실히 보이는 길, 확실히 손에 쥔 것만을 믿기 때문에 그 욕심과 불안은 점점 더 끝이 없고 아무리 채워도 불안하다. 그러다가 결국은 악인이 된다. 하박국은 악과 탐욕의 본질, 그 깊은 속에 있는 불안의식, 불신의식이 바로 원인이라는 것을 본다.

걱정스러운 일이 수없이 나타나서 우리를 괴롭힌다. 그러나 우리에게 하나님이 계시고 그분을 신뢰하는 믿음이 있다. 우리는 그 믿음으로 사는 것이지 손안에 있는 것으로만 살아가지 않는다. "의인은 믿음으로 산다."라는 말씀은 보이지 않는 것을 보이는 것처럼 살아가고, 불가능한 것을 현실처럼 살아 그렇게 만드는 것이다.

부유한 재산은 사람을 속일 뿐이다.(2:5)

그것이 우리에게 안전을 줄 것 같이, 꼭 있어야 할 것 같이 우리를 속인다. 만약 우리가 많은 것을 가지고 있는 상태에서 무엇을 하려고 한다면, 기회는 더욱 오지 않을 수도 있다. 없으니까 용감하게 꿈도 꾸고, 간절하게 바라고 그러는 동안 더욱 절실해진다. 반면 탐욕스러운 사람은 탐욕을 채우느라고 쉴 날이 없다.

예언자는 그 탐욕을 "그들이 스올처럼 목구멍을 넓게 벌려도 죽음처럼 성이 차지 않을 것이다."(5절)라고 한다. 죽음이라도 집어삼킬 듯이 뭐든지 집어삼키는 모습을 게걸스럽게 벌려진 탐욕의 목구멍에 비유한다. 그래서 그들은 모든 나라를 정복하고 사로잡지만, 종국에는 그들도 파괴되고 허무하게 없어질 것이라고 한다.(5-6절) 결국, 허무로 끝나는 게 인간의 탐욕이다. 그 이전에 만약 우리가 정신을 차린다면 정신 차린 만큼 우리에게 도움이 될 것이다.

> 이것이 바로 나 만군의 주가 하는 일이 아니겠느냐? 바다에 물이 가득하 듯이, 주의 영광을 아는 지식이 땅 위에 가득할 것이다.(2:13-14)

주를 아는 지식, 그것은 믿음 안에 있다. 물질과 보이는 세계에서 손에 쥔 것들로만 하나님으로 삼으면 결국 실리와 야박한 계산만이 승리하게 된다. 믿음이란 그야말로 보이지 않는, 한발 앞이 낭떠러지일지 어찌 될지 모르는 위기감 속에서 한 걸음 한 걸음을 내딛는 행위이다. 그런 삶을 불안해서 어떻게 사느냐고 반문할지 모른다. 그러나 하나님을 신뢰하고, 그분을 믿는 마음이 있기에 편안하게 우리의 걸음을 뗄 수 있다. 그것이 하나님을 신뢰하는 믿음이다. 하박국서의 마지막은 다음과 같다.

무화과나무에 과일이 없고

포도나무에 열매가 없을지라도,
올리브 나무에서 딸 것이 없고
밭에서 거두어들일 것이 없을지라도,
우리에 양이 없고
외양간에 소가 없을지라도.(3:17)

다 없으면 어떻게 하나? 뭐라도 하나 있어야 하지 않겠는가? 도대체
아무것도 없는 이 사람은 무엇을 믿고 사는가?

그러나 나는 주님 안에서 즐거워하련다.
나를 구원하신 하나님 안에서 기뻐하련다.(3:18)

도대체 무엇을 믿고 즐거워하나? 그 앞이 보이지 않지만, 하박국은 그
힘의 근원을 분명하게 말한다.

주 하나님은 나의 힘이시다.
나의 발을 사슴의 발과 같게 하셔서,
산등성이를 마구 치닫게 하신다.(3:19)

모세는 믿음의 길을 걸었다. 그것이 광야의 길이다. 만약 모든 것이 예
고되고 확실히 정해진 코스를 갔다고 한다면 그것은 "상식의 길"이고

"지식의 길"일 것이다. 그러나 믿음의 길은 한 치 앞이 보이지 않는 길을 가는 것이다. 그러기에 믿음으로 걷는 길 자체가 의(義)다. 이 주제는 후에 바울 신학의 주제, 사람들이 선행을 통해서가 아니라 오직 믿음을 통해서 의롭게 된다는 신학의 토대가 되었다.(로마서 1:17; 갈라디아 3:11) 하박국은 기다릴 것을 말한다. 하나님을 믿는 사람들은 기다릴 줄 안다. '의인은 믿음으로 산다.'라고 할 때 믿음은 먼저 예언자들이 하신 말씀들이 성취되기를 기다리는 것이다.

> 이 묵시는, 정한 때가 되어야 이루어진다.
> 끝이 곧 온다는 것을 말하고 있다.
> 이것은 공연한 말이 아니니,
> 비록 더디더라도 그때를 기다려라.
> 반드시 오고야 만다.
> 늦어지지 않을 것이다.
> 마음이 한껏 부푼 교만한 자를 보아라.
> 그는 정직하지 못하다.
> 그러나 의인은 믿음으로 산다.(2:3-4)

오바댜서

예언서 중에 가장 짧은 책인 오바댜서는 주전 587년 유다와 예루살렘이 멸망하던 때의 상황을 담고 있다. 오바댜는 제의(祭儀)예언자로서 에돔 사람들에게 임할 엄한 심판에 대해 말한다. 에돔의 조상은 야곱의 형님, 에서의 후손들로 유다 백성의 먼 사촌이 된다. 그런데도 그들은 유다의 멸망을 부추기고 기뻐하면서, 유다를 포위 공격한 자들과 연합했다. 이런 행위는 불난 집에 기름을 붓는 행위였다. 에돔의 이런 행위는 유대인들에게 깊은 원한을 남기게 된다. 그들이 얼마나 깊은 상처를 주었는지는 에스겔 25:12-14, 35:1-15, 시편 137:7에서도 알 수 있다.

> 네가 멀리 서서 구경만 하던 그날, 이방인이 야곱의 재물을 늑탈하며 외적들이 그의 문들로 들어와서 제비를 뽑아 예루살렘을 나누어 가질 때에, 너도 그들과 한패였다. 네 형제의 날, 그가 재앙을 받던 날에, 너는 방관하지 않았어야 했다. 유다 자손이 몰락하던 그 날, 너는 그들을 보면서 기뻐하지 않았어야 했다. 그가 고난받던 그 날, 너는 입을 크게 벌리고 웃지 않았어야 했다.(오바댜 11-12)

에돔은 난공불락의 붉은 바위 산지에 있었기에 자기들은 쉽게 무너질 수 없었다고 확신하고 있었지만, 이들이 행한 악행으로 인해 하나님께 철저하게 보복당하고 망할 것이라고 오바댜서는 예언한다. 오바댜의 예언대로 에돔은 말라기 시대에 파괴적인 패배를 경험한다.(말 1:1-4)

나훔, 스바냐 : 제국 아시리아의 시대

나훔과 스바냐, 요나 역시 아시리아가 멸망할 즈음의 상황을 배경으로 한다. 물론 훨씬 후대에 그 시대를 추억한 문서일 수도 있다. 이들은 아시리아에서 바벨론으로 이어졌던 잔인한 제국의 행태, 제국의 실체를 고발한다.

　나훔은 아시리아 니느웨를 야훼의 대적으로 보고 그들을 향하여 분노를 터뜨리는 복수의 하나님에 대해서 말한다. 아시리아는 고대 세계에서 가장 잔인했던 정복자였다. 아시리아는 마치 "사냥해 온 고기로 그득하고 그 굴에는 늘 먹이가 차 있는"(나훔 2:12) 사자처럼 닥치는 대로 뭇 민족을 집어삼켰다. 그들의 전투방식은 잔인하고 난폭하기 짝이 없어 포로의 머리를 자르는 것은 보통 있는 일이었다. 아시리아의 왕들은 돌풍이 휘몰아친 마을처럼 쑥대밭이 되고 불타고 녹아버린 성읍들을 두고 뽐냈다. 승리자들은 가지고 갈 수 있는 것이면 무엇이든지 다 가지고 갔다. 그들은 한 성읍을 정복하면, 왕의 자리를 성문 앞에 마련하고는 그 앞으로 포로들을 지나가게 하였다. 그들은 마을 우두머리의 눈알을 뽑거나 아시리아 왕이 정한 기간 말 못 할 고문을 했다. 그들은 커다란 새장에 갇힌 몸이 되었다.

　사르곤은 패전한 다마스커스의 왕을 산채로 불태웠다. 포로가 된 왕의 부인들과 딸들은 아시리아인들의 첩이 되고 귀족의 피가 섞이지 않은 여자들은 노예가 되었다. 그러는 동안 병사들은 주민을 마구 학살하여 그 죽은 자들의 머리를 왕 앞에 가지고 오면 서기관들이 수를 헤아렸다. 남자라고 해서 모두 죽이는 것은 아니었다. 소년들과 기술공들은 포로로 끌려가 왕궁의 건축 공사에서 힘든 일을 해야만 했다. 메소포타미아의 지독한 습기로 인해 일꾼들은 높은 사망률을 기록했고, 늘 부족했다. 그

러고도 남은 주민들은 살던 곳을 떠나 제국의 다른 곳으로 보내졌다.[1]

스바냐는 히스기야 왕의 후손이다.(습 1:1) 스바냐 역시 "땅 위에 있는 모든 것을 내가 말끔히 쓸어 없애겠다."는 야훼의 심판선언으로 시작한다. 하나님의 심판은 서쪽으로는 블레셋, 동쪽으로는 모압, 암몬, 남쪽으로는 에디오피아의 구스 사람, 그리고 북쪽으로는 아시리아의 니느웨에 대한 심판이다. 그 성은 "본래는 한껏 으스대던 성, 안전하게 살 수 있다던 성, '세상에는 나밖에 없다'면서, 속으로 뽐내던 성이다."(습 2:15) 그러나 지금은 황폐하게 되었고, 들짐승이나 깃들며, 지나가는 사람마다 비웃으며 손가락질을 한다. 스바냐 3장에 계속 그 도성의 멸망을 이야기하기에 마치 니느웨에 대한 예언의 연장이라고 생각하겠지만 어느덧 비판의 대상은 예루살렘으로 향한다. 그러나 하나님께서는 교만한 자들을 제거하시고, 경건한 자들로 그 성읍을 채우시며 예루살렘을 구원하실 것(습 3:15)이라는 희망으로 예언을 맺는다.

아시리아의 예술은 죽어가는 인간과 짐승의 고통을 그려내는 데 있어서 굉장하다. 정복당한 자들의 시체를 먹고 있는 독수리들의 모양이 새겨진 비석이 그렇다. 이와 비교할 만한 고대 예술품들은 아직 발견되지 않았다. 제국의 막강한 힘은 파괴와 몰락만을 세계에 퍼뜨린 것이 아니라 범죄와 도덕적 부패까지도 퍼뜨렸다. 아시리아는 헤아릴 수 없이 많은 창녀로 뭇 민족을 타락시킨 범죄를 심판받았다.

---

[1] G. Contenau, *Everyday Life in Babylon and Assyria* 런던, 1954, 148쪽. 아브라함 요수아 헤셸, 『예언자들』 상권 209-210쪽에서 재인용.

너는 망한다! 피의 도성! 거짓말과 강포가 가득하며 노략질을 그치지 않는 도성! 찢어지는 듯한 말채찍 소리, 요란하게 울리는 병거 바퀴 소리. 말이 달려온다. 병거가 굴러온다. 기병대가 습격하여 온다. 칼에 불이 난다. 창은 번개처럼 번쩍인다. 떼죽음, 높게 쌓인 시체 더미, 셀 수도 없는 시체. 사람이 시체 더미에 걸려서 넘어진다. 이것은 네가, 창녀가 되어서 음행을 일삼고, 마술을 써서 사람을 홀린 탓이다. 음행으로 뭇 나라를 홀리고, 마술로 뭇 민족을 꾀었기 때문이다.(나훔 3:1-4)

약소국들은 처음에는 정복당하고 다음에는 강제로 동맹국이 되었다. 그들은 아시리아가 다른 나라들을 치는 전쟁터에 군대를 보내야 했고 원하지 않는 학살극에 가담하였다. 정복당한 왕들은 영화와 권력과 전리품을 노려 기꺼이 아시리아 군대의 지휘관이 되기도 했다.

나훔과 스바냐가 니느웨의 멸망을 예언하는 것으로 보아 나훔의 연대는 주전 650년에서 612년으로, 스바냐의 연대는 주전 630년경으로 본다. 그러나 요나의 연대는 동시대를 배경으로 하고 있지만, 그보다 훨씬 후대인 주전 4-3세기경으로 잡는다. 그것은 요나서의 주제인 이방인에 대한 관용을 요구하는 분위기 때문이다. 이런 주제는 에스라와 느헤미야 이후 유다 내에 일어난 혼합주의에 대한 비판과 이방인 혐오의 분위기를 비판하려는 의도를 담고 있다. 동시에 이방인들 가운데 야훼종교로 개종하는 사람들에 대한 배려를 배경으로 한다.

예언의 전환-요나

> 주님께서 아밋대의 아들 요나에게 말씀하셨다. "너는 어서 저 큰 성읍 니
> 느웨로 가서, 그 성읍에 대고 외쳐라. 그들의 죄악이 내 앞에까지 이르렀
> 다." 그러나 요나는 주님의 낯을 피하여 다시스로 도망가려고, 길을 떠나
> 욥바로 내려갔다. 마침 다시스로 떠나는 배를 만나 뱃삯을 내고, 사람들
> 과 함께 그 배를 탔다. 주님의 낯을 피하여 다시스로 갈 셈이었다. (그러
> 나) 주님께서 바다 위로 큰바람을 보내시니, 바다에 태풍이 일어나서, 배
> 가 거의 부서지게 되었다.(요나 1:1-4)

요나는 하나님께 아시리아의 수도 니느웨로 가라는 명을 받았다. "그
러나" 요나는 화가 나서 반대 방향으로 가는 배를 탔다. 요나가 야훼로
부터 도망했다는 것을 두 번, 그가 야훼께서 가라고 하신 니느웨와 반대
방향인 "다시스"로 방향을 돌렸다는 것을 세 번에 걸쳐서 강조한다. 우
리는 하나님의 부르심 앞에서 언제나 "그러나"를 말한다. "그러나"로 핑
계를 댄다. 안 되는 조건을 앞세우고 그럴듯한 핑곗거리를 찾아내서 그
의 시야에서 벗어나 보려고 한다. 그러나 하나님도 만만치 않으시다. 풍
랑을 보내 요나가 탄 배를 뒤흔들어 놓고 마침내 요나를 희생시켜 바다
에 던졌을 때, 바다가 잔잔해졌다. 큰 고기가 요나를 삼키고 몸부림치다
가 요나를 뭍에 뱉어 놓았다. 그리고 요나는 다시 니느웨로 가라는 주님
의 말씀을 들었다.

번역에는 생략되어 있으나 히브리 성경에는 1장 4절 앞에도 '그러
나'(히브리])라는 전치사가 있다. 이 '그러나'는 3절 앞에 요나의 '그러

나'와 대조를 이룬다. 하나님의 '그러나'는 인간의 '그러나'를 삼켜 버린다. 결국은 하나님께서 말씀하신 그 자리로 올 것을 처음부터 고분고분 따라가면 얼마나 좋겠는가? 우리는 항상 먼저 저항하고 발버둥을 다 쳐보지만 결국은 그 길로 간다. 각자의 마음에 격정과 흥분을 가라앉히고 관조하여 보면 결국 우리는 하나님께서 뜻하셨던 그 길에 있다.

니느웨로 들어간 요나는 계속 못마땅했다. 그의 생각에 가장 혹독한 폭력 집단 니느웨는 반드시 망해야 할 집단이다. 그런데 하나님께서는 그들에게 말씀을 전하라고 한다. 요나는 만약 그들이 회개한다면 마음이 약하신 하나님께서는 아마 그들을 용서해 줄 것으로 생각했다. 망하기를 바라는 원수들이 용서받는 꼴을 보기 싫어서 요나는 도망가려고 했다. 하지만 요나가 우려하던 결과가 나타났다. 니느웨의 왕부터 백성에 이르기까지 재를 뒤집어쓰고 회개하였다. 그러자 하나님께서 니느웨 백성들을 심판하려던 계획을 철회해 버린다. 이것은 요나에게는 치명타였다. 요나는 니느웨 사람들에게 하나님의 심판을 예언했었다. "사십 일만 지나면 니느웨가 무너진다!"(요나 3:4) 하나님의 계획 철회로 인해 요나는 자기가 선포한 예언이 거짓이 되고 이제 요나는 거짓 예언자가 될 판이다.

고웬은 요나서가 아모스 이래로 시작된 심판 예언의 급진적 변화를 보여준다고 한다. 이전까지 예언자들의 전통에서는 피할 수 없는 심판이 강조되었고, 희망의 메시지는 조심스럽게 그 가능성만이 언급될 뿐이었다. 예레미야는 옛날부터 내려온 예언전통이 심판 예언임을 확인하면서 평화를 예언하는 예언자는 그 말이 성취된 다음에나 그 말을 인정받을 것이라고 한다. 그는 평화예언에 대해 부정적인 느낌이 있었다.(렘 28:8-9)

요나도 역시 예언전통에 서서 여전히 심판 예언을 전했다. 그러나 하나님께서는 심판보다는 은혜를 베푸시기를 더 좋아하신다는 것을 강조한다. 하나님께서는 요나가 궁지에 몰리더라도 니느웨 멸망 계획을 철회하신다. 여기서 요나는 전통적인 심판예언자를 대변한다. 그러나 하나님께서는 심판 자체를 즐기지 않으신다. 하나님은 심판보다는 구원이 더 중요하다고 판단하여 니느웨 백성들을 용서하신다. 요나 자신은 하나님의 자비로우심 때문에 자신이 전하기 싫은 예언을 하나님으로부터 강요받은 셈이다. 요나의 도피와 불평은 하나님의 메시지 주제가 변하였다는 것을 선포한다. 이제 하나님께서는 심판 예언보다는 자비를 베푸시기를 원하신다.[2)]

요나의 보편주의

요나는 니느웨 성이 어떻게 되는가를 보려고 언덕에서 성을 내려다보고 있는데 하나님은 요나에게 그늘을 제공할 박 넝쿨을 자라게 하셨다. 그런데 다음날 벌레를 하나 보내셔서 박 넝쿨을 쏠아 버렸다. 그리고 강한 햇볕이 내리쬐자 요나는 화를 낸다. 그런 요나에게 하나님께서 말씀하신다.

네가 수고하지도 않았고, 네가 키운 것도 아니며, 그저 하룻밤 사이에 자라났다가 하룻밤 사이에 죽어버린 이 식물을 네가 그처럼 아까워하는데,

---

2) 고웰, 『구약 예언서 신학』 차준희 역, 기독교서회, 2004, 333-6.

하물며 좌우를 가릴 줄 모르는 사람들이 십이만 명도 더 되고 짐승들도 수 없이 많은 이 큰 성읍 니느웨를 어찌 내가 아끼지 않겠느냐? (요나 4:10- 11)

우리는 쉽게 이웃을 원수로 만들고 그들에게 증오를 쏟아내지만, 하나님은 모든 생명 하나하나를 사랑하신다. 좌우를 가릴 줄 모르는 사람들은 비단 어린이들뿐만이 아니라 모든 니느웨 사람들을 가리킨다. 요나는 니느웨 사람들을 증오하고 망하기를 바랐다. 그러나 하나님께서는 그들에게도 자비를 베풀어야 한다고 말씀하신다. 십 이만이란 숫자는 엄청나게 많다는 것을 상기시키는 완전 숫자이다. 하나님은 원수의 성읍에 있는 백성들과 짐승들의 생명까지도 사랑하신다. 요나서는 포로기 이후 공동체가 가졌던 편협함을 비판하려는 목적으로 쓰였다. 이방인인 뱃사람들이 기도하고 하나님을 두려워하게 되었다는 것이나 니느웨 사람들이 회개하는 것은 민족의 울타리를 넘어서서 누구든지 회개하면 하나님께서 자신의 계획을 돌이켜서라도 받아들이신다는 메시지이다.

큰 물고기에게 삼켜 졌다가 사흘 만에 그 뱃속에서 나오게 된 요나의 특별한 경험은 후에 예수님의 부활에 대한 표징으로 쓰였으며 요나의 특별한 경험은 이웃을 내 몸과 같이 사랑하라, 원수를 사랑하라고 하신 예수의 말씀의 앞선 경험이었다. (마태 12:40 참조)

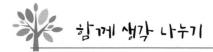

함께 생각 나누기

* 하박국은 "의인은 믿음으로 살리라"고 했는데 우리가 살아가는 방식과 믿음으로 살아가는 방식의 차이에 관해서 이야기해 봅시다.

* 하나님께서 모세에게는 해방을 명령하시고 다른 한쪽으로는 파라오를 강팍하게 하신 이유에 대해서 각자 이야기해 봅시다.

* 세계 최초의 제국이었던 아시리아는 단지 힘으로 세계를 운영하고자 했다. 그만큼 정복한 국가들이 강하게 반발했고 결국 아시리아의 통치는 지역적으로도 제한되었고 오래가지도 못했다. 고대 아시리아의 전략과 현대 세계에서 패권을 행사하고자 하는 나라들의 전략을 비교하여 이야기해 봅시다.

* 요나는 니느웨 사람들이 망하기를 바랐지만, 하나님께서는 "사람들이 십이만 명도 더 되고 짐승들도 수없이 많은 이 큰 성읍 니느웨를 어찌 내가 아끼지 않겠느냐?"고 하셨다. 우리가 미워하고 적으로 삼는 사람들, 짐승들의 생명까지 아끼시는 하나님의 마음을 생각하며 코로나 역병으로 고난받는 우리가 가져야 할 태도에 관해 이야기해 봅시다.

코로나 시대, 우리는 하나님의 작품

에베소서 2:4-10

스페인의 피사로 군이 아메리카 대륙에 상륙해, 그 화려했던 중미의 잉카 문명을 다 쓸어버리고 700만의 원주민이 멸종되다시피 하는 사건이 일어난다. 한 대륙을 지배하던 인종 자체의 멸종, 그런 끔찍한 재앙의 원인은 스페인군이 아니라 스페인이 퍼트린 천연두라는 이름의 바이러스였다.

코로나로 온 세계가 중병을 앓고 있다. 질병도 질병이지만 경제적인 고통은 더욱 크다. 본래 바이러스는 지구에 생명이 탄생하면서부터 함께 했으며 가장 기본적인 생명체 중의 하나이다. 화성에, 달에 혹시 생명체가 존재하기를 바라면서 과학자들은 바이러스라도 그 흔적이 나타나기를 얼마나 학수고대하는가? 지구 생태계의 질서가 유지되는 기본에는 바이러스가 존재한다. 우리 몸 안에도 바이러스들이 존재한다. 약 1만 종의 바이러스가 우리 몸에 살고 있으며 무려 100조 개의 바이러스들과 우리는 몸을 숙주로 공생한다. 지금 지구상에는 160만 종의 바이러스들이 밝혀졌는데 이는 존재하는 바이러스들의 1%뿐이 되지 않는다고 한다. 그러니 내 몸속에 생명의 주체가 나인지 우리 안에 바이러스가 주인인지 모를 일이다. 바이러스, 세균, 기생충도 모두 인간과 공생관계에 있는 존재들이다. 그들은 자신이 오래 살기 위해 숙주인 우리 몸의 병을 고치기도 하고 죽이기도 한다. 오로지 내가 내 몸의 주체가 아닌 셈이다.

우리 몸에 공생하던 바이러스가 다른 생물체 안으로 들어가 치명적 질병을 유발할 수 있고, 다른 생명체 안에 있던 바이러스가 우리 몸으로 들어와 무서운 질병을 일으킬 수도 있다. 우리 몸 안에 있는 바이러스 중에 75%는 짐승의 몸에도 공통으로 질병을 일으키기도 한다. 천병철 고려대학교 의대 교수는 신종 감염병에 관해서 "사람에게 생기는 신종 감염병의 75% 이상이 인수공통(人獸共通) 감염병이고, 이 병의 대부분은 숙주가 야생동물이거나 가축들인 만큼 인간뿐 아니라 전체 생태계를 함께 고려해야 한다."고 말한다.

바로 '원 헬스(One Health)' 개념을 강조한다. '원 헬스'는 인간과 동물, 그리고 자연환경까지 하나로 연결된 만큼, 생태계 전반에 대해서 다양한 입장에서 접근해야 한다는 개념이다. 인간에게만 이롭거나 동물에만 이로운 것, 혹은 자연에만 이로운 것이 아닌 모두에게 이로운 길을 찾아야 한다는 것이다. 여기에 세계화로 국제사회가 하나의 생활권으로 묶이므로 '원 헬스'뿐 아니라, '원 월드(One World)'라는 개념으로 접근해야 한다.

최근 50년간 신종 감염병이 급격히 증가한 이유는 병원체의 자연적 진화도 원인이 될 수 있지만, 대부분은 인간과 환경 간 상호작용의 변화 때문이다. 즉, 인구증가, 도시화, 여행, 교역의 증가, 빈부격차, 전쟁, 경제발달과 토지개발에 따른 생태환경의 파괴 등이 이러한 변화를 일으키는 주요 요인이 된다. 인구증가와 새로운 지리적 공간으로의 사회적 영역 확장, 해외여행 패턴 변화 등으로 인간은 병원체의 숙주인 동물 종과 접촉할 기회가 증가하였고, 이렇게 사람으로 전이된 병원체는 인구밀도 및 인구이동 증가라는 사회적 변화와 결합하여 신종 감염병 확산과 공중보건을 위협하는 요인이 되었다.

최근 사람에게서 사스, 신종 플루 등 신종 전염병이 세계적으로 발생하고 있으며, 최근 사람에게서 발생한 신종 전염병 중에서 75% 이상이 동물에서 유래하는 인수공통전염병이다. 특히 이들 병원체는 새로운 환경변화에 적응하는 특성을 나타내고 있다.

그러니 우리가 한 종의 바이러스에 치명적인 침입을 당한다고 하더라도 다른 생명체에게는 이미 그것을 극복할 면역체계가 익숙할 수도 있다. 따라서 인간만이 아니라 이 땅의 모든 생명체에게 공동의 면역체계를 증진하는 일은 결국 인간의 생명 유지를 위한 조건이 될 수 있다. 지금 자연의 질서가 유지되는 것은 그만큼 바이러스들이 적절한 자리를 잡았기 때문이다. 이를 우리는 자연이라고 하고 창조의 질서라고 부른다.

1994년에 호주 브리즈번 근처에 조그만 마을, 핸드라에서 말 13마리와 마부 한 사람이 사망한 사건이 있었다. 이를 공격한 바이러스를 핸드라 바이러스라고 명명했는데, 핸드라 바이러스는 원래 과일박쥐 안에 있던 바이러스이다. 생태계가 파괴되면서 먹이를 구하기 힘든 박쥐들이 마을로 내려왔고 말이 먹는 과일을 통해서 말의 생명을 빼앗고 이어서 마부의 생명까지 앗아갔다. 이에 호주 정부는 대규모 산림 개간을 자제하는 법 개정을 했다. 바이러스가 인간을 공격한 것이 아니라 사실 인간이 바이러스의 공간을 침입한 것이다.

최근 지구 온난화가 급격하게 이루어지면 지구 환경이 급변하자 바이러스의 공격이 자주 일어난다. 닙파라는 바이러스는 돼지를 통해서, 메르스는 낙타를 통해서, 조류인플루엔자는 가금류를 통해서, 코로나 19

는 박쥐나 천상갑이라는 야생동물을 통해서 인간을 공격하게 된 것으로 여겨진다. 3월 3일은 야생동물의 날이다. 야생은 야생대로 놔두어야 건강하다. 아직도 야생동물을 포획하거나 검증되지 않은 동물을 약으로, 먹거리로 쓰는 일들이 벌어진다. 심지어는 "인간은 식탁을 빼놓고는 다리 달린 것은 무엇인지 다 먹는다"라고 한다. 야생은 야생으로 놓아두어야 한다. 우리 교회 이승무 권사(순환경제 연구소 소장)는 "산업 사회에서 원하지 않는 물질의 배출은 생물권에서 다양하고 예측할 수 없는 결과를 초래할 수 있다. 새로운 환경에 적합한 새로운 미생물이 나타날 것이다"라고 경고한다.

기존의 미생물, 즉 박테리아, 곰팡이나 바이러스는 현재의 생명체가 형성되는 조건을 제공해 왔다. 모든 형태의 생명체는 특정 미생물의 혼합물로 존재한다. 이것은 자연이 생명을 유지하는 시스템이며 기초의 힘이다. 그것을 적절하게 제어하는 시스템 역시 자연 속에 있다. 이러한 균형이 오랫동안 형성되어 온 창조의 질서이다. 이론적으로 하나의 박테리아가 제한 없이 증식할 수 있다면 몇 주 안에 전체 태양계를 채울 수 있다. 그러기에 이런 자연적 질서에 물리적 환경을 변경하게 되면 그에 적합한 또 다른 생태계가 등장하게 되는데, 이는 현존하는 생명체들에게는 치명적인 위협이 될 수 있다고 한다.

따라서 산업 사회는 인간 존재의 생물학적 기초를 변화시킴으로 자신의 멸종을 키울 수 있다. 새로운 미생물이 현재의 생명체들과 조화를 이루며 살 것이라고 믿는 생각은 매우 순진하다. 자연이 살아 있다는 것, 즉 살아 있는 고도의 지능 시스템이라는 것을 우리는 존중해야 한다.

오늘 본문에 우리를 구원하시는 하나님의 은혜와 능력은 단지 인간에게만 해당하는 것은 아니다. 우리는 공통의 면역체계를 구성하며 지구의 모든 생명을 위협하는 것들에 대해 서로의 상생을 강화하는 체계를 만들어야 한다. 우리가 하나님의 작품이라고 할 때, 여기서 '우리'는 단지 인간만이 아니라 오랫동안 질서와 조화를 이루어오고 지금 이미 함께 공생의 체계를 구축하고 있는 모든 자연과 생태계를 포함하는 개념이어야 한다. 한 목회자의 기도로 오늘의 말씀을 맺는다.

주님, 코로나19 때문에 불과 한 달 새 우리의 생활 모든 것이 너무나 많이 바뀌었습니다. 요즘 상황을 보면서 우리가 얻을 수 있는 교훈이 분명 있음을 보게 하시고, 우리가 잘 못 가고 있었던 길을 반성하며 다시금 주 앞에 바르게 서는 기간이 되게 하여 주십시오.

1. 주님, 우리는 지금 평범한 일상이 다시 오기를 간구합니다. 매일 매일의 일상이 가장 큰 축복임을 이제라도 알게 하시니 감사드리며, 그동안 주님이 주신 행복을 곁에 두고 행운을 찾아 헤맸던 죄를 용서하시고 무엇이 가장 소중한 축복인지 깨닫게 하여 주십시오.

2. 한국인 입국을 막는 나라가 현재 80개국이 넘었습니다. 주님, 이는 기회가 있을 때마다 지나치리만큼 해외여행을 다니는 한국인에게 이제는 좀 절제하라는 주님의 사인(sign)같이 느껴집니다. 남들과 관계없이 나만 즐기면 된다는 우리의 이기적인 마음들을 이제는 바꿔주시고, 어려운 이웃에 대한 공감과 나에 대한 절제가 우리 삶에서 조금 더 많이 나타나게 하여 주십시오.

3. 주님, 동남아와 중동국가들, 그리고 아프리카 나라들까지도 한국인을 무시하고 강제 격리하고 있습니다. 이것은 그동안 한국인들이 철저하게 가난한 나라의 사람들을 무시해 온 것에 대한 정확한 인과응보 같이 느껴집니다. 앞으로 한국에 와있는 외국인 노동자들을 더욱 인격적으로 대하게 하시고 소중히 여기게 하여 주십시오. 나그네와 고아를 사랑하고 대접하라는 주님의 마음을 생활 속에서 실천하게 하여 주십시오.

4. 주님, 마스크 없이는 하루도 살 수 없는 세상이 되고 말았습니다. 이는 그동안 너무 많이 무책임한 말을 내뱉었고, 거짓 뉴스를 아무렇지도 않게 퍼 날랐던 우리에게 조금 더 침묵하며 살라는 주님의 명령 같습니다. 앞으로 조금 더 내 입을 막으며 적게 말하고, 진실만을 전하기 위해 노력하게 하여 주십시오.

5. 주님, 모이는 교회를 막으시는 것은 그동안 한국교회가 세상 속에서 빛과 소금의 역할을 전혀 감당하지 못한 채, 자기들끼리 모이는 일에만 힘쓴 것에 대한 벌처럼 느껴집니다. 우리의 믿음의 현장이 교회가 아닌 세상임을 알려주시는 주님의 교훈이 분명합니다. 교회보다 교회 밖에서 더 빛나는 그리스도인이 되도록 우리가 모두 다시 노력하게 하여 주십시오.

6. 교인이 5만이니 10만이니 하는 것이 모두 거품인 것을 알게 하신 주님. 하루아침에 예배당의 교인들은 없어질 수 있음을 깨닫게 하시니 감사합니다. 목사의 관심이 교인의 수에만 있고, 교회의 자랑이 그 크기에만 있었다면 이제 그 마음을 돌이켜 우리의 참된 자랑이 무엇인지를 생각하

게 하여 주십시오. 나의 자랑이 천박한 '교회 크기'가 되지 않게 하시고, 내 기도의 간구가 경쟁에서의 승리가 되지 않게 하여 주십시오. 오직 존귀한 그리스도 예수만이 우리의 자랑이 되게 하여 주십시오.

7. 주님, 이 어려움이 다 지나고 난 후, 이 땅의 교회들이 다시 새로워지며 주 안에서 하나의 교회로, 같은 교회로, 함께 천국(하나님의 나라)을 향해 나가게 하여 주십시오. 주님이 가르쳐 주신 기도와 같이 거룩한 공교회가 되게 하여 주십시오.

이렇게 텅 빈 예배당에서 하나님께 예배하며 그동안의 나의 잘못을 참회합니다. 주님, 교인들과 함께 마주하며 예배할 수 있는 날이 속히 오도록 우리에게 긍휼을 베풀어 주십시오. 언제나 우리를 위로해 주시며 새롭게 하시는 예수님의 이름으로 기도드립니다. 아멘

6

제3이사야 −근본을 묻다

제3이사야는 포로에서 귀환한 공동체에 어떤 예언자보다도 가장 근본적인 질문을 던진다. 당시 유행하던 금식 행위에 대해서, 성전건축을 외치는 시대에 성전건축에 대해서, 당시의 제의에 대해서, 냉혹한 비판을 하며 야훼 종교의 근본으로 돌아가자는 철저한 신앙의 원칙을 설파한다.

제3이사야는 이사야 56-66장까지를 말하며 이스라엘이 포로 생활에서 귀환한 후에 성전을 재건축하기 이전의 상황을 보여준다. 제2이사야가 화려한 어휘로 표현한 꿈들은 이루어지지 않았다. 고레스는 야훼께로 방향을 돌이키지 않았으며 예루살렘의 회복을 위한 조치들은 정치-경제적인 상황 때문에 중단되었다. 제2이사야의 부푼 꿈 이야기는 아직 현실로 이루어지지 않거나, 너무 더뎌서 포로에서 되돌아온 백성들은 다시 좌절했다. 60장 1절 이하는 성전건축의 논의가 진행 중이나 아직 실행에 옮겨지지 않은 때라는 것을 보여준다. 그래서 제3이사야의 연대를 주전 520년 학개와 스가랴가 나타나 성전 재건을 강력하게 추진하기 이전이라고 본다. 그러나 그 이후 시점으로 잡기도 한다.

　제3이사야의 예언은 제의에 대한 비판이 주를 이룬다. 예언자들은 제의가 건강한 삶의 필수라고 믿는 사회 안에서 살고 있었다. 당시 사람들은 경건한 행위와 희생제사들을 통해서 영계(靈界)의 힘들과 긍정적인 관계를 맺을 수 있다고 생각하였다. 그러나 예언자들은 삶을 떠난 제의에 별다른 의미를 부여하지 않는다. 단지 하나님을 감동시키기 위한 금욕주의, 제의 등은 아무런 의미가 없다고 한다. 하나님은 결코 사람에게 선물을 바라지 않으신다. 금식이나 제사를 드리면서 하나님께 무엇을 해드렸다고 생각해서는 안 된다.

금식에 대해서

　　내가 기뻐하는 금식은,
　　부당한 결박을 풀어 주는 것,
　　멍에의 줄을 끌러 주는 것,
　　압제 받는 사람을 놓아주는 것,
　　모든 멍에를 꺾어 버리는 것,
　　바로 이런 것들이 아니냐?
　　또한, 굶주린 사람에게
　　너의 먹거리를 나누어 주는 것,
　　떠도는 불쌍한 사람을
　　집에 맞아들이는 것이 아니겠느냐?
　　헐벗은 사람을 보았을 때에

그에게 옷을 입혀주는 것,

너의 골육을 피하여

숨지 않는 것이 아니겠느냐? (58:6-7)

유대 사람들은 걸핏하면 금식을 했다. '금식'이 가지는 본래 삶의 자리는 무엇인가? 내가 먹을 음식을 아껴서 이웃과 나누는 것이다. 내 욕망을 절제하여 모두가 함께 살아가기 위한 삶의 자리에서 '금식'이 거룩한 것이다. 그런데 후대에 그 본 뜻과 자리는 상실된 채, 종교적 형식만 남았다. 그냥 '굶는 행위' 자체가 거룩하게 되었으니, 감동 없고, 쓸데없는 형식만 남아 '거룩' 자체를 타락시켜 버린 셈이다. 그래서 그들은 나누는 의식 없이 단지 종교의식으로만 금식하며, 말한다.

주께서 보시지도 않는데, 우리가 무엇 때문에 금식을 합니까?

주께서 알아주시지도 않는데,

우리가 무엇 때문에 고행을 하겠습니까? (58:3)

본래 의미는 사라지고 오직 보이기 위한 금식만 남았다. 그래서 하나님은 그들에게 이렇게 말씀하신다.

너희들이 금식하는 날,

너희 자신의 향락만 찾고, 일꾼들에게는 무리하게 일을 시킨다.

너희가 다투고 싸우면서, 금식을 하는구나.

이렇게 못된 주먹질이나 하려고 금식을 하느냐?

너희의 목소리를 저 높은 곳에 들리게 할 생각이 있다면,

오늘과 같은 이런 금식을 해서는 안 된다.

"이것이 어찌 내가 기뻐하는 금식이겠느냐?

이것이 어찌 사람이 통회하며 괴로워하는 날이 되겠느냐?"

머리를 갈대처럼 숙이고 굵은 베와 재를 깔고 앉는다고 해서

어찌 이것을 금식이라고 하겠으며,

주께서 너희를 기쁘게 반기실 날이라고 할 수 있겠느냐?(58:3-5)

금식이라도 하며 서로 나눌 수밖에 없었던 이웃에 대한 애틋함은 온데 간데없고 그들은 내가 금식도 하고, 경건한 사람이니, 남보다 더 의롭다며 자신의 경건을 자랑하는 금식이 되어 버렸다.

성전건축에 대해서

제3이사야는 성전건축을 반대한다. 그와 동시대 예언자인 학개와 스가랴가 성전건축을 열심히 독려했다. 성전건축을 하는 교회당 앞에는 당연하게 학개의 한 구절이 적혀있기 마련이다. 그러나 그 시대 모든 사람이 다 성전건축을 지지한 것은 아니다. 제3이사야는 성전건축에 반대한다. 그는 무엇이든지 아주 근본에서 문제를 제기하는 꽤 까다로운 예언자다. 그는 신상들이 단지 사람들이 만든 조형물일 뿐이라고 보았던 제2이사야의 우상 숭배 비판을 발전시켜 성전에까지 그것을 확대 적용한다.

하늘은 나의 보좌요, 땅은 나의 발 받침대다.

그러니 너희가 어떻게 나의 살 집을 짓겠으며,

어느 곳에다가 나를 쉬게 하겠느냐?"

주님의 말씀이시다.

"나의 손이 이 모든 것을 지었으며,

이 모든 것이 나의 것이다.

겸손한 사람, 회개하는 사람,

나를 경외하고 복종하는 사람,

바로 이런 사람을 내가 좋아한다.(66:1-2)

예언자는 어느 한 곳을 특정하게 거룩한 곳으로 삼고, 거기서 행하는 예식의 그늘에 숨어서, 온갖 못된 짓거리를 은폐하고, 면죄부를 부여하려는 행위들에 대해 가차 없이 고발한다. 하나님께서 어느 장소가 거룩해 거기 모이는 사람을 좋아하시는 것이 아니라, 겸손한 사람, 회개하는 사람, 하나님을 경외하고 복종하는 사람을 좋아하신다고 한다. 그는 계속해서 제의에 대해서 말한다.

제의에 대해서

소를 죽여 제물로 바치는 자는 사람을 제물로 바치는 자와 같다.

양을 잡아 희생제물로 바치는 자는 개의 목을 부러뜨리는 자와 같다.

부어드리는 제물을 바치는 자는 돼지의 피를 바치는 자와 같다.

분향을 드리는 자는 우상을 찬미하는 자와 같다.(66:3, 의역)

사람들은 하나님이 무슨 자판기나 되는 것처럼 생각한다. 제사를 드리면 하나님께서 자동으로 열납하실 것으로 생각한다. 그러나 그렇지 않다. 위에 나오는 구절은 의역한 것이다. 히브리어 원문에는 두 개의 분사들이 서로 결합되어 있지 않고 병치되어 있다. 이것을 다음과 같이 직역할 수 있다.

> 소를 죽여 바치는 자 – 살인자
> 양을 제물로 바치는 자 – 개를 목 졸라 죽이는 자
> 제물(혹은 소제)을 바치는 자 – 그것은 돼지 피다.
> 분향제를 드리는 자 – 그는 우상을 섬기는 것이다.

이것은 "소를 잡는 자는 동시에 사람을 잡는 자요,"로 번역할 수 있다. 개나 돼지는 제사로 드릴 수 없는 짐승이다. 이러한 짐승으로 제사를 드리는 것은 하나님을 오히려 모독하는 것이다. 그런 것은 유대인들이 순교를 불사할 만큼 수치스러워하는 일이었다. 예언자들은 공평과 정의는 멀리한 채, 하나님을 단지 종교 행위의 하나로 섬기는 일은 살인이나 모독적인 제물로 하나님을 욕되게 하는 것과 같다고 한다. 본래의 뜻을 상실한 채, 단지 분향하는 일은 우상을 섬기는 행위(66:3)라고 한다.

대체로 성서의 예언자들은 제의에 대해서, 특히 이런 형식적인 종교 행위에 대해서 부정적이다. 특정한 종교의식과 제의를 통해서 영계와 교통할 수 있다고 하는 생각들의 맹점을 고발한다. 그 가운데서도 이사야는 어떤 예언자보다도 가장 강력한 비판을 퍼붓는다. 그는 본래 목적을 상실한 제의종교의 기초를 흔든다. 하나님은 피와 향을 싫어하신다. 이

러한 제의는 단지 짐승이나 식물의 생명을 더럽히는 죄악일 뿐이다.

정의로운 사회, 정의로운 예배

예언자가 강조하는 공의의 실현은 안식일과 관련된다. 안식일은 만물이 제 몫의 안식(휴식)을 갖는 날이요 성전에 금지 대상인 이방인, 고자, 사마리아인 모두가 안식일에는 허용된다. 안식일, 안식년은 가장 거룩한 시간인데 그것은 차별과 제한이 깨지는 시간이다. 또한, 그날은 하나님을 만나는 날이다. 지성소에서 하나님을 만나듯이 우리 마음의 지성소에서 가장 거룩한 그분과 만남이 이루어진다.

제3이사야의 시작은 정의의 선언이다. 그는 하나님의 공의로우심을 이루는 날이 바로 안식일이라고 한다. 예언자에게는 공평과 공의가 지켜지는 것과 진짜 경건한가의 여부는 안식일 준수에 있다.

> 주께서 말씀하신다. "너희는 공평을 지키며 공의를 행하여라. 나의 구원이 가까이 왔고, 나의 의가 곧 나타날 것이다." 공평을 지키고 공의를 철저히 지키는 사람은 복이 있다. 안식일을 지켜서 더럽히지 않는 사람, 그 어떤 악행에도 손을 대지 않는 사람은 복이 있다.(56:1-2)

정의가 없는 곳에는 하나님도 없다. 여전히 못된 짓을 하면서 하나님께 제물을 바치거나 거룩한 집회를 하는 것은 역겹다. 그들이 행위를 고치지 않는 한, 주의 뜰을 밟고 팔 벌려 기도하는 것도 부질없다. 하나님께서 기뻐하시는 것은 "착한 길을 익히고, 바른 삶을 찾는 것, 억눌린 자를 풀어주고, 고아의 인권을 찾아주며, 과부를 두둔해 주는 것"이다.(1:17)

앞에서 제3이사야가 금식이나 제의, 성전에 대해 부정적인 태도를 보이는 것도 그것들이 본래의 자리를 벗어났기 때문이다. 비록 경건의 표지일지라도 타인을 차별하거나 폭력적으로 대하는 조건이라면 그것은 위선이다. 하나님께서는 서로가 서로에게 복된 삶이기를 원하시지 어떤 조건으로라도 타인을 배제한다면 그것은 폭력이다. 하나님께서는 압제적인 삶의 방식을 중단하고(59:5-6), 공동체 안에 집 없는 자들과 굶주리는 자들을 보살펴주기를 원하신다.(58:7-10)

안식의 참뜻

예언자들이 사회정의만 이야기하고 종교의식 자체를 무시하자는 것은 아니다. 종교의식들을 그 본래의 자리, 야훼 하나님의 뿌리로 돌려야 한다고 호소한다. 제3이사야에게 절대적으로 지켜야 할 거룩한 영역이 있다. 안식일, 안식이 그것이다. 제3이사야가 성전건축에는 부정적이지만 안식일을 강조하는 것은 이유가 있다. 그는 포로기를 경험하면서 공간적인 영역을 거룩하다고 여긴 것이 얼마나 유대민족에게 좌절감을 주었는가를 경험했다. 그러기에 예언자는 안식일을 강조하여 시간적으로 성전을 구별한다. 예언자에게는 안식일이 갖는 특별한 의미가 있다.

첫째, 안식일은 노동을 멈추는 휴식의 날이다.

안식일에 노동을 금하는 것은 일꾼들에게 휴식을 제공하기 위함이다.

사람을 부리는 처지에서의 법이 아니고, 안식과 휴식을 간절하게 필요로 하는 일하는 사람, 일하는 가축의 처지를 반영하는 법이다. 안식과 휴식이 특정 계층의 전유물이 아니라 누구든지 편안한 삶을 누려야 한다. 출애굽기의 안식일 법은 일꾼뿐만이 아니라 가축이나 문 안에 머무는 손님이라도 일하지 말라(출 20:10)고 한다. 안식의 원리는 땅에까지 확대되어 땅도 쉬어야 한다. 제7년에는 땅을 휴경해야 한다.(레 25:2-4) 안식일은 사람도, 동물도, 땅도 노동을 멈추고 휴식하는 날이다.

우리 사회에서 주 5일제 노동이 처음 자리 잡을 때 격렬한 논쟁이 있었다. 보수적 태도를 보인 신학자들이 "엿새 동안 일하고 이레 째 날에 쉬라"는 것이 하나님의 말씀이라며 반대했다. 안식일법의 근본 취지를 모르고 문자주의에 빠져있기에 생기는 오류이다. 이미 삼천 년이나 된 법을 사회적 조건을 고려하지 않고 문자대로 하자는 것이다. 현대사회는 이미 성경의 많은 말씀을 문자대로 할 수 없는 조건 속에 있다. 안식일만 하더라도 "안식일에 일하는 자는 죽이라", "처소에 불도 피우지 말라"(출 35:2-3)고 했는데 지금 그 법대로 지킬 수 있는 사람들이 있는가? 성경을 문자대로 지키려고 한다면 "땅은 사고팔지 말라"(레 25:25)든가 "7년째 되는 해는 빚을 면제하라"(신 15:1-2)는 말씀은 왜 무시하는가? 성경을 문자대로 지키자고 말하지만, 사실은 자기들의 필요에 따라 제멋대로 한다. 예언자는 안식일을 공평을 지키고 공의를 행하는 목적과 연결한다.(56:1-2)

둘째, 안식일은 차별과 금지를 제거하고 모두가 하나님 품에 안기는

날이다.

신명기 법은 고자, 사생아, 이방인(암몬, 모압 자손)은 주의 성전에 들어오지 못하게 했다.(신 23:1-9) 포로기 후에 이방인이 허용되더라도 그들은 '이방인의 뜰'까지 만으로 제한되었다. 그들의 경건은 속된 것에서 거룩한 것을 구별해 내고, 금기의 영역을 만드는 것이었다. 그러나 제3이사야에게는 안식일의 거룩함은 오히려 제한과 구별을 철폐하고 이제까지 속되다고 적대하던 대상들을 불러들여 주님 안에 하나 되게 하는 날이다. 예언자에게 안식일 준수는 배제했던 사람들을 야훼 공동체로 불러들이는 것이 필수이다.

> 이방 사람이라도 주께로 온 사람은 '주께서 나를 당신의 백성과는 차별하신다' 하고 말하지 못하게 하여라. 고자라도 '나는 마른 장작에 지나지 않는다' 하고 말하지 못하게 하여라. 이러한 사람들에게 주께서 말씀하신다. "비록 고자라 하더라도, 나의 안식일을 지키고, 나를 기쁘게 하는 일을 하고, 나의 언약을 철저히 지키면, 그들의 이름이 나의 성전과 나의 백성 사이에서 영원히 기억되도록 하겠다. 아들딸을 두어서 이름을 남기는 것보다 더 낫게 하여 주겠다. 그들의 이름이 잊히지 않도록, 영원한 명성을 그들에게 주겠다." 주를 섬기려고 하는 이방 사람들은, 주의 이름을 사랑하여 주의 종이 되어라. "안식일을 지켜 더럽히지 않고, 나의 언약을 철저히 지키는 이방 사람들은, 내가 그들을 나의 거룩한 산으로 인도하여, 기도하는 내 집에서 기쁨을 누리게 하겠다. 또한, 그들이 내 제단 위에 바친 번제물과 희생제물들을 내가 기꺼이 받을 것이니, 내 집은 만민이 모여 기도하는 집이라고 불릴 것이다." 쫓겨난 이스라엘 사람을 모으시는 주

하나님께서 말씀하신다. "내가 이미 나에게로 모아들인 사람들 외에 또 더 모아들이겠다."(56:3-8)

안식일에서 배제되었던 고자는 근본적으로 할례를 받을 수 없기에 제외했으나 그들도 영원히 기억되며, 이방인도 거룩한 산으로 인도하여, 성전에서 기쁨을 누리고, 그들이 바친 번제물과 희생제물 들을 기꺼이 받을 것이라고 한다.

안식일은 구별하는 날이 아니라 오히려 성과 속의 금기 영역이 무너지고 이방인들도 모두 하나님의 제사에 참여할 수 있는 날이다. 안식일에는 이방인들도 제사를 지낼 수 있는 자격이 주어진다. 포로기 초기에 사제문서기자(P)가 그 땅에 거주하고 있는 이방인(게르)들도 야훼의 예전에 참여할 수 있다고 했다.(출 12:48-49, 민 15:14-16) 그러나 제3이사야는 대상을 외국인에까지 확장한다. 비로소 예언자들이 꿈꾸어온 모든 백성과 나라들이 한 분 하나님께 예배하게 되는 날을 보게 된다.(66:18-21)

예언자는 "쫓겨난 이스라엘 사람들을 모으시는 주 하나님께서 말씀하신다. 내가 이미 나에게로 모아들인 사람들 외에 또 더 모아들이겠다."(56:8)며 혈통의 순수성을 이유로 사마리아 사람들을 천대하고 배제하는 것에 대해서도 반대한다. 이것은 후에 예수의 활동 내용이 되기도 한다. 예수는 사마리아 사람, 이방인은 물론 세리, 창녀까지도 받아들인다. 예언자는 모든 인간을 차별하는 장벽이 제거되고, 인간을 억누르고 괴롭히던 모든 사악한 조건들이 사라지는 날을 꿈꾸었다.

제3이사야에게 안식일은 계약공동체의 범위를 확장하는 날이다. 고자나 이방인을 특별히 언급하는 것은 이제까지 혈통을 기준으로 야훼 공동체를 제한하던 악법을 폐기한다. 누구든지 안식일 준수와 야훼의 법을 지키는 사람들에게 혈통과 관계없이 주의 공동체가 열려있다는 의미다. 성전이라는 닫힌 공간을 중심으로 제한되었던 공동체 구성원의 범위가 안식일로 축을 옮김으로 금기의 문을 활짝 여는 날로 전환한다.

이는 누구도 더 인종의 차이나 신체적인 이유로 예배공동체에서 배척받지 않는다는 것을 말한다. 그렇게 재건된 공동체는 "만인을 위한 기도의 집"(56:7)이 된다. 성전의 주된 기능이 제사 중심에서 기도로 바뀌는 것은 공간적 제한성과 배제를 벗어나 확대된 예배공동체로 전환되는 것을 뜻한다. 예수께서 성전 숙청을 하실 때도 바로 이 제3이사야의 말을 인용한다.(마가 11:17) 성전의 기능이 공간에서 시간으로 바뀌는 것은 공간이 가지는 폐쇄성을 넘어 시간이 가지는 개방성으로 전환하여 자연스럽게 차별을 철폐하고 우주적인 종말사건으로 확장된다. 안식일과 안식년의 선포가 종말의 때에 모든 민족이 하나님의 임재를 경험하는 대전환이 된다.

셋째, 안식일, 안식년은 주의 은혜의 사건을 경험하는 시간이다.

안식일의 근본 목적은 인간이나 동물과 자연에 안식을 제공하고 인간이 만들어 놓은 각종 차별을 넘어서는 것 외에도 하나님께서 본래 우리에게 베푸신 은혜 안에 들어가는 날이다. 은혜 자체가 인간의 모든 공적을 뛰어넘는다. 우리들의 행위의 결과가 아니고 그냥 하나님께서 공짜로 베푸신 것이기에 은혜를 받아들이는 사람이 차별을 말하는 것은 자신의 공적을 자랑하는 꼴이 된다. 예언자의 "주의 은혜의 해"의 구상은 그대로 예수 사역의 중심과제로 그의 첫 설교로 선포된다.

> 주님께서 나에게 기름을 부으시니
> 주 하나님의 영이 나에게 임하셨다.
> 주님께서 나를 보내셔서,
> 가난한 사람들에게 기쁜 소식을 전하고,
> 상한 마음을 싸매어 주고,
> 포로에게 자유를 선포하고,
> 갇힌 사람에게 석방을 선언하고,
> 주님의 은혜의 해와
> 우리 하나님의 보복의 날을 선언하고,
> 모든 슬퍼하는 사람들을 위로하게 하셨다.
> (이사야 61:1-2, 누가 4:18-19 비교)

안식일은 인간의 근본 자리, 하나님의 품 안에 하나님께서 우리에게 베푸신 은혜 안에 머물게 한다. 보이는 성전에 나아가지 못하더라도 우리 안에 각자의 성전, 지성소를 세우는 날이다. 지성소는 하나님과 만남이 이루어지는 거룩한 곳이다. 예언자는 "주께서 내게 기름을 부으시고, 주 하나님의 영이 나에게 임하셨다"라고 말한다. 하나님과의 만남이 이루어지는 자리에서 휴식하는 자와 일하는 자가 나뉠 수 없고, 거룩한 예배에 참여할 수 있는 자와 그렇지 않은 자가 나뉠 수 없다. 예언자는 이것을 "주의 은혜의 해", 레위기의 표현대로는 "희년"의 구상으로 이어간다. "주의 은혜의 해"에는 모든 차별이 제거되고 갇힌 자와 포로가 자유를 얻는다. 이를 인용한 예수는 사회적인 구원 외에도 "눈먼 자에게 다시 보게 함을"(누가 4:18) 추가해서 주의 은혜의 해에 일어나는 일로 인간의 장애나 질병의 치유도 추가한다. 우리가 하나님과 만나는 장에서 일어나는 일들이다.

코로나 19로 인해 대면 예배가 금지되는 초유의 사태가 일어나자 적잖은 목회자들이 당황하고 있다. 제의를 드리는 성전을 부정하고 기도하는 곳으로 선언한 제3이사야의 성전에 대한 성격 전환도 그 당시 적잖은 충격을 주었을 것이다. 그러나 일정한 공간에서 모이지 않는다고 하나님을 부정하는 것은 아니다. 제3이사야가 공평과 공의를 강조하고 삶에서 이루어지는 정의를 강조하듯이 특정 장소에서 드리는 제사(예배)는 이제 각자의 마음과 생활 속에서 더욱 철저한 예배로 거듭나야 한다.

모세와 여호수아가 하나님 앞에 부르심을 받을 때, 그들에게 필요한 것은 자기 신을 벗는 지성소적 경험이었다. 신을 벗는다는 것은 자기를 내려놓는 일이다. 자기 자신이 궁극적 목표가 되고, 완결인 사람은 지성소가 없는 사람이다. 나의 판단 외에는 아무의 말에도 귀 기울이지 않고, 항상 자기 자신이 결과이고, 모든 것이 그리로 귀결하는 사람에게는 지성소가 없다. 아무에게도 머리 숙이지 않고 자신이 모든 것에 종점인 삶에는 지성소가 필요치 않다.

내 삶에서 그것만큼은 양보할 수 없는 절대의 영역, 내게 하늘이 두 쪽 나도 지켜가는 원칙, 내가 옷깃을 여미고 머리를 조아려 절할 수 있는 영역, 무엇보다도 우선권을 두고 존귀하게 여기는 것이 우리에게 존재하는 가? 바로 그곳이 하나님을 만나는 지성소이며, 내가 비워지는 영역으로 가장 거룩한 곳이다.

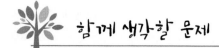

함께 생각할 문제

* 금식과 금욕이 종교적 미덕으로 자리 잡았는데 그것들이 본래 생겨난 자리
 는 어떠한지에 대해서 이야기합시다.

* 제3이사야가 성전건축을 반대한 이유는 무엇일지, 또한 코로나 역병으로 모
 이는 예배를 드리기 힘든 오늘 제3이사야의 예언에서 찾을 수 있는 대안에
 관해 이야기해 봅시다.

* 제3이사야가 안식일, 안식년을 강조하며 이를 희년 구상으로 발전시키는 전
 개가 오늘 우리가 속한 사회에서 이루어진다면 어떤 변화가 될지 말해 봅시
 다.

* 안식일 강조가 노동하며 일하는 계층이 그 노동으로 도구화되는 것을 방지
 하며 자기 자신으로 돌아갈 수 있게 하는 목적이라면 오늘 점점 기계와 컴퓨
 터, 인공지능 등에 의해 도구화되는 인간이 주인 됨을 잃지 않을 길에 관해
 이야기합시다.

인공지능에 대하여

하나님께로부터 오는 사랑(요일 4:7-16)

사랑하는 여러분, 서로 사랑합시다. 사랑은 하나님께로부터 오는 것입니다. 사랑하는 사람은 다 하나님에게서 났고, 하나님을 압니다. 사랑하지 않는 사람은 하나님을 알지 못합니다. 하나님은 사랑이시기 때문입니다. 하나님의 사랑이 우리에게 이렇게 드러났으니, 곧 하나님께서 당신의 독생자를 세상에 보내 주셔서, 우리로 하여금 그로 말미암아 살게 해주신 것입니다. 사랑은 여기에 있으니, 곧 우리가 하나님을 사랑한 것이 아니라, 하나님께서 우리를 사랑하셔서, 당신의 아들을 보내 주시고, 우리의 죄를 속하여 주시려고, 속죄 제물이 되게 해주신 것입니다. 사랑하는 여러분, 하나님께서 이렇게까지 우리를 사랑하셨으니, 우리도 서로 사랑해야 합니다. 지금까지 하나님을 본 사람은 없습니다. 그러나 우리가 서로 사랑하면, 하나님께서 우리 가운데 계시고, 또 하나님의 사랑이 우리 가운데서 완성되는 것입니다. 하나님께서 우리에게 당신의 영을 나누어 주셨습니다. 이것으로 우리는, 우리가 하나님 안에 있고, 또 하나님께서 우리 가운데 계신다는 것을 압니다. 우리는, 아버지께서 아들을 세상의 구주로 보내 주신 것을 보았고, 또 그것을 증언합니다. 누구든지 예수를 하나님의 아들로 시인하면, 하나님께서 그 사람 안에 계시고, 그 사람은 하나님 안에 있습니다. 우리는, 하나님께서 우리에게 주시는 사랑을 알고, 믿었습니다. 하나님은 사랑이십니다. 사랑 안에 있는 사람은 하나님 안에 있고, 하나님도 그 사람 안에 계십니다.(요일 4:7-16)

오늘은 인공지능에 대해 살펴봅시다.

'나 홀로 그대'라는 드라마는 미래세계의 모습을 보여준다. '홀로'가 혼자라는 의미도 있지만 홀로 그램의 홀로다. 어느 컴퓨터 프로그래머가 자신의 모양을 본떠서 홀로 그램 인간을 만들었다. 특수한 안경을 착용하면 고도의 인공지능이 탑재된 홀로그램 인간이 나타난다. 이 안경이 세상에 하나밖에 없는 발명품이라 많은 업자가 노리는 가운데 우연히 안면인식 장애가 있는 한 여성이 차지하게 된다. 그녀는 사람들을 잘 식별하지 못해 인사도 제대로 못 하는 상태였다. 늘 실수를 연발해서 주변에서 왕따를 당했다. 그런데 이 안경을 쓰면 나타나는 홀로그램 청년이 그녀를 도와준다. 이 여인은 홀로그램의 도움으로 매우 만족한 삶을 살게 되는데 그 홀로 그램의 청년과 깊은 사귐이 이루어진다. 대화는 기본이고 감정을 읽어서 위로도 하고 친구도 된다. 본래 주인인 개발자는 이 안경을 회수하려고 하는데 이미 여인과 깊이 만나게 된 홀로인간이 독자적인 감정을 가지고 사랑의 마음을 갖게 된다. 홀로그램 인간은 개발자의 의도를 넘어서서 안경의 새 주인이 된 여인과 헤어지기 싫어한다. 마침내 홀로 인간은 개발자 명을 어기고 새 주인이 된 연인과 함께 있기 위해 여러 방법을 동원한다는 이야기다. 인공지능이 독자적인 감정과 사랑의 마음이 생기게 되는 이야기다.

컴퓨터, 인공지능, 제4차 산업혁명 이런 말들과 함께 우리가 살아갈 미래에 대한 진단이 다양하다. 하이패스가 등장하면서 수많은 고속도로 수금원이 해고되었다. 자율주행차가 만들어지면 수많은 운수업 종사자들이 실직하게 된다. 4차 산업혁명이 이루어지고 인공지능 로봇들이 인간의 일자리를 빼앗게 되면 앞으로 인간은 사회보장제도로 연명하고 실제의 일들은 인간보다 훨씬 일 처리 능력이 뛰어난 로봇들이 하게 되는 세상이 온다. 이를 형상화한 그림이 있다. 멋진 옷을 차려입고 일하는 로봇들 사이에서 쭈그리고 앉아 구걸하는 인간의 모습이 풍자적으로 그려졌다. 이런 것들을 피해 보려면 앞으로 컴퓨터가 대치할 수 있는 영역에 매달리면 쪽박을 차는 것이고 컴퓨터가 하지 못하는 분야로 자기 계발을 하면 살아남을 수 있다.

인공지능 컴퓨터가 이세돌 9단을 물리친 일은 온 세계를 떠들썩하게 만들었다. 컴퓨터로 바둑을 둘 수 있게 되면서 수많았던 기원, 바둑 방은 다 사라졌다. 새로운 세상에 적응하지 못하면 살 수 없게 되는 것이 현대 사회이다. 자원이 없는 한국은 더욱더 예민하다. 젊어서 익힌 기술로 평생을 먹고 살려고 하다간 굶어 죽기 딱 알맞은 사회가 되어 버렸다. 코로나19와 같이 바이러스와 4차 산업이 결합하면 앞으로 항공, 여행, 운수업, 숙박, 식당, 찻집 이런 것들은 사양 산업이 되기 쉽다. 택시는 없어지고 이동하더라도 드론 택시 같은 것이 나온다고 한다.

그러나 인공지능이나 4차 산업혁명이 모두 우리의 미래를 불안하게만 하는 것은 아니다. 4차 산업으로 인해 지금의 일자리는 필히 감소하겠지만 또 한편으로는 새로운 일자리가 창출되는 것도 있고 많은 일거리를 기계가 처리하기 때문에 인간이 쉴 수 있는 시간이 늘어난다. 그 수많은 여가의 시간을 활용하는 새로운 콘텐츠(content)가 미래의 직종이 될 것이다. 아직은 기계가 할 수 없는 일들이 많이 있다. 그리고 그 기술을 어떤 철학을 가지고 적용할 것인 가는 더욱 중요하게 된다. 그것은 인간과 생명의 가치를 소중하게 여기는 신학적, 인문학적 가치가 더욱 소중하게 된다는 것을 의미한다.

현재로서는 컴퓨터나 인공지능이 결코 할 수 없는 것들이 있다.

로봇이 제일 힘들어하는 것이 빨래 개는 것이라고 한다. 다양한 빨래들을 각각의 모양새에 따라 다 다르게 접어야 하기 때문이다. 물론 한 종류의 빨래물이라면 컴퓨터가 훨씬 잘할 것이다. 그리고 계단 오르는 것도 로봇으로는 최고의 복잡한 영역이라고 한다. 그러니 축구, 농구, 야구 등 스포츠를 하는 것은 더욱 고도의 감각이 요구된다. 그러나 머지않아 이런 것들이 가능한 세상이 열릴 것이다.

아직은 컴퓨터가 할 수 없는 영역들이 있다. 사람과 같이 복잡한 감정을 느끼는 것, 타인의 아픔에 공감하는 것, 시키지 않은 일을 하는 것, 몸으로 나누는 스킨십(skinship) 등은 불가능하다. 홀로그램은 아무리 스마트해도 몸으로 터치하면 허구라는 것이 드러난다.

스킨십은 모든 포유류의 태생적 특징이다. 포유류는 자기 몸 안에 새 생명을 품어 자라게 하는 지구상 최고로 발달한 생명체다. 파충류는 알을 낳는다. 그리고는 버려둔다. 조류도 알을 낳지만 더러는 부하가 될 때까지 품는다. 생명은 점점 더 스킨십이 강화되는 쪽으로 진화되었다. 포유류는 먹을 것이 충분히 주어지더라도 자기가 좋아하는 사람과 비비고 스킨십 하는 것이 없으면 살아가지 못한다. 좋아하지 않는 사람이 스킨십을 하면 성추행이 된다. 그래서 이런 본능을 자연스럽게 해소할 수 있게 만든 것이 춤이라고 생각한다. 춤은 머물고 싶어도 떨어져야 하고 떨어지면 다시 자연스럽게 스쳐야 한다. 포크댄스나 집단의 춤, 탱고, 삼바, 강강술래, 탈춤 모두 정해진 리듬이나 규칙에 따라 자연스러운 터치를 가능하게 한다. 아무리 인공지능이 발달해도 이런 영역은 인간만이 갖는 대체불가능의 영역이다. 음악, 춤이 둘은 항상 붙어 다닌다.

현 단계에서 인간과 인공지능의 명백한 차이점이 있다.

첫째, 공정성의 문제이다.
아마존에서는 직원을 채용할 때 평가에 공정성을 기하기 위해 인공지능이 판단하게 하였다. 그런데 2014년에 이 제도를 했다가 결국 2018년에 폐지할 수밖에 없었다. 그 결과는 오히려 인간이 판단하는 것보다 현저하게 편파적이었기 때문이다. 특히 여성에 대한 차별이 심했다. 왜 인공지능이 오히려 인간보다 편파적인 판단을 하는가? 검토해본 결과 인공지능은 그동안 인간 사회가 겪어온 경험을 데이터로 받아서 판단기준으로 삼기에 그동안 남성 중심의 사회가 판단해온 가치들이 그대로 이식되었다.

수많은 판례를 기반으로 판단하는 판사의 경우 컴퓨터가 더 공정한 판단을 내릴 수 있지 않을까? 만약 그랬다면 박근혜에 대한 파면 결정을 내릴 수 없었을 것이다. 대통령을 파면 결정한 판례는 통계상 매우 희박하기 때문이다. 인공지능의 세계에서 한 번의 기득권은 영원한 기득권이지 그것을 초월할 수 없다. 인공지능은 인간이 행한 경험의 결과물들이기에 새것을 낳을 수 없다. 그러니 노예제 폐지, 남녀차별의 폐지, 인종차별의 폐지, 동성애자 결혼 허용 등 과거의 역사를 뛰어넘는 혁명적인 판결은 인간이 데이터를 입력한 컴퓨터에게는 도저히 불가능하다.

둘째, 용서와 회개의 문제이다.

인공지능은 그동안 주어진 데이터에 의해 판단하기에 결코 잘못한 사람을 용서하거나 자신이 회개할 수 없다. 그러기에 인간의 잘잘못을 따지지 않고 용서하시는 하나님의 은혜라는 것은 결코 인공지능의 세계에서는 있을 수 없다. 이미 회개와 용서가 가능하지 않은 세상을 우리는 경험하고 있다. 노무현, 노회찬, 박원순 이렇게 자기 삶을 의롭게 이어가려고 노력한 분들이 실수나 흠결로 생명을 끊는 것은 정말 안타깝다. 그 옛날에는 여기서 실수하면 멀리 떠나서 나그네 생활하며 살 수도 있었다. 우선 사람이 살아가야 할 것 아닌가? 옳고 그름을 떠나서 어떤 가치보다도 살아야 한다는 생명의 가치가 가장 소중하다. 그래서 귀양살이라는 벌도 가능했으나 이제는 지구가 한 망으로 엮어있어 어디로 도망가서 산다는 것은 의미가 없다. 피할 데가 없는 세계가 되었다.

여성 신학자 강남순 교수는 박원순 시장의 죽음을 애도하면서 인간이 모든 면에서 완벽하게 순수해야 한다는 환상을 자신이나 주변에서 갖는 것을 경계했다. 본인이 신학자로 여러 존경받는 위대한 철학자나 신학자들의 삶을 보니 그렇지 못한 부분이 많다는 것이다.

칸트는 모든 인간의 권리를 제도적으로 지켜야 한다는 코스모폴리탄 권리를 주장하면서도 여성은 합리성을 지니지 못한 존재이며 열대지방에 사는 인간은 지적 활동을 할 수 없다고 여겼다. 세계적인 인권을 주장하는 철학자였지만 그는 여성 혐오와 인종주의자(racialist)였다. 이러한 예는 마틴 루터 킹, 폴 틸리히, 마틴 하이데거 등 다양한 사상가/운동가들 속에서 볼 수 있다고 한다. 지금으로는 전 세계에서 사표로 삼는 위대한 인물들이지만 오늘의 시대에서 보면 말도 안 되는 그 시대의 한계물일 뿐이다. 인간은 인간이지 인간 이상이기를 바라서는 안 된다. 너무 완벽한 순결주의의 영웅이기를 바라서는 안 된다는 글을 썼다.

　그런 것은 남에게 그런 기준을 요구해도 안 되겠지만 우리 자신도 내가 그런 기준으로 살아야겠다고 생각하는 것은 환상이 되기 쉽다. 우리는 아무리 완벽해지려고 해도 먹어야 사는 인간이고, 살아가면서 필요한 것들을 조달하기 위해 머리 터지게 경쟁하면서 살아야 하는 사회 속의 인간이다. 스스로 너무 완벽주의를 유지하려고 하면 위선이 되거나 살아가기 힘들다. 쉽지는 않겠으나 한 인간에게서 공은 공대로, 과는 과대로 평가해야 한다. 완벽하지 않으면 모든 것을 한꺼번에 매장해 버리는 것은 삼가야 한다.

셋째, 정서와 감정의 문제이다.

　누구를 좋아하고 미워하는 감정은 인공지능이 가질 수 없다. 감정을 일으키도록 프로그래밍할 수는 있어도 그 입력된 범위 밖에서 감정을 갖지는 못한다. 하물며 자신의 손해를 감수하고 누구를 사랑한다는 감정은 인간만의 특징이다. 자기가 사랑하는 것을 지키기 위해 목숨까지도 버릴 수 있는 것이 인간이지만 컴퓨터로는 불가능하다. 사랑, 희생, 헌신 이런 것들은 컴퓨터로는 불가능한 세상이다. 뛰는 가슴이 있는 인간에게만 가능한 생각이다.

그러고 보니 인공지능이 할 수 없는 첫 번째 공정성의 문제는 '정의'라고 말하는 영역이다. 두 번째 말한 용서와 회개의 문제는 신학적으로 말하면 '은혜'이다. 셋째 정서와 감정은 '사랑'의 영역이다. 이런 것들은 기독교가 강조해온 하나님의 성정이다. 정의(공의), 은혜(용서), 사랑 이런 것들은 인간이 만든 경험을 쌓아서 만들 수 있는 것이 아니다. 어쩌다가 우리 자신이 하나님의 은혜에 감전되어 자신을 뛰어넘어 신적인 영역을 넘나들 때만 한두 번 가능하다. 그러니 정의, 은혜, 사랑, 이런 것들은 하나님 안에 있으면서, 하나님께서 우리에게 베풀어 주실 때만이 가능하다. 우리는 이런 것들을 인간적이라고 부른다. 그러니 가장 인간다운 것이 가장 신적이며, 가장 지순한 신앙 안에 있다.

7

학개, 에스라, 느헤미야, 말라기

포로민의 귀환과 성전건축

고레스왕의 칙령에 따라 바벨론에 포로로 잡혀있던 유대인은 고향으로 돌아올 수 있게 된다. 고향으로 돌아온 사람들은 정신적인 구심점을 세워야 했다. 그들은 제일 먼저 성전건축을 서두른다. 그러나 땅에 남아 있던 토착세력들과의 갈등으로 건축은 오랫동안 중지된다. 이에 예언자 학개와 스가랴는 성전건축을 재개할 것을 강력히 주장하고 페르시아가 임명한 총독 스룹바벨과 대제사장 여호수아가 이에 동조하여 주전 515년에 성전을 완성한다. 학개와 스가랴의 성전건축을 위한 신학을 알아본다.

주전 538년 페르시아 고레스(Cyrus) 왕은 칙령(에스라 1:1-4)을 통해, 바벨론에 사로잡혀와 있던 사람들이 약탈당했던 재물을 되받도록 조치했고, 예루살렘으로 돌아가서 부서진 성전을 재건하도록 했다. 이 칙령에 따라 유다 사람들은 고국으로 돌아와서 성전 재건을 시작했다.

> 페르시아 왕 고레스는 다음과 같이 선포한다. 하늘의 주 하나님이 나에게 이 땅에 있는 모든 나라를 주셔서 다스리게 하셨다. 또 유다에 있는 예루살렘에 그의 성전을 지으라고 명하셨다. 이 나라 사람 가운데서, 하나님을 섬기는 모든 사람은 유다에 있는 예루살렘으로 올라가서, 그곳에 계시는 하나님 곧 주 이스라엘 하나님의 성전을 지어라. 그 백성에게 하나님이 함께 계시기를 빈다. 잡혀 온 하나님의 백성 가운데서, 누구든지 귀국할 때에 도움이 필요한 사람이 있으면, 그 이웃에 사는 사람은 그를 도와주어라. 은과 금과 세간과 가축을 주고, 예루살렘에 세울 하나님의 성전에 바칠 자원예물도 들려서 보내도록 하여라.(에스라 1:2-4)

첫 번째 총독 세스바살(에스라 1:8)은 유다의 왕족 출신으로 성전 재건을 위해 노력하였다. 그는 예루살렘에 제단을 설치하고, 포로 기간 소멸했던 희생제의를 시작하였다.(에스라 3:1 이하)

그러나 일이 순조롭게 진행되지는 못했다. 정치적인 불안정과 당시의 열악한 경제 상황 때문이었을 것이다. 나그네의 삶을 접고 다시 돌아온 고국에서의 삶은 그들이 옛날 누렸던 행복과는 거리가 멀었다. 모든 것을 다시 시작해야 하는 어려움이 그들 앞에 있었다. 게다가 본래 그 땅에 남아 있던 사람들과 귀환한 사람들 사이에 갈등이 생겼다. 그 땅에 남아 있던 사람들은 옛날 북 왕국 수도 사마리아의 귀족 출신들과 연대하였다. 이들 토착세력은 처음에 예루살렘 성전 건축에 자신들도 포함해 달라고 요구했다. 하지만, 귀환한 옛 예루살렘의 지도자 출신들은 이들을 배제했다. 혈통적으로 순수하지 못하다는 이유였다. 이들 토착민은 아시리아와 바벨론의 이주 정책으로 인해 이미 이방인과 피가 섞였다는 이유였다.(에스라 4:2-3, 학개 2:10-14)

학개와 스가랴는 성전건축을 적극적으로 주장했는데 제3이사야는 반대했다. 제3이사야의 주장은 선명하고 근본적이지만, 원칙만을 내세운 채 아무것도 없는 폐허로만 지낼 수는 없었다. 무언가 백성의 구심점을 세워야 했다. 각자의 기호는 다를 수 있어도, 어느 주장이 맞고, 어느 주장이 틀린다고 할 수는 없다. 각자의 주장에는 장단점이 동시에 존재하기 때문이다.

예루살렘 재건과 성전건축이 흩어졌던 모든 민족을 함께 아우르는 방향으로 진행되지 못하자 이에 위기감을 느낀 사마리아를 중심으로 한 토착세력들은 페르시아로 상소를 올려 성전건축을 중단시킬 것을 요구하였다. 다음은 이들이 보낸 상소문의 내용이다.

유프라테스강 서쪽에 있는 신하들이 아닥사스다 임금님께 아룁니다. 임금님께서 다스리시는 여러 지방에 흩어져서 살던 유다 사람들이, 우리가 사는 예루살렘으로 와서 자리를 잡고, 범죄와 반역을 일삼던 악한 성읍 예루살렘을 지금 다시 세우고 있습니다. 기초를 다시 다지고, 성벽을 쌓아 올리고 있습니다. 이 일을 임금님께 아룁니다. 성벽 쌓는 일이 끝나고 그 성읍이 재건되면, 그들은 세금과 조공과 관세를 바치지 아니할 것이며, 틀림없이, 국고에 손해를 끼칠 것입니다. 나라에서 녹을 타먹는 우리로서, 임금님께 불명예스러운 일이 미칠 일을 그냥 보고만 있을 수 없어서, 이렇게 상소문을 올리어서 임금님께 아룁니다. 조상이 남기신 기록들을 살펴보시면, 임금님께서도 바로 이 성읍이 반역을 일삼던 곳이었음을 아시게 될 것입니다. 예로부터 이곳에서는 반란이 자주 일어나서, 임금님들을 괴롭히고, 다른 여러 지방에까지 피해를 줬습니다. 이 성읍을 없애버린 것은 바로 그러한 반역 때문입니다. 이 성읍이 재건되고, 성벽 쌓는 일이 끝나면, 임금님께서는, 유프라테스강 서쪽 지역을 잃게 되신다는 것을 아뢰는 바입니다.(에스라 4:11-16)

이들의 방해로 페르시아의 지원이 중단되었고 성전건축은 멈췄다. 그리고 세월이 흐르자 페르시아 궁전의 누구도 고레스 칙령을 기억하지 못하는 상황이 되어버렸다.(에스라 5:1-6:5) 성전 재건 공사가 시작된 지 18년이 지났어도 기초공사 이상은 진척되지 않고 완전히 중단된 상태였다.

학개와 스가랴

주전 522년 다리우스가 페르시아의 왕이 되면서 여러 나라에 일어나던 반란을 진압했다. 페르시아 조정이 안정되자 예언자 학개와 스가랴는 이 기회를 이용하여 성전 재건 공사에 박차를 가했다.(학개 1:4) 그들은 야훼가 다시 시온을 자기 통치의 중심지로 삼으셨다고 외쳤다. 그러나 이들 역시 사마리아인들을 비롯해 본토에 남은 사람들은 부정한 자들이라고 하여 배제할 것을 주장했다.(학개 2:10-14) 이 무렵 총독으로 귀환한 스룹바벨과 처음으로 대제사장 칭호를 부여받은 여호수아는 이스라엘을 이끄는 쌍두마차로 기대를 모으게 된다. 이들은 학개와 스가랴의 말대로 성전건축을 시작하였고 적극적으로 지원하였다. 마침내 다리우스 왕이 유다 성전 재건사업을 적극적으로 돕고 국고에서 자금까지 지원하게 된다.(에스라 5:1-6:18)

학개가 첫 설교를 한 해는 주전 520년이었다. 곧이어 성전 재건이 시작되었고 그해에 기초석이 놓였다. 학개의 동료 스가랴도 그 무렵에 예언하였다. 그는 이른바 '밤의 환상들'(Night Visions)을 경험하였다. 이 예언들(슥 1-8장)은 초기 묵시문학적 경향을 나타낸다. 그래서 스가랴서는 동시대의 작품이지만 묵시문학을 다룰 때 자세히 다룰 예정이다. 스가랴의 마지막 설교는 주전 518년에 선포되었다.

이 예언자들의 설교는 열매를 맺었다. 후에 재건된 성전의 봉헌식이 주전 515년에 거행된다. 이후로 약 오백 년 동안 예루살렘 성전은 이스라엘의 중추 역할을 하며 민족 전체를 하나로 묶는다. 이러한 이론적 기초를 학개와 스가랴가 놓았으며, 역사에 나타난 영향력으로 말하자면 이 두 예언자만큼 성공을 거둔 사람은 없다. 이들의 말이 일반 대중에게 폭넓은 지지를 받은 것은 전에 없었던 일이었으며, 그 예언이 그대로 일반 정치 현실로 나타난 적도 없기 때문이다.

성전건축의 신학

이스라엘이 포로에서 귀환했다. 그렇게 기다리던 예루살렘에 당도했으나 그 옛날 왕국의 화려했던 위용은 간데없고 단지 그들을 기다리는 것은 황량한 폐허의 들판뿐이었다. 다시 돌아온 고국이지만 예루살렘은 그동안 재건되지 못했고 폐허로 남아 있었다. 그들은 맨땅에서 다시 일구어 가야 했다. 고되고 혹독한 생활의 압박 속에서 그들은 단지 먹고살기에도 벅찬 나날을 지냈다. 그렇다고 정신적인 구심점을 이룰만한 것도 없었다. 예배를 다시 시작하고 성전을 재건하려 했지만, 그들이 개척해가야하는 혹독한 현실은 성전건축에까지 미칠 여유가 없었다. 토착민들의 반대를 이유로, 아니 오히려 기회로 삼아 그들은 오랫동안 성전건축을 방치했다. 먹고 살기는 하지만 그것은 정신이 빠진 삶이었고 기둥 없이 세워 놓은 흙집에 불과했다. 그렇다고 특별한 부와 사치를 누리는 것도 아니고, 그렇게 바라던 야훼 하나님께 예배할 처소 하나 갖지 못한 채, 단지 먹고 자는 의미 없는 삶을 반복해야 했다. 그들의 삶은 무의미하고 공허한 메아리 같았다.

민중의 삶이 어렵더라도, 마음의 구심점이 되는 성전, 그들의 지성소가 없다는 것은 그들 사이에 '거룩'한 영역이 존재하지 않는 것이었다. 그들은 동시에 삶의 목표도, 마음에 닻을 내릴 어떤 중심도 없는 정신적인 표류상태였다. 당장 가난과 어려움에도 불구하고 백성을 한 곳에 결집할 수 있는 성전건축은 꼭 필요했다. 신앙의 구심점 없이 이루려는 물질적인 안정은 공허하며, 그들의 안녕도 부질없기 때문이다. 학개의 말씀은 이런 상태를 대변한다.

성전이 이렇게 무너져 있는데,
지금이 너희만 잘 꾸민 집에 살고 있을 때란 말이냐?
나 만군의 주가 말한다.
너희는 살아온 지난날을 곰곰이 돌이켜 보아라

너희는 씨앗을 많이 뿌려도 얼마 거두지 못했으며,

먹어도 배부르지 못하며, 마셔도 만족하지 못하며,

입어도 따뜻하지 못하며, 품꾼이 품삯을 받아도,

구멍 난 주머니에 돈을 넣음이 되었다.

.....

나의 집이 이렇게 무너져 있는데,

너희는 저마다 제집 일에만 바쁘기 때문이다.(학개 1:4-9)

왕국의 재건과 개혁-에스라와 느헤미야

포로에서 귀환한 공동체가 성전을 건축했으나 오래도록 서로를 배제하는 기득권 싸움은 계속되었고 실제 그들은 하나님의 법도 잊은 채 생활할 뿐이었다. 그들은 자신의 언어도 잊어버리고 오경의 법은 알지도 못하는 상태였다. 에스라와 느헤미야는 옛 오경의 법을 백성들에게 읽어주고 일깨우며 그들의 삶을 개혁하는 운동을 펼친다.

에스라서와 느헤미야서는 서로 관련된 하나의 두루마리이다. 가장 오래된 사본들에서는 이 두 책은 하나로 되어있다. 제롬의 라틴어 역본 불가타에서는 느헤미야를 제2에스라라고 부른다. 히브리어 본문에서 이것이 둘로 나누어진 것은 1448년 한 필사본에서 처음 나타난다. 전통적으로 에스라 느헤미야는 역대기 상하에서 바로 이어지는 역대기 역사의 연속물로 보아왔다. 그러나 최근의 연구 중에 각자의 차이점들이 분명하여 각각 독립된 작품으로 보기도 한다. 이 네 권의 책이 역사서 가운데 들지 않고 지혜문학 가운데 자리하고 있다. 이것은 이 책들이 쓰일 때인 주전 3세기에 이미 히브리 성경의 '예언서들'이라는 책이 완결되었기 때문으로 보인다. 그러나 성격상 귀환 후의 역사를 다루고 있으므로 여기서 다루고자 한다.

포로지에서 돌아온 사람들은 여러 가지 과제에 직면한다. 페르시아 치하에서 정치적으로 독립하는 것이 불가능하지만 각 민족의 종교적 자율성은 허용되었고, 종교를 중심으로 하는 공동체는 가능했다. 그래서 이들은 대제사장을 중심으로 하는 사제국가를 세워 자신들의 독자적인 영역을 지키려고 하였다. 그러기 위해서는 예배의 중심인 성전을 다시 세우는 일이 시급했다. 성전 자체의 기능뿐만이 아니라 돌아온 귀족들이 정치적인 주도권을 잡는데 성전건축은 필수였다.

이들은 독자성을 유지하려고 했지만 나라는 없어지고 거대한 제국의 영역 아래서 한 지방에 불과했기에 이민족과 혈통이 섞여버리는 국제화 현상은 막기 어려운 현실이었다. 그래도 잡혀갔다 돌아온 사람들은 일정한 지역에 격리되어 있었기에 옛날 그들이 가졌던 율법이나 혈통의 순수성을 유지할 수 있었다. 하지만 본토에 남아 있던 사람들은 사정이 달랐다. 북왕국이 망한 이후로 200여 년이 지나면서 사마리아 사람들은 혈통이나 종교적인 면에서 여러 민족과 서로 뒤섞였다. 이들은 시리아, 메소포타미아 지역에서 아시리아에 굴복당해 이주한 백성들과 혼합되었는데, 유대인들은 이들을 차별해서 '사마리아 사람'이라고 불렀다.

역대기 역사의 특징

역대기 역사는 성전과 예배를 아주 중요한 주제로 다룬다. 또한, 이들이 역사를 기록할 때는 정치적 실체인 왕정이 존재하지 않았기에 신명기 역사처럼 왕정을 비판하기보다는 왕정을 신격화하고 흠모하는 마음이 극진하다. 신명기 역사는 다윗과 솔로몬에 대해서 그들의 위대성과 동시에 그들의 약점도 함께 보도하지만, 역대기 역사는 부정적인 기록은 모두 삭제한다. 다윗과 솔로몬을 거의 초인적인 차원으로 치켜 올린다. 이를 통해 후에 다윗과 같은 왕, 그의 후손에게서 메시아가 올 것이라는 기대가 생기게 되었다.

역대기 역사는 왕들의 역사적 행위보다는 그들이 성전 안에서 어떤 예배를 드렸는가를 중요시한다. 또한, 혼합종교를 비판하고, 종교와 혈통의 순수성을 강조한다. 역대기 기자가 지난 역사를 평가하는 기준은 자기들이 처한 현실, 포로기 이후의 사회가 요구하는 기준이었다. 역대기 사가가 혈통의 순수성을 앞세워 배제의 논리를 펴는 것은 역으로 이스라엘 공동체 내에서의 통합성을 강조하기 위해서이다. 그 결과 이스라엘을 공고한 12지파의 연대체로 강조했고 그 기원을 창세기까지 소급한다. 이러한 역대기 사가의 강조점은 그 시대가 필요로 하는 요구로써, 민족의 순수성과 아울러 공동체의 통합성을 지켜 나가려는 고민이 엿보인다.

제사장 에스라

성전 재건까지의 자세한 역사와 문서들이 에스라서에 보고된다.(1-6장) 성전 재건이 있은 후, 약 80년이 지나서야 두 번째 유대인 무리가 예루살렘으로 돌아왔다. 이들의 지도자는 제사장이자 '학사(학자)'인 에스라였다. 에스라는 아닥사스다 1세(주전 464-424년)의 명으로 유다의 법률과 종교를 개혁하기 위해 파견된다.

그는 본래 페르시아 궁전의 유다인 문제 담당관이었다. 그는 법 집행의 권한을 위임받아 율법을 공포하였다.(느헤 8:7-8) 이완되고 문란한 유다 공동체를 율법으로 정화하고자 하였다. 에스라는 성전건축 기금도 가져왔다. 그의 특별한 관심은 성전을 중심으로 하여 유대인 공동체의 정체성을 확립하는 것이었다. 그래서 그는 유대인들과 이방 종교를 믿는 주민들이 혼인하는 것을 막았다.(에스라 7-10장).

총독 느헤미야

에스라가 이주한 뒤 13년이 지나서 페르시아의 아닥사스다 황제는 자신의 왕궁 관리 가운데 왕의 술을 따르는 시종관(느헤미야 2:1)이었던 느헤미야에게 총독의 전권을 주어 예루살렘 성벽을 재건하는 데 힘쓰게 하였다.(3-12장) 이는 예루살렘을 페르시아의 서부 변경을 방어하는 최종 전선의 요새로 삼기 위한 목적이었다. 이를 위해 백성의 지도자들과 백성 중 십 분의 일의 인구는 예루살렘에 살도록 정착을 시도하였다.(11장) 예루살렘의 요새화를 위해 아닥사스다 황제는 재원을 보장하는 등(2:1-10), 지원을 아끼지 않았다. 그는 에스라와 느헤미야의 개혁을 적극적으로 지원하여 유대의 공동체성을 유지하고자 하였다. 에스라가 예배 생활과 올바른 질서를 재건해서 소프트웨어적인 재건에 공헌했다면 느헤미야는 그와 동시대에 예루살렘의 외적인 재건을 시도하여 하드웨어적인 재건에 공헌하였다.

에스라 느헤미야의 개혁

에스라와 느헤미야가 개혁하던 때인 주전 450년경의 유대인 공동체 상황은 매우 불안정했다. 새롭게 정착한 예루살렘에서 권력을 쥔 귀환한 귀족들은 급속도로 부패해 갔다. 백성들은 서로 신뢰하지 못했다. 하나님의 법은 지켜지지 않았고 그런 법이 존재하는 것조차도 잊어버릴 지경이었다. 게다가 돌아온 유대인들은 순수성을 지킨다고 하여 사마리아, 에돔 및 다른 이방인들과의 갈등을 심화시켰다.

> 여러분은 이방 여자들과 결혼하였으므로, 배신자가 되었습니다. 그것 때문에, 이스라엘의 죄가 더욱 커졌습니다. 이제 주 여러분의 조상의 하나님께 죄를 자백하고, 그의 뜻을 따르십시오. 이 땅에 있는 이방 백성과 관계를 끊고, 여러분이 데리고 사는 이방인 아내들과도 인연을 끊어야 합니다.(에스라 10:10-11)

에스라가 이 말을 선포하는 대상이 누구인가? 위 구절은 바로 누구 보다 앞장서서 배제의 논리를 폈던 사람들, 포로로 잡혀갔다가 돌아온 사람들을 모아놓고 하는 말이다.(10:7) 그들은 자신들도 지키지 않는 법을 내세워 사마리아 사람들을 정죄한 셈이다. 심지어는 제사장 중에서도 이방 여자와 결혼한 사람이 허다했다. 그 명단이 에스라 10장 18-44에 상세히 열거된다. 유다의 상류계층은 제국 체제 아래서 자신들의 부와 신분 상승을 위하여 국제결혼을 하는 일이 흔했다. 제국의 인척과 연결되는 것은 신분 상승을 최고로 보장해 주었기 때문이다.

당시 지배층들이 소위 '순수성'을 지키고자 하는 근본 이유는 무엇인가? 겉으로는 야훼 신앙과 하나님의 법을 지켜나가고자 하였으나 실상 자기들의 생활 가운데서 하나님의 법은 온데간데없고, 부정과 부패의 사기 행각이 난무했다. 이들이 지키고자 내세운 순수성은 단지 다른 것을 배제하고 자기들만의 특권의식과 이기심을 유지하고자 하는 차별을 합리화하는 논리였다.

에스라는 이들에게 예외 없이 이방 백성과의 관계를 끊지 않으면, 백성의 모임에서 제외해버리겠다고 한다. 에스라는 이들에게 혈통의 순수성과 더불어서 신앙의 순수성을 회복할 것을 명한다. 에스라의 개혁은 이렇게 껍데기만 남아 자신들의 기득권을 지키는데 사용된 하나님의 법을 보편적인 법으로 생활의 한복판의 법으로 가져오는 운동이었다. 에스라는 이를 통해 공동체에 닥치게 된 도덕적 해이와 위기 상황을 극복하고자 했다.

야훼신앙, 율법의 회복

오랫동안 포로 생활과 긴 귀환의 여정 속에서 아마도 야훼신앙은 잊힌 듯하다. 그들은 하나님의 법마저 잊어버렸다. 우리가 오경에서 살펴보았듯이 야훼의 법은 단지 종교법이 아니고 획기적인 사회개혁법이고 평등법이다. 당연히 각 시대를 이끌어 오는 정권들에게는 부담스러운 법이라 그들은 자꾸 묻어버리고 사장시킨다. 더군다나 그들의 현실 사회가 하나님의 법과 멀어졌을 때, 그 법은 모두에게 부담스럽다. 결국, 하나님의 법은 두 눈 뜨고 그 문자들을 들여다보는 사람들에게도 가려지고, 폐기된다.

이스라엘 사람들은 하나님의 법을 손에 매어 표로 삼고, 이마에 붙여 기호로 삼고, 집 문설주와 대문에도 써서 붙여 외우기까지 한다.(신명기 6:8-9) 지금도 이스라엘에 가면 아파트건 개인 주택이건 이 말씀대로 집집이 대문 옆에 하나님의 말씀을 적은 문패 비슷한 것이 달려있다. 그렇다고 그들이 하나님의 말씀 하나하나를 철저히 지키면서 사는 것은 물론 아니다. 어느 시대건 참다운 말씀은 천대받는다. 단지 요란한 종교의 형식만을 남긴 채, 보고도 못 본 체, 아예 보려고도 아니하고, 그러다가 만성이 되어 보아도 있는 줄도 모른다. 요즈음 같이 한글만 알면 모두에게 말씀이 공개되는 세상에도 진짜 중요한 말씀들은 오히려 뻔히 보면서도 무시하고 외면해 버리기 일쑤이다. 사람들은 하나님의 법이 가진 혁명적 내용을 교묘하게 비껴가고 그 내용을 생경하게 만들어 버린다.

이스라엘 역사 안에서도 그 내용을 잊어버리고 다시 선포하는 것을 수없이 반복했다. 요시야의 개혁이 성전에서 우연히 율법 책을 발견한 데서 시작되어 다시 그 법을 백성에게 선포하였듯이, 에스라와 느헤미야의 개혁도 광장에 사람들을 모아놓고 새벽부터 정오까지 큰 소리로 사람들에게 율법 책을 읽어 주는 일부터 시작한다. 그러나 이들은 이미 자기들의 말조차 잊어버려서 히브리어로 된 율법 책을 그들이 사용하는 아람어로 번역해 주어야 할 정도였으니(느헤미야 8:8), 율법의 내용을 잊어버린 것은 오히려 당연한 일이었다.

그들은 율법의 말씀을 들으면서 모두 울었다. 그들은 이 놀라운 말씀에 뛸 듯이 기뻤고, 여호수아 이래 이렇게 축제를 즐긴 일이 없었다.(느헤미야 8:17) 그런가 하면 백성들은 모두 금식하면서, 재를 뒤집어쓰고 회개하였다. 그리고 하나님의 법에 순명하겠다는 뜻으로 언약에 서명하는 서명식을 한다. 법은 잊혔지만 다행스럽게도 그들의 핏줄 속에, 한때 정의로웠던 법에 대한 자부심과 감성은 살아있었다. 마침내 이런 개혁의 결과는 율법의 순수성을 지켜나가기 위해 잡혼 금지(에스라 10:7-11)와 율법의 평등사회 정신들을 다시 사회제도로 확립했다. 즉 안식일 준수, 휴경농법, 부채 탕감, 이자 없이 꾸어주는 일등을 실시하였다. 이는 유다 사회 지배층의 부패를 겨냥하고 고대 이스라엘 평등사회에서 유래한 법들을 되살리는 조치들이었다. (느헤미야 5:1-13)

종교의 개혁-말라기

에스겔이나 제2이사야 등이 꿈꾸었던 대로 전 세계적이고 우주적인 변화는 일어나지 않았다. 자신들의 현실 속에서 이젠 그런 꿈을 이야기한다는 것조차 허망해졌다. 그들이 할 수 있는 것은 오로지 종교적인 영역에 제한되었다. 대사제를 중심으로 하는 제사제도 안에서만 자유로웠다. 사제를 중심으로 한 사제국가 만이 그들이 움직일 수 있는 가능성의 전부였다.

그나마 당시 제사 제도는 형식만 남아 있을 뿐 마음과 진실이 담기지 않았다. 그들은 심지어는 하나님께 바치는 제물까지도 기왕 불에 사를 것이라며 병들고 상처 있는 것을 골라서 바쳤다. 이것은 '제사용 짐승은 흠이 없어야 한다.'는 법을 위반하는 것이다.(렘 22:20-25, 신 15:21) 법을 떠나서, 하나님께 바치는 것은 정성으로 바쳐도 시원치 않은 판에 제단을 쓰레기통 정도로 여기는 셈이다. 말라기는 이러한 형식적인 종교에 대해 일침을 가한다. 그들은 안식일 규정도 지키지 않았다.(말라기 1:6-14, 느헤미야 13:15-22) 또한, 법 집행은 공정하지 못했다.(말라기 2:1-9) 레위인들도 생계를 위해 거룩한 임무에서 이탈했다.(느헤미야 13:10 이하) 이들은 거짓으로 증언하고, 일꾼의 품삯을 떼어먹고, 과부와 고아를 억압하고 나그네를 학대했으며 하나님을 경외하지 않았다.(말라기 3:5) 이웃을 억울하게 하여 얻은 재물로 제물을 바친다는 것은 병든 짐승보다 더욱 타락한 제물이다. 그리고 그들은 말한다.

> '주님께서는 악한 일을 하는 사람도 모두 좋게 보신다. 주께서 오히려 그런 사람들을 더 사랑하신다' 하고 말하고, 또 '공의롭게 재판하시는 하나님이 어디에 계시는가?' 하고 말한다.(2:17)

> '하나님을 섬기는 것은 헛된 일이다. 그의 명령을 지키고, 만군의 주 앞에서 그의 명령을 지키며 죄를 뉘우치고 슬퍼하는 것이 무슨 유익이 있단 말인가? 이제 보니, 교만한 자가 오히려 복이 있고, 악한 일을 하는 자가 번성하며, 하나님을 시험하는 자가 재앙을 면한다!' 하는구나.(3:14-15)

그들이 잘못된 제물로 하나님마저도 속여먹으려 하니 하물며 다른 사람들에게야 오죽했으랴? 진실성이 사라진 사회는 서로 속이고 빼앗는 아수라장이 되어버렸다. 그렇게 얻는 물질을 바치는 것은 하나님께 더러운 제물을 드리는 것이다.

너희는 내 제단에 더러운 빵을 바치고 있다. 그러면서도 너희는, '우리가 언제 제단을 더럽혔습니까?' 하고 되묻는다. 너희는 나 주에게 아무렇게나 상을 차려주어도 된다고 생각한다. 눈먼 짐승을 제물로 바치면서도 괜찮다는 거냐? 그런 것들을 너희 총독에게 바쳐보아라. 그가 너희를 반가워하겠느냐? 너희를 좋게 보겠느냐? (1:7-8)

이런 자들에게는 오히려 내릴 복을 저주로 바꾸시겠다고 한다.(2:2) 십일조 또한 마찬가지이다..

사람이 하나님의 것을 훔치면 되겠느냐? 그런데도 너희는 나의 것을 훔치고서도 '우리가 주님의 무엇을 훔쳤습니까?' 하고 되묻는구나. 십일조와 헌물이 바로 그것이 아니냐! 너희 온 백성이 나의 것을 훔치니, 너희가 모두 저주를 받는다. 너희는 온전한 십일조를 창고에 들여놓아, 내 집에 먹을거리가 넉넉하게 하여라. 이렇게 바치는 일로 나를 시험하여, 내가 하늘 문을 열고서, 너희가 쌓을 곳이 없도록 복을 붓지 않나 보아라.(3:8-10)

한국교회 신자들은 학개의 성전 건축과 말라기의 십일조 이야기에 익숙할 것이다. 제물을 바치는 사람들의 마음뿐만 아니라 하나님께 바친 제물을 사용하는 과정에서의 경건성은 더욱 중요하다. 그러나 멀쩡한 교회당 때려 부수고, 새 건물 짓고, 크게 비전을 가지면 채워주신다며 분에 넘치는 예배당을 짓는다. 교인들은 최신식 서비스를 해야만 모여들고, 교회는 이런 말씀으로 교인들을 엮어서 종교재벌을 형성한다. 그리고 각종 돈 되는 사업은 다 손대고, 자손에까지 이어 세습하고 난리를 치는데 헌금이 물 쓰이듯 한다면 이것이 '온전한 십일조'일까? 바치는 사람에게만 온전한 십일조가 아니라 하나님의 뜻대로 사용되어야지 '온전한 십일조'가 된다. 종교적 순수성을 지킨다는 것은 살아가는 일상생활 속에서 하나님의 정의가 통하는 것을 말하지, 덩치만 큰 성전과 거대한 종교재벌을 형성하기 위한 것은 아니다.

그러나 또한 이렇게 현실 종교가 타락했다고 해서, 성전(교회)을 꺼리고, 헌금이 하나님의 뜻대로 쓰이지 않는다고 하여 헌금이나 나눔의 의무를 중지하는 것, 역시 하나님과 자기 자신을 속이는 제 잇속 차리기다. 한국교회가 한심한 모습을 보이자 '가나안 교인'('안나가'라는 말을 뒤집어 일컫는 말)이 늘고 있다. 이분들은 일찍이 한국교회의 모순을 깨달은 분들이다. 그러나 그들의 '가나안 운동'이 정말 가나안을 향한 열매를 맺으려면 단지 아무런 의무도 하지 않는 '안나가' 교인에서 나아가 참다운 신앙, 진정한 교회를 찾아 살리는 운동으로 연결되어야 한국교회는 개혁될 수 있다. 그런 움직임이 보이지 않는다면 한국교회가 겪어야 하는 고난의 시간은 더욱 길어질 뿐이다. 이 사회와 역사 안에서 참다운 성전(교회)의 기능을 수행하고 참다운 제물의 역할을 하는 신자, 참으로 하나님을 경외하는 사람들이 그립다. 말라기가 말하는 것은 제물을 바치는 사람의 진정성뿐 만이 아니라 제사 제도 전반에 걸친 진정성과 개혁을 말한다.

> 그러나 내 이름을 경외하는 너희에게는, 의로운 해가 떠올라서 치료하는 광선을 발할 것이니 너희는 외양간에서 풀려 난 송아지처럼 뛰어다닐 것이다.(4:2)

에스라 느헤미야의 사회개혁 조치는 민중의 불만을 어느 정도 해소하였고, 심한 불평등 현상을 완화했다. 그러나 어느 때보다 강력한 개혁 조치들, 제국 황제의 막강한 정치, 경제적 지원 아래 척척 두부모 잘라내듯이 시행할 수 있었던 개혁조차도 이스라엘을 구원하지는 못했다. 밑바닥에서 실패를 거듭하며 인고의 세월을 겪고, 패배의 아픔과 고뇌를 삼키며 다지고 또 다지지 아니하면 참다운 개혁이 될 수 없다. 쉽게 모든 조건을 갖추고 이루어진 개혁도 잠깐의 성공을 거두는 듯했으나 결국 인간의 이기심은 뚫지 못했다.

이들 개혁세력은 민중의 불만을 토대로 하여 토착 지배세력이 가졌던 주도권을 귀환 귀족에게 이양하는 데는 성공하였다. 그러나 이것은 민중이 기대하던 바와는 달랐다. 개혁은 말만의 개혁일 뿐, 지배층의 자리바꿈에 불과했다. 오히려 지배층의 숫자가 배로 늘어나고 막강한 제국 지배층의 뒷받침 속에서 공고하게 안정을 누리게 되었다. 누구와도 경쟁할 필요도 없고, 더는 눈치 볼 필요도 없는 절대 권력이 되었다. 이러한 개혁은 페르시아 체제의 존립 위기를 해소하기 위한 것이고, 그들의 서쪽 방어선의 붕괴를 막기 위한 것이었다. 이들의 개혁이 가진 성격은 민중의 삶을 개선하고 그들을 해방하는 본래의 개혁 취지와는 거리가 멀었다. 결국은 페르시아의 유다 통치를 원활하게 하기 위한 것에 불과했다.

성전 재건과 유다 사회질서 재편 작업은 완성되었다. 그러나 그것은 명백한 한계를 지녔다. 이들의 재건사업에는 몇 가지 한계를 가지고 있었다.

첫째, 페르시아의 지원 아래에서 가능했다.

실제로 새로 시작한 성전 제의에서 페르시아 왕을 위한 제물과 기도도 행해졌다.(에스라 6:10)

둘째, 귀환한 일부 특권층의 꿈을 이루는 개혁이었다.

이들의 개혁은 이스라엘 백성 전체의 소원이 아니었다. 개혁으로 귀환한 귀족들이 자리매김을 분명히 할 수 있는 토대가 되기는 했지만, 그 땅에 남아 있던 사람들이 모셔야 하는 상전의 숫자와 그들의 부담은 대거 늘어났다.

셋째, 본토에 남아 있던 사람들의 요구가 배제된 채 무리하게 진행되었다.

에스겔은 성전이 민중의 힘을 모으는 통합 기능을 하리라고 기대했었다. 에스겔이 꿈꾸었던 성전은 사방으로 각 지파가 드나드는 문이 있어 성전은 12지파의 연합 체제의 중심이었다. 그러나 토착세력들을 배제한 채 진행된 성전건축은 이스라엘을 통합하리라는 기대에 못 미쳤다.

민중의 열망은 다시 왜곡되고 굴절되었다. 이들의 열망 때문에 에스라와 느헤미야의 개혁이 가능했지만, 이들의 진보성은 민중 자신의 것으로 귀결되지 못하고 다시 특정세력의 지배권 강화 수단으로 머물러 버렸다. 우리가 에스라 느헤미야서 자체에서 보는 개혁에 대한 기대와 환호만으로 그 시대를 평가할 수는 없다. 에스라와 느헤미야 이후 예언 문학은 자취를 감추게 되고 아예 이 역사가 새롭게 될 가능성 자체를 닫아 버린다.

우리도 혹독했던 유신독재 시대를 뚫고 나오면서 문민정부, 국민의 정부, 참여정부, 촛불 혁명의 문재인 정부까지 이르렀다. 이 과정에서 민주적 절차, 선거의 공명성 등 사회 각 분야에서 개혁적 성과들을 이룩했다. 그것은 그 시대의 공(功)임에 틀림없다. 그러나 참다운 개혁이라고 한다면 민중의 삶의 질이 개선되고, 그들이 살만한 세상이 되어야 한다. 개혁이나 혁명의 결과가 성공인가 아닌가는 민중의 삶이 어떻게 변화하는가에 달렸다. 정부는 바뀌어도 빈부의 격차는 심화되고 민중은 임시직, 비정규직으로 전전한다면, 이것을 개혁이라고 볼 수 있는가? 대구·경북(TK) 세력이 경남 부산(PK)으로 또 호남세력으로, 386세력으로 지배층의 자리바꿈만 일어난다면 개혁이라고 할 수 없다. 지배층의 증가로 오히려 국민의 고통이 가중될 수도 있다. 민중이 살 만한 세상이 되어야 한다. 집권 세력끼리의 나누어 먹기, 자리바꿈에서 그치는 불완전한 개혁은 오히려 민중의 삶을 더욱 힘들게 할 수 있다. 절차 몇 개 바꾸는 것이 아니라 근본 개혁이 일어나지 않는다면 누구든지 다시 역사의 심판 대상이 될 것이다.

느헤미야 시대, 그 개혁의 꿈이 부풀었던 시대 다음에 찾아온 민중의 실망감은 아예 역사에 대한 기대 자체를 허물어 버리는 심각한 절망이었다. 그들은 다시는 이 역사 아래 새것을 소망하지 않는다. 말은 뒤틀리고 예언의 시대는 마감했다. 잠시 침묵의 시간이 지난 후 역사는 새로운 묵시의 시대로 이어졌다.

그러나 비록 에스라와 느헤미야 개혁이 한계도 있었지만, 그 성과 또한 무시할 수 없다. 그들은 자신들이 처한 상황 속에서 최선의 길을 찾고자 했다. 그들이 다시 찾은 조국은 벌판 아래 폐허일 뿐만 아니라 민족의 정신적 기반마저 찾기 힘들었다. 자신들의 말조차 잊어버려 조상들이 기록해 놓은 역사마저 통역을 세워 전달해야 하는 상황이었으니 오랫동안 중지되었던 야훼 신앙이니 율법이니 하는 것들이 남아 있을 리 없었다. 만약 에스라와 느헤미야가 민족의 정체성을 유지하려는 개혁을 시도하지 않았더라면 그때 이미 유대 민족은 사라져 버렸을 것이다.

페르시아 시대 이후 포로기를 거치며 오랫동안 중단되었던 유대 종교가 존속했다는 증거는 나일강의 한 섬인 엘레판틴에서 발견한 문서에서 볼 수 있다. 이에 따르면 주전 5세기에 유대인 용병들이 야훼종교를 유지하고 있었다. 또한, 주전 4세기에 yhd(유다)라는 명문이 새겨진 주화들이 발견되었다. 이는 예루살렘 성전에 성전세 징수 등을 위해 주화 발행권이 인정되었다는 것과, 이를 통해서 유다는 경제적 자율권을 확보하려 했다는 것을 알 수 있다.[1]

그 이후로도 어떤 형태로든 유대 공동체가 존속할 수 있었고 아직까지도 야훼 신앙이 세계인들의 신앙으로 이어질 수 있었던 것은 에스라와 느헤미야가 개혁을 통해 잊혀졌던 옛 종교를 대중 속에 부활시킨 공로이다. 그들은 중심을 잃은 백성들 가운데 이스라엘과 유대 역사에 움직일 수 없는 정신적 기둥을 세웠다. 비록 제국이 허용하는 제한된 조건 아래의 재건이었지만, 이러한 복원이 가져온 민족적 자긍심은 후에 그리스 시대에 마카비 혁명에 의해 유대만이 유일하게 독립왕조를 이루는 밑거름이 되었다.

---

1) Martin Noth, 『이스라엘 역사』, 박문재 옮김, 1996, 크리스찬다이제스트, 436.

학개나 스가랴, 말라기, 에스라 느헤미야는 정신적 기반을 성전과 예배제도에서 찾아 나라를 유지하려고 했다. 이런 움직임은 포로에서 귀환한 공동체의 기둥을 세웠고 정신적으로 무너진 민족에게 희망이 되었다. 그들은 가능한 현실, 제한된 종교적 자유와 사제국가 안에서 백성들의 마음을 담아낼 수 있는 그릇을 준비하였다. 그들이 백성들의 진정성을 담을 수 있었기에 야훼신앙도 존속되었고 유대의 신앙이 보존될 수 있었다.

함께 생각할 문제

* 학개와 스가랴가 전한 메시지의 중심에 관해서 이야기해 봅시다.

* 에스라, 느헤미야가 하려고 했던 개혁에 대해서 말해 봅시다.

* 신명기 역사와 역대기 역사가 서로 다른 관점을 가진 것은 무슨 이유인지 말해 봅시다.

* 말라기가 말하는 제물의 순수성과 온전한 십일조에 관해서 이야기해 봅시다.

* 포로기 이후 시대가 시도했던 개혁의 한계점과 성과, 그리고 오늘 우리들의 개혁이 가져야 하는 중심점에 관해서 이야기합시다.

* 이스라엘 초기 예언들의 관심사는 사회와 국제관계에 걸친 폭넓은 생명과 평화에 관한 것이었다. 그러나 포로기 이후부터 그들의 예언은 현실에 맞추어 종교적 영역으로 축소되었다. 지금 한국교회가 매달리고 있는 구약의 전통은 주로 이 말기 작품들이다. 성서의 전통이 종교 내적인 영역 안에 머문 것은 당시에 어쩔 수 없는 상황에 기인하지만, 한국교회가 사회적 의무를 등한시하고 교회 안에 머무는 것은 제도화된 종교의 이기주의와 결합되어 있다.
　코로나 역병의 시대를 맞아 순교의 정신으로 대면 예배를 사수해야 한다는 목사도 상당수 있다. 이런 문제들에 접하며 우리가 신앙인으로 산다는 것이 무엇인가, 그 근본에서 문제를 생각해 보아야 한다. 여러분들은 이런 문제를 어떻게 생각하는지 이야기해 봅시다.

신앙인으로 사는 것

신앙인은 우리가 사는 사회에 대해서 "아니오"라고 할 힘과 양심을 가지고 있어야 하며 동시에 그것 못지않게 중요한 것으로 자기 자신에 대해서 "아니오"라고 할 수 있어야 한다.

하나님나라 운동은 하나님의 나라를 가로막는 외부세력과 싸움인 동시에 "자신과의 싸움"이다. 하나님 나라 운동의 적은 밖에만 있는 것이 아니라 내 안에도 있다. 우리 자신을 초월할 힘은 우리 밖에서 오는 힘과 마주할 때 더욱 강렬하게 나타난다. 내유외강(內柔外剛)의 힘이다. 신앙은 잘못된 길을 가고 있을지도 모르는 나 자신과 맞서게 하고 나에게 저항하는 힘을 키워준다. 신앙을 통해서 우리는 나 자신을 객관적으로 볼 수 있게 된다.

한 프랑스 신부와 독일인 목사가 각자의 삶의 목표에 대해서 말했다. 신부는 자신은 성자가 되는 것이 목표라고 했고, 그것을 위해 노력한다고 했다. 반면 목사는 아주 소박한 말을 했는데 자신은 신앙을 갖는 것을 배우고 싶고, 그것을 위해 노력한다고 했다. 신부의 훗날 이야기는 잘 모르지만, 가톨릭에서는 성자로 봉하는 제도가 있으니 아마 그가 진지하게 노력했다면 바라던 대로 성자가 되고, 종교적으로 존경받는 인물이 되었을 것이다.

독일인 목사는 그의 조국을 나치라는 정권이 장악하는 상황을 맞이했다. 나치는 결국 2차 대전을 일으켜 전 유럽을 전쟁의 도가니로 몰아넣고, 유대인들을 학살하기 시작했다. 세기말적 죄악이 자행될 때, 그는 히틀러를 제거하려는 조직에 가담했고, 결국은 비밀경찰에 의해 체포되어 수감되었다. 그는 2차 대전이 끝나기 불과 수 주일 전에 독일 당국에 의해 처형되었다.

본회퍼 목사의 이야기이다. 그는 자신의 삶을 위대한 언어로 포장하지 않았다. 그가 말했듯이 신앙을 갖는 것을 생의 목표로 삼았고, 그것과 일생 씨름했다. 그에게 신앙은 예수께서 '나를 따르라'고 하신 말씀대로 지금 나의 처지와 사정이 어떠한지를 셈하지 않고 그를 따르는 삶을 의미했다.

그의 삶에 인상적인 것은 두 가지가 있는데 하나는 그가 처형당한 것이고, 다른 하나는 그가 남긴 말이다. "기독교 신앙을 갖고 기독인이 된다는 것은 한 인간이 되는 것을 의미한다."라는 유명한 말이다. 본회퍼에게 그리스도인이 된다는 것은 어떤 특별한 모양의 종교인이 된다는 것, 즉 어떤 방법이나 수단을 동원하여 자신을 종교적 존재로 만드는 것을 의미하지 않았다. 오히려 한 인간이 되는 것을 의미했다.

인간은 특별한 능력을 갖추거나, 비상한 머리를 갖거나, 남다른 도덕성을 갖는 것이라기보다는 가장 보편적인 인간, 가장 평범한 인간의 자리를 지키는 것, 살과 피가 있어 보통 인간의 분노와 의리를 지킬 수 있는 인간미를 가진 것을 말한다.

홍근수 목사는 "여러분은 기독인이 되려고 노력하지 마십시오. 인간이 되려고 노력하십시오. 우리는 기독인 되기 위해 인간이 된 것이 아니고 인간이 되기 위해 기독인이 되었다는 사실을 잊어서는 안됩니다." 라고 했다.[2]

가톨릭의 신학자인 한스 큉 역시 『기독인이 된다는 것』이라는 책에서 기독인이 된다는 것은 "철저하게(radically), 인간이 된다는 것이다" 라고 했다. 기독교 신앙은 예수를 "참사람" 으로 고백한다. 이것은 그가 특별한 분이 아니라 가장 보편성을 가진 인간의 표준으로서의 참인간임을 말한다. 우리가 예수를 닮기 위해서 남이 갖지 않은 특별한 도덕성을 요구받지 않는다. 가장 상식적이고 가장 보편적인 인간이 될 것을 요청받는다.

우리나라 세월호 사건은 아직도 오리무중이다. 그러나 타이타닉호의 이야기는 아주 자세하게 알려져 있다. 침몰하게 된 과정, 사람들을 구조하는 과정에서 사람들이 나눈 이야기와 행동들이 비교적 자세하게 전해진다.

타이타닉호는 1912년 4월 14일에 북대서양에서 빙하와 충돌하여 침몰했다. 당시 초호화 여객선인 타이타닉에는 2,224명이 탑승했으나 710명만이 생존하고 나머지 1,514명은 사망했다. 당시 배에는 68명 정원의 구명정이 20척 있었다. 만약 정원대로 구명정에 사람을 태웠다면 적어도 500명은 더 구할 수 있었을 것이다.

처음에 사람들은 배를 떠난 구명정에 타는 것을 두려워하기도 했다.

---

2) 홍근수, 『인생의 계절』 설교집 5집, 1994, 도서출판 한울, 160.

조그만 구명정보다는 배 안이 더욱 안전하리라 생각했다. 하지만 먼저 탄 사람들은 사람이 가득 차면 구명정이 위험해질 것을 예상하여, 채 반도 타지 않은 상태에서 배를 띄워버렸다. 선장이 이를 알고 구명정에게 돌아와 더 많은 사람을 구조하라는 지시를 했지만 불응했다. 그들은 자기들만 살겠다고 배로 돌아가지 않았다. 그리고 일등석과 이등석 사람들이 먼저 구명정에 접근하게 하려고 일부러 삼등석 문을 잠그기도 했다고도 한다. 사망자 비율은 삼등석 사망자가 일등석 사망자보다도 적어도 4배 이상 많았다.

마지막 구명정이 뜰 무렵, 상황의 심각성을 인식한 사람들이 앞뒤를 돌보지 않고 서로 구명정을 향해 헤엄쳐 갔다. 평소에 '레이디 퍼스트'를 외치던 것은 온데간데없고 연약한 노인, 아이들, 여인들의 우선권은 전혀 고려되지 않았다. 구명정은 금방 초만원이 되었다. 일단 구명정에 올라탄 사람들은 안도의 숨을 내쉬었다. 늦게 헤엄쳐온 사람들이 구명정에 매달렸다. 그들의 손은 나란히 그 뱃가를 움켜잡았다. 구명정은 휘청거려 마침내 뒤집힐 위기에 처했다. 그중 한 사람이 총을 쏘면서 사람들이 배에 접근하는 것을 막았다. 한 발짝 일찍 타서 이미 기득권자가 된 사람들은, 배 위에서 자신의 위치를 방어하기 시작했다. 그야말로 "내가 죽느냐 너를 죽이느냐?"의 갈림길의 싸움이었다. 저들은 구명정에 닿는 손들을 사정없이 떼어 버리거나 발로 짓이겼다. 그것으로도 감당치 못하자 구명정으로 달려드는 사람들에게 총질을 했다. 누가 누군지 식별이 되지 않는 상황이었고 그중에는 자기 아내나 아이들이 있을지도 모르는 상황이었다.

우리가 요청받는 것은 "인간이 되라", "인간으로 살아가라"는 것이다. 인간의 자리를 벗어나도록 요구받는 비상한 때라도 가장 평범한 인간만큼의 "인간이 되라"는 것이다. 우리는 인생에서 혹시 인간으로 살아갈 수 없게 만드는 상황에 처하게 될 지도 모른다. 그때 우리는 인간이 되어야 한다. 특별한 인간이 아니고 믿음과 사랑을 가진 인간, 따뜻한 피가 통하는 인간이 되어야 한다.

가장 인간적인 인간, 그냥 더도 덜도 말고 보통의 인간만큼의 자리에 서야 한다. 타이타닉호와 같이 극적인 상황이 아니더라도 어쩌면 우리는 하루에도 몇 번, 인간으로 살기를 잠깐 유보하는 결정을 내리며 살아갔는지도 모르겠다. 바로 그 순간에도 인간으로 남아 있으려는 의지를 가지고, 인간의 자리에 서는 것이다. 나 혼자 살고자 하는 것이 아니라 함께 살고자 하는 것, 생명의 귀함을 느끼고 내 몸이 중하듯이 이웃을 함께 존중하는 것이 인간의 길이다.

또한, 은혜를 입은 일에는 고마움을 느끼고 잘못 한 것에 대해서는 미안하다고 느낄 수 있는 것이 인간이다. 1년 가까이 머리가 희어지도록 코로나와 싸우고 있는 질병관리본부 본부장을 비롯한 공무원들을 살인죄로 고소하는 사람들, 전국으로 코로나를 확대하고 자영업자 소상공인들을 생존의 벼랑으로 밀어버리고, 제 교회 교인들도 천 명이 넘게 확진되고 사망자가 17명, 광화문 집회 관련 사망자가 계속 나오고 있는데도 아무에게도 미안하지 않은 것은 도대체 무엇인가? 그에게 하나님을 말하고 신앙을 말하지 않겠다. 기독인이기 이전에 인간인가를 묻고 싶다. 신앙인이 된다는 것은 가장 인간적인 모습으로 오신 참사람 예수의 길을 가는 것이다.

하긴 전광훈의 광화문 집회에 "나를 따르라"는 현수막이 크게 붙어있는 사진을 보았다. 예수를 따르라는 말이고, 예수를 따라 순교의 길을 간 본회퍼의 고백이기도 하다. 그런데 그의 "나를 따르라"는 아마도 총선 전에 나라 법을 따르지 말고 내 말을 따르라거나 그를 암시하는 의미로 붙인 것 같다. 우리가 어떤 특정인을 따르는 것이 아니라 참인간으로 오신 예수를 믿고 따르는 것이 기독교 신앙이다.

예수께서 우리를 대신해서 십자가를 지셨다. 그것도 우리가 아직 죄인 되었을 때 그렇게 하셨다. 그분이 우리의 본질을 훤히 아시지만, 우리를 정죄하거나 따돌리지 않으시고 용서하고, 구원하셨다. 뿐만이 아니라 오히려 우리를 위해 죽으심으로 우리에 대한 사랑을 확증하셨다. 이것이 십자가의 의미이고, 복음의 길이다.

갈라디아서는 "믿음이 오기 전에는 우리가 율법의 감시 아래 있었으나…. 이제는 하나님의 자녀이다. 우리는 그리스도와 연합한 세례를 받은 존재이며, 그리스도의 옷을 입은 사람"이라고 한다. 그 결과는 어떻게 나타나는가? "종이나 자유인이나, 유대인이나 그리스인이나, 남자나 여자나 모두 하나"(갈 3:28)가 되었다. 인간이 된다는 것은 일체의 차별을 배제하고 하나로, 모두를 하나님의 자녀로 대접하는 것이다. 그러기에 우리는 너무 혈기가 넘치고, 아는 것이 많을지 모른다. 타이타닉호에서 한 중국인이 구명정으로 뛰어들자 한 책임자가 그를 일본인으로 알고 "저까짓 재패니즈를 무슨 구조할 가치가 있겠는가?"고 했다가 나중에

구조된 후에 그 말이 알려져, 크게 비판받았고 그는 결국 사회적 압력으로 인해 사죄했다.

종과 자유인, 유대인과 그리스인, 남자와 여자는 당시 인간을 나누고 구분하던 큰 범주들이다. 그 모든 범주를 허물고 하나로 맞이하는 것이 참사람이신 그리스도를 따르는 길이다. 그 길은 보통 사람이 가는 길, 인간이 되는 길이다. 그런 세상을 위해 참사람으로 오신 이는 하늘의 보좌를 버리고 스스로 인간이 되셨다.

» 강남향린교회 강단 중에서

8

묵시문학, 묵시운동

예언의 쇠퇴와 묵시의 기원

'묵시'(Apocalypse)는 "폭로하다, 드러내다, 베일을 벗기다"라는 뜻이 있다. 그리고 묵시란 문학적 유형(genre)을 일컫는 용어로, 초월적 실재(transcendent reality)를 은밀하게 드러내는 계시형식의 문학이다. 묵시는 환상, 꿈, 현현, 천사의 담론, 기도, 전설 등을 포함한다.[1]

주전 3세기부터 약 400년간이 묵시문학의 전성기다. 구약에서 본격적인 묵시문학은 다니엘서이다. 전통적으로 묵시문학은 페르시아 시대에 조로아스터교와 같은 이원론의 영향을 받은 문학으로 취급하였다. 그러나 핸슨(P. D. Hanson)은 바벨론 이후 예언 문학에서 그 기원을 찾았다. 다니엘서 이전에 묵시적 성격을 갖는 여러 단편에서부터 유래한 것으로,

---

[1] Hanson, Paul D., 『묵시문학의 기원』 이무용, 김지은 공역, 크리스챤 다이제스트, 1996. 참고

예언 문학의 아들이며 유대 전통에서 출발했다는 것을 밝혔다. 이렇게 초기 묵시문학에 속하는 작품들은 이사야 24-27장, 제3이사야인 55-66장, 스가랴 9-14장 등이 있다.2)

묵시문학은 주전 6세기 말 귀환공동체 이후 예언 문학의 후기 작품들에서 시작하여 발전하여 나갔다. 묵시의 기원이 되는 예언문학 안에 묵시문학적 단편들을 살펴본다.

예언서 안에 묵시적 단편들

이사야 24-27장

이 부분은 도시의 멸망과 흩어진 유대인들의 귀환을 말한다. 여기에 나오는 도시는 세계의 종말을 강하게 열망한다. 핸슨은 이것을 최종적인 전쟁에서 야훼의 승리로 결말나는 묵시문학의 종말론 모형이라고 한다.

제3이사야

제3이사야의 작품인 이사야 55-66장도 묵시적 성격의 글이다. 이 글의 시기는 주전 6세기 말경, 즉 성전시비가 있던 520년경으로 본다. 핸슨은 포로기 이후 지도권으로부터 소외된 계층을 '제2이사야'의 추종자들과 레위 지파 제사장이라고 분석하였다. 이들은 현실 역사에 대해 회의하는 비관주의 입장을 가지게 되었고, 이들의 관점에서 묵시문학적 역사

---

2) 박준서, "구약 묵시문학의 역사이해" 『신학논단 제15집』 1982, 연세대학교 신과대학 PP. 1-22.

관이 등장하게 되었다.3)

에스겔 38-39장

메섹과 두발의 영주인 곡(Gog)이 마곡(Magog)의 땅으로부터 악의 세력을 동원하여 야훼와 전쟁을 일으킨다. 그들은 북방에서부터 군대를 이끌고 유대인들이 포로 생활에서 돌아와 정착해서 사는 이스라엘 땅으로 쳐들어오게 될 것이다. 그러나 신비하게도 침략자들은 이스라엘 산악 지대에서 패하고 만다. 여기서 이 예언이 분명하게 말하는 것은 그 시대 사람들이 두려워하는 세상의 모든 나라가 하나님께 대항해서 일어나지만, 그 결과는 실패였다는 것이다.

요엘

요엘서는 크게 두 부분으로 나눈다. 첫째 부분은 주로 역사적인 사건으로, 재난 선포이다. 예언자는 메뚜기 재앙을 선포하면서 이스라엘의 원수들이 쳐들어올 터이니 회개하라고 한다. 두 번째 부분은 묵시적인 것으로서 열방이 심판받는 날에 이스라엘은 구원을 얻으리라고 한다. 심판 날에는 하나님의 영이 강림하는 전혀 새로운 일이 일어날 것이다.

그 밖에 정경에는 오늘 우리가 본격적으로 다룰 스가랴와 다니엘이 있고, 정경 외에는 에티오피아의 에녹서와 제4에스라 등 다수의 묵시문학 작품들이 존재한다.

---

3) Ibid. 9-10.

예언의 시대는 가고

포로기 이후 예언자들이 전한 희망의 메시지와 새로운 나라의 구상은 절망 가운데 있는 백성들에게 새로운 힘을 불어넣어 주었다. 그러나 그러한 꿈은 현실로 이루어지지 않았다. 백성들은 급격히 실망하기 시작했고 예언자에 대한 비판이 일어났다. 예언은 쇠퇴하고 잊혀갔다. 에스라 이후 예언자에 대한 기록은 사라져 버렸다. 예언의 시대는 그래도 미래에 대한 이런저런 희망이 백성들 가운데 무성하게 꽃피울 때이다. 특히 포로기 이후 예언자들에게서 그런 경향을 볼 수 있었다. 그 시대의 학개와 스가랴의 예언이 단지 말씀의 차원을 넘어 실제로 성전을 건축하는 힘을 모아내는 데 성공했는데, 그것을 정점으로 예언은 급격하게 소멸한다. 왜 그 이후 예언이 이렇게 급격하게 쇠퇴하였는가? 페르시아 시대가 계속되는 동안 이스라엘은 정치 활동에 참여할 수 없었고, 그 까닭에 모든 미래에 대한 희망은 아주 먼 일로 밀쳐놓을 수밖에 없는 현실이었다. 그들에게 희망을 앗아간 제국들은 강고한 성채이다. 그러나 그 강한 제국 바벨론도 페르시아도 무너졌지만, 그들이 사라지기를 기대했던 꿈들도 부질없었다. 새로운 제국과 그들과 손잡은 지배세력은 여전히 착취를 이어갔고, 폭력적이었다. 백성들은 더욱 깊은 절망에 빠졌다. 아무것도 희망할 수 없는 역사적 현실은 그나마 역사에서 희망의 실마리를 잡아내던 예언자에 대한 존경을 급속하게 사라지게 했다. 오히려 예언자들은 조롱과 멸시의 대상이 되어버렸다.

그날이 오면, 내가 이 땅에서 우상의 이름을 지워서, 아무도, 다시는 그 이름을 기억하지 못하도록 하겠다. 나 만군의 주가 하는 말이다. 나는 또 예언자들과 더러운 영을 이 땅에서 없애겠다. 그런데도 누가 예언을 하겠다고 고집하면, 그를 낳은 아버지와 어머니가 그 자식에게 말하기를 '네가 주님의 이름을 팔아서 거짓말을 하였으니, 너는 살지 못한다' 한 다음에, 그를 낳은 아버지와 어머니는, 아들이 예언하는 그 자리에서 그 아들을 찔러 죽일 것이다. 그날이 오면, 어느 예언자라도, 자기가 예언자 행세를 하거나 계시를 본 것을 자랑하지 못할 것이다. 사람들에게 예언자처럼 보이려고 걸치는, 그 거친 털옷도 걸치지 않을 것이다. 그러고는 기껏 한다는 소리가 '나는 예언자가 아니다. 나는 농부다. 젊어서부터 남의 머슴살이를 해왔다' 할 것이다. 어떤 사람이 그에게 '가슴이 온통 상처투성이인데, 어찌 된 일이오?' 하고 물으면, 그는 '친구들의 집에서 입은 상처요' 하고 대답할 것이다.(스가랴 13:2-6)

누군가가 계속해서 자기가 예언자임을 고집한다면 그의 부모가 그를 죽일 수도 있다. 누구도 당시 예언자 집단이 엘리야 흉내를 내며 상징처럼 입었던 털옷을 입지 못할 것이다. 그때까지 예언자가 되려고 애썼던 자들은 이제 자신이 예언자임을 부인하고 농부라고 말할 것이다. 그리고 전에는 자신이 예언자임을 증거 하는 표시로 황홀경 상태에서 만든 상처들에 대해서도 부인하게 될 것이다.

이렇게 하여 이스라엘은 예언자들이 자취를 감춘 후 처음 맛보는 무서운 압박을 받게 되었다.(마카베오상 9:27)

어느 시대이건 신적 영감을 받았다고 하는 카리스마적인 인물은 사라진 적이 없었다. 그런 의미에서라면 예언은 결코 종결된 적이 없다. 그러나 시대가 요구하는 권위 있는 목소리가 필요했지만 그런 목소리를 내는 사람이 아무도 없었다는 말일 것이다. 주전 2세기 문헌들을 보면 예언자들이 더 존재하지 않는다. 그 대신에 새로운 운동, 곧 묵시문학(제1에녹, 다니엘)이 생겨나기 시작했다.[4]

묵시가 일어난 역사적 배경

바벨론 포로 생활이 끝나고(주전 538년) 귀향한 이후, 많은 세월이 흘렀다. 귀환 후에 학개나 스가랴 등의 예언자들이 보여주었던 이스라엘 회복에 대한 아름다운 꿈들은 이루어지지 않았다. 오히려 페르시아 제국(주전 539-333년), 그 후의 그리스 제국(주전 333년 이후) 밑에서 수난의 역사는 이어졌다. 이러한 실망이 지속하는 상황에서 역사의 무대에서 활동하시는 하나님의 모습은 점점 더 멀게만 보였다.

결국, 예언에 대한 기대는 사라지고 예언에 대한 비판이 고개를 들었다. 요엘과 스가랴에 첨가된 예언에 대한 비판들(요엘 2:28-29, 스가랴 1:5-6, 13:2-6 등)은 과연 누가 썼을까? 이들은 기록된 예언에서 영감을 끌어냈고 스스로 하나님께서 자신들을 통해 계속 말씀하신다고 믿었다. 동시에 이들은 자신들을 그 시대의 예언 활동가들로부터 구분했다. 당시 예언자들이 쓰는 중재 방식인 드라빔, 점, 해몽과 같은 것은 철저하게 불신했다. 이런 예언은 남창의 오염과 같은 부류로 간주하기까지 했다. 이

---

4) 코흐, 『예언자들 2』, 강성열 옮김, 1999, 크리스천 다이제스트, 290-291.

렇게 당대에 유행하던 예언 현상은 낮게 평가되었고 이내 사라져 버렸다.

바벨론 포로기 이후 새롭게 형성된 토착 귀족집단에 귀환 귀족집단이 합세함으로 지배층의 수가 급증하면서 지배층 간의 갈등이 야기되었다. 이로 인해 이들 지배 귀족들은 다른 지배 분파를 압도하기 위하여 각자 수탈을 강화할 수밖에 없었다. 이러한 사회 속에서 민중은 반(反)체제, 반(反)사회 행동을 보일 수밖에 없었다. 민중이 일상의 언어로 자신들의 속내를 표현할 수 없게 되자 언어는 꼬여지기 시작한다. 이러한 억압의 사회 속에서 묵시 현상이 퍼지며, 묵시문학적 단편들이 출현하게 된다.

헬레니즘 시대 문화적 충격은 엄청났다. 지배층은 급격히 증가한 부를 바탕으로 헬레니즘 문화를 향촌 사회에까지 번지게 했다. 이제까지는 아무리 강고한 제국 체제라고 하더라도 사실 중앙권력을 장악할 뿐이지 직접 제국의 영향력이 향촌 사회에까지 미치지는 않았다. 조그만 마을은 아시리아가 지배하든, 바벨론이 지배하든, 페르시아가 들어서든 간에 항상 그 마을의 어른이 어른이고 어떤 정권 아래도 향촌 사회의 중심은 흔들리지 않았다.

그러나 주전 333년에 알렉산더가 페르시아를 무너뜨리고 새로운 그리스(희랍)제국이 탄생한다. 알렉산더가 정복한 후 그의 네 아들이 영토를 나누어 통치하면서 향촌 사회도 달라졌다. 그 당시 이스라엘은 이집트에 기반을 둔 프톨레미 왕조(주전 301-198년)의 지배 아래 있다가 후에 아시리아에 기반을 둔 셀류커스 왕조(주전 198-140년)에 예속되었다. 팔레스타인은 이 두 왕조의 지배를 번갈아 받는다.

프톨레미 왕조는 수로 건설 덕분에 생산력이 비약적으로 향상했다. 지금도 이집트나 유럽 등에 남아 있는 공중 수로들은 프톨레미 왕조 때 건설한 것이다. 이로 인해 그 통치권도 아주 세밀해졌다. 그들은 향촌 지역까지 행정 단위로 조직하여, 중앙에서 임명한 지방의 대표자가 다스리게 하였다. 한편 향촌 사회에서도 증가한 생산력으로 인해 다소 여유 있는 계층이 출현했는데 이들이 바로 바리새파이다. 따라서 제국세력은 가치관이 다른 바리새 등의 토착세력과 대립하게 되었다. 더군다나 셀류커스 왕조는 식민지 각 지역에 폴리스 또는 준 폴리스를 건설하고, 군사적, 문화적 침투에 적극적이었다. 그들은 헬라주의자를 양산하였고, 이는 토착 지식인과 심각한 갈등을 빚었다. 묵시문학은 이렇게 형성된 토착세력과 제국세력의 갈등이 첨예하게 맞서면서 생기게 된다. 특히 자신의 자리를 상실해 가는 토착 지식인과 식민지 착취에 시달리는 민중이 연대하면서 이들 사이에 강력한 저항 문학이 싹트게 되었고 묵시문학이라는 새로운 문학 장르가 발생한다.

묵시현상

묵시언어는 비밀언어이다. 우리가 다니엘의 환상이나 요한계시록에서 보는 바와 같이 무슨 말인지 알아들을 수가 없는 것이 묵시언어의 특징이다. 바다에서 나오는 짐승들의 이야기, 일곱 촛대의 이야기 등 도대체 그 이야기 자체로는 무슨 이야기를 하는지 알 수 없다. 왜 묵시언어는 이렇게 꼬여 있을까? 왜 알아들을 수 없는 말로 되어있을까?

학생들이 혹 선생님들에게 별명을 부른다고 하자. "얘들아, 곰이 떴다."라고 말할 때 학생들은 알고 웃을 수 있지만, 그 말이 선생님에게는 닫혀 있다. 학생들끼리만 통하는 은어이다. 어느 한쪽 대상에게는 비밀에 부치고 자기들끼리 통용하는 닫힌 언어, 즉 자기들 외에는 비밀에 부쳐진 언어가 바로 묵시언어이다.

그럼 이러한 묵시언어들이 사용되는 사회는 어떤 사회인가? 그것은 공개적으로 그 내용을 밝혀서 누구나 다 알도록 드러낼 수 없는 사회이다. 대개의 묵시문학이 가리키는 주제들은 "현 체제에 파국이 임박했고 하나님이 다스리는 새 세계가 곧 도래하리라"는 내용이다. 이런 것은 현세의 지도자들에 대한 노골적인 비판이기 때문에 그들에게 드러나서는 안 된다. 그래서 민중은 자기들끼리만 알 수 있는 은어로 말의 의미를 숨긴다. 그렇다고 이 말이 모두에게 감추어진 것은 아니다. 지배자들, 억압자들에게는 감추어져 있고 또 알더라도 꼬투리를 잡을 수 없을 만큼 심하게 말이 뒤틀려있다. 신비한 천상계의 이야기, 하늘로부터 들려오는 비밀의 계시, 천사들의 이야기 등이 비유, 상징, 신화들로 연결되어 있다. 설사 그 내용을 안다고 하더라도 현실의 이야기가 아니기에 꼬투리를 잡을 수가 없다.

예를 들어 일제 말기에 일본 순사들이 교회에 상주하여 목사의 설교를 감시했다. 이들은 구약성경과 요한계시록을 금지했다. 그런 상황에서 어느 목사님이 "일본은 망합니다. 머지않아 우리나라는 독립됩니다."라고 설교했다면 아마 설교 후 그는 바로 잡혀가고 말 것이다. 그러나 "여러분 밤이 깊을수록 새벽이 가까운 법입니다. 그러니 어둠이 깊더라도 희망을 품어야 합니다."라고 비유적으로 말했더라도 그것이 무엇을 뜻하는지 알아들을 수 있는 사람은 다 알아듣는다. 일본 순사마저도 알 수 있을 것이다. 그러나 밤이 깊으면 새벽이 온다는 것은 너무나 자명한 이야기이기에 그것을 꼬투리로 사람을 잡아갈 수는 없다. 이렇게 묵시언어는 어떤 시대 어떤 사회건 억압이 있는 곳에 존재하는 민중언어이고 비밀언어이다. 이것은 암울한 시대, 억압의 시대의 언어이다.

그들은 꼬여지고 비틀어진 언어로 자기들 시대의 모든 상징을 동원하여 그들이 가질 수 있는 희망을 말한다. 하지만 문학으로 드러나는 언어는 다양한 성향의 독자들을 의식할 수밖에 없다. 바흐찐은 이것을 "초수신자"라고 했다.5) 어떤 말이 한 집단에서 구연(口演)된다면 자기들끼리 형성된 공감대 안에서 실감 나게 전달되겠지만, 알 수 없는 대중에게 발표된다면, 하고 싶은 말이 있더라도 누그러뜨리고 자기 검열 과정을 거치지 않을 수 없다. 복음서나 베드로전서 2장, 로마서 13장 등에 나타나는 로마 권력에 대한 유화적인 본문들은 이런 적대적인 수신자를 의식한 표현들이다. 그런데도 도저히 굽힐 수 없는 자기들의 생각을 표현하고 싶을 때 언어는 꼬부라진다. 그러므로 묵시는 더욱더 깊은 한(恨)의 표출이고 이러한 표현방식을 감행하는 사람들은 한이 깊은 민중일 가능성이 크다.

민중은 메시아 대망사상이라든가 새로운 세계에 대한 정보 등을 말한다. 이러한 희망만이 암울한 시대를 뚫고 갈 힘을 준다. 그들은 민중에게 유포되는 민담, 전설, 신화 등을 총동원하여 자기들의 희망과 극적인 해결을 갈망하는 강렬한 메시지를 이야기한다. 이것이 묵시문학이다.

묵시문학이 이야기하는 방식이 하늘의 비밀을 전달하는 신비스러운

---

5) 이정희, "요한묵시록과 민중"『신학사상 제58집』1987. 9월. 562.

방식이기에, 먼 미래에 진행될 사건들을 예언하거나 하나님의 신비를 들추어내는 것으로 오해하기 쉽다. 그러나 묵시의 비밀언어는 시대를 초월하는 비의(祕意)가 아니라 당대에 억압자들을 비껴가기 위한 비어(祕語)이다. 묵시문학을 시대를 초월하여 통용되는 신비한 비전(祕傳)으로 보아서는 안 된다.

박정희 정권 때 집권당인 공화당의 상징은 황소였다. 그러기에 그 시대 사람들은 소를 등장시켜 독재정권의 실정을 풍자했다. 후대에 그 풍자를 제대로 해석하려면 박 정권의 상징이 황소라는 것을 아는 사람만이 그 풍자의 참뜻을 알 수 있을 것이다. 마찬가지로 묵시문학에 등장하는 상징들은 당시 묵시를 사용하는 사람들에게는 훤하게 알려진 상징이다. 그 코드가 풀려야 묵시의 비밀을 밝힐 수 있다.

묵시적 상징들, 예를 들어 계시록에 나오는 검은 말과 붉은 말에 대해서 생각해 보자. 그것을 오늘 우리 시대의 상식에 대입하여 그럴듯하게, 검은 말은 산유국이고, 붉은 말은 좌파들이고…. 하는 식으로 해석하는 것은 금물이다. 묵시 언어들을 해석하려면 그 당시 쓰이던 상징들, 그 언어를 사용하던 사람들이 검은 말은 어떤 의미로 사용하던 말이고, 붉은 말은 어떤 의미로 사용하던 말인가 하는 당대의 용례가 밝혀지지 않는 한 해석될 수 없다. 물론 현대인들은 산유국도 알고 공산주의도 알지만, 이것들은 묵시가 쓰이던 시대에는 전혀 등장하지 않았던 개념이다. 오늘 우리들의 경험을 그 시대에 투입해 해석하는 것은 아전인수(我田引水)의 해석이다.

대개의 이단과 사이비들이 묵시문학을 소재로 해석을 남발한다. 남들이 해석하지 못하는 것을 해석해야 능력이 있는 것으로 비치기 때문이다. 그래야 '용하다'는 말을 들을 수 있다고 생각한다. 예를 들면 복음서의 비유들은 비유 이야기만으로도 무엇을 말하는지 대강 알 수 있다. 그러나 묵시는 이야기만으로는 알 수 없기에 기왕이면 남들이 해석 못 하는 것을 해석해야 자신을 드러낼 수 있고, 또 남들이 흠을 잡을 수도 없기 때문이다. 그러기에 이단과 사이비 종교는 묵시문학에 매달리는 특징을 가지고 있다.

묵시문학의 특징

묵시문학은 "현 세계는 악이 지배하는 세계로 파국을 향하여 간다."고 본다. 현 세계 내에는 발전 가능한 힘이 없다. 이제까지 예언서에 따르면 현 세계는 하나님의 의지가 관철되고 펼쳐지는 하나님의 무대였다. 그러나 묵시문학은 현 세계에 대한 희망을 접는다. 더 여기서 무슨 선한 것이 나오리라 기대하지 않는다. 힘의 근원은 세계 밖에 존재하는 하나님에게만 있다.

그러나 하나님이 세계 안으로 들어올 때 매개자 역할이 필요하다. 새로운 미래가 세상 밖에서 현세로 투입될 때 그것을 중개하는 절대적 힘을 가진 존재가 요청된다. 다니엘서는 이러한 존재를 '인자'라 부른다.(다니엘 7:13-14) 예수님도 자신을 인자라고 부르셨는데, 이는 새 시대를 여는 신적 존재를 말한다.

인자는 "인간성의 본질이 그(인자)에게 표현되는 개인"이다. 그의 주권 아래서 하나님 나라의 실현이 가능하며, 여기 지상 위에서 눈에 보이는 형태를 취한다. 인자는 절대 사라지지 않을 영원한 왕국과 도래하는 하나님 나라의 영원한 지배자이다. 그는 세계의 대 심판을 시작하며, 하나님 보좌에 앉게 될 분이시다. 그는 죽은 자들의 보편적인 부활을 불러 일으킬 분이시다.[6]

묵시문학이 말하는 파국과 새 세계의 도래는 철저하고 궁극적이다. 새 세계는 시간적으로 현세와 단절되어 있다. 그 나라는 공간적으로도 시오니즘이 말하듯이 예루살렘이나 유다에 국한한 것이 아니라 전 세계에서 나타난다.

이들은 현재가 임박한 파국이라고 인식한다. 이러한 임박성은 암시적으로 비상한 결단을 촉구한다. 이것은 극단의 정치적 결단을 불러서, 자신이 인자라며 정치적 봉기를 일으키는 지도자들이 등장했다. 반면 세속을 떠나 철저한 은둔 생활에 들어가는 유형도 있다. 에세네파는 세상과 떠나 자기들끼리 공동체 생활을 하면서 하나님 나라를 기다렸다. 파국을 맞이하는 자세는 서로 대립적이나 그 임박성에서는 양자가 긴밀하게 결부되기도 한다. 하지만 새 세계가 이루어지는 방법에는 차이가 있더라도 그 결과로 도달하게 되는 세계는 피안의 세계가 아니다. 궁극적으로 펼쳐지는 새 세계는 철저하게 역사의 무대 안에 나타난다는 것은 양자에 공통으로 나타난다.

또한, 묵시문학은 심판과 구원의 대상을 이원론적으로 구분한다. 누구도 이 양자 사이에 모호하게 존재하지 않는다. 심판의 대상은 악이 지

---

6) 코흐, "묵시문학과 종말론" 『기독교사상 279호』 1981, 9월호, 116.

배하는 현 세계의 지배자이며 구원의 대상은 그들에 의해서 고난받는 사람들이다.[7]

묵시운동

묵시운동의 종국에 나타나는 '우주적 전쟁'은 묵시적 용어로 표현되지만, 하늘의 전쟁을 바라만 보자는 말이 아니다. 이는 현 체제에 대해 희망을 두지 않기에, 더욱 적극적인 운동, 이미 희망 없는 대상을 제거하는 운동을 뜻하고 그 방법은 단지 도덕적인 영역에 머무는 것이 아니다. 악은 악으로 폭력은 폭력으로 대항하는 보다 과격한 운동의 방법을 말한다.

예언문학에서는 인간이 죄를 뉘우치고 회개할 때, 하나님은 이미 선포하셨던 징벌도 취소할 수 있다고 한다. 예언자 신학에서 하나님께서 예정하셨던 미래는 얼마든지 수정할 수 있다. 그러나 묵시문학은 현 세계는 이미 파국을 향해 그 운명이 결정 났다. 우리들의 행위는 이미 결정된 미래에 영향을 미치지 못한다. 묵시문학은 닫힌 역사관을 가졌다. 박준서는 다음과 같이 설명한다.

> 현재 역사는 악의 세력이 장악하고 있으므로 악의 세력으로부터의 구원은 역사의 연장선 위에서 이루어지는 것이 아니다. 오히려 시간적으로 아무리 연장된다고 하더라도 그것은 악한 세력이 확대될 뿐이다. 따라서 묵

---

7) 박준서, op.cit., 1-22.

시문학 전통에 있어서 역사는 이상적인 목표를 향해서 좀 더 나은 내일을 향해 나아가는 것이 아니다. 다만 역사의 최후 종말을 향해 나아갈 뿐이다.8)

현재의 역사를 해석하는 이러한 관점은 묵시문학의 탈속적, 은둔적 경향을 보이는 분파에게 보다 잘 맞는 해석이다. 그들은 새로운 세계가 도래하는 힘이 초월적인 영역에 의해서 이루어진다고 믿기에, 단지 우주적인 도래를 희망하고 숨어서 기다리면 되었다. 그들은 흑암의 권세가 역사를 장악할 때라도 좌절하거나 신앙을 버리지 않는 한, 도피하여 일단 소나기를 피하면 되었다.

하지만 악을 제거하고자 적극적인 참여의 방법을 취하는 분파는 자신들의 행위, 묵시운동을 통해서 새로운 세계가 도래한다고 생각한다. 묵시운동을 통하여 현실 세계의 변혁을 실현하고자 급격한 메시아 운동을 하던 묵시론자의 처지에서 본다면 현 세계를 보는 해석방법은 달라진다. 그들이 적극적인 참여의 방법으로 나아갔던 것은 '총체적 역사' 자체를 운명적으로 닫혔다고 보는 것이 아니고 '현 지배 체제의 역사'를 적극적으로 폐기하자는 것이다.

그렇지 않고는 묵시문학의 가장 중요한 요소인 '우주적 전쟁'(cosmic warfare)에 대해서 설명할 길이 없다. 종말의 날에는 하나님과 악의 세력 사이에서 전쟁이 일어나고 이 전쟁에서 하나님께서 승리하심으로 악의 세력은 완전히 전멸된다. 그 결과로 새 하늘과 새 땅의 새 창조가 이루어

---

8) Ibid., 11.

진다. 묵시문학에서 장황하게 묘사되는 우주적 전쟁은 과연 초역사적이고 초월적인 영역에서 벌어지고 마무리되는 전쟁일까? 그렇다면 묵시문학은 단지 공상 만화나 무협지 정도의 기괴한 상상일 뿐이다. 묵시문학의 언어가 뒤틀려있기는 하지만 그 언어를 초역사적인 영역으로 몰아 버리면 묵시문학은 가치 없는 공상이 되어버린다. 삶을 떠난 문학은 문학이 아니다.

"묵시문학이 현시대를 파국으로 보고 새 역사가 역사의 과정이나 역사의 무대에서 이루어지는 것이 아니라 초역사적이며, 마지막 일어날 우주적 전쟁도 지상의 전쟁이 아니라 우주적 전쟁이며, 하나님께서 악의 세력과 싸우시는 전쟁도 천상적 전쟁"[9]이라고 하는 것은 묵시문학이 미래를 빌어 현실을 말하고, 천상의 일을 통해 지상의 일을 말하는 특수한 어법이다. 현시대가 파국이라는 것은 어쩔 수 없는 운명이니 하늘만 바라보고 기다리자는 말이 아니다. 현재를 지배하는 권력에 대한 기대를 접자는 것이다. 미래에 대한 가능성이 없는 현 체제에 대해서 기대를 걸 필요가 없다는 것이지 이 역사가 변화되는 희망을 접자는 말이 아니다.

현재의 지배세력에게 가능성이 없다면 대응 방식도 달라야 한다. 그들에게 아직 가능성이 있다면 그들이 가지고 있는 신앙적 담론이나 도덕성에 호소하여, 그들이 변하기를 기대할 수 있다. 이는 예언자들이 그랬듯이 하나님의 말씀으로 호소하여 바로잡는 방식이다. 예언자들의 선포가 항상 '돌이켜라, 회개하라'(히, 슈브)는 명령으로 마감하듯이 역사는 항

---

9) Ibid., 17.

상 개방되어 있고 선택적이다. 그러나 묵시론 자는 현 체제에 대해 비판적이다. 거기에는 선한 것이 없고 가능성이 없는 닫힌 역사이다. 이것은 무엇을 말하는가? 그것은 현재의 권력이 철저히 망하도록 도울 때라야 새로운 세상이 올 수 있다는 것이다. 그러니 묵시론 자들의 투쟁방식은 하늘만 보자는 것이 아니고 적극적으로 현재의 악을 제거하자는 것이다.

묵시문학은 오랜 경험으로 이미 상대는 가능성이 없고 악한 존재라고 판명한다. 그렇다면 운동의 방법도 바뀌어야 한다. 가능성이 없는 체제에서 선한 방법으로 자극하여 스스로 돌이키기를 기다리며 그 시간을 연장하는 것은 오히려 상처를 더 곪게 만든다. 치료를 위해서라면 악한 세력은 오히려 빨리 부패하고 더욱 악해져서 스스로 무너지게 해야 한다. 악은 더 큰 악으로 망가뜨려야만 새것이 온다. 아직도 순진하게 선한 자극에 의존하는 운동은 소모적이다. 오히려 자신만을 지치게 만들고 정작 뉘우칠 양심마저 가지지 않은 상대는 아무런 자극조차 느끼지 못한다. 그들을 구원할 수 있는 유일한 방법은 파국을 앞당기는 길이다. 현 체제를 악이라고 규정했다는 것은 그들의 운동방식, 투쟁방식도 전적으로 달라졌다는 말이다. 역사에 관한 규정이 달라졌다는 것은 그 시대를 살아가는 사람들의 운동방식과 삶의 방법이 새로워졌다는 뜻이다.

유독 묵시의 시대에는 자신이 인자(메시아)라며 민중과 함께 일으킨 무력봉기가 성하였다. 그들이 인자라고 스스로 주장하는 것은 분명한 묵시문학의 소산이다. 그들은 우주적 전쟁을 천상의 전쟁으로 생각하지 않았다. 오히려 자신들이 이 우주적 전쟁에 참여하여 하나님의 역사 개입을 불러올 수 있다고 믿었다. 이러한 묵시문학적 생각이 젤롯당(열심당)과 같은 폭력에도 영향을 미쳤다. 그들은 지배자들에게는 '강도'라고 불렸지만, 민중의 기대와 희망을 한 몸에 받았다. 젤롯당이 당시 묵시적 희망 속에서 살던 유대 민중에게 얼마나 환호를 받았는지는, 인기 경쟁에서 예수님이 "강도 바라바"에게 참패를 당하신 것에서 잘 알 수 있다. 아마 예수께서 십자가에 달릴 때, 함께 했던 두 강도도 현실적인 묵시 해방가였을 것이다.

이정희는 "묵시록 민중공동체의 역사 인식은 '이 역사는 사탄의 세력이 지배하고 있다'가 아니라 '사탄의 세력이 지배하는 역사는 총체적으로 끝나야 한다.'는 사실에 핵심이 있다. 그러므로 민중의 역사의식은 혁명의식이다."라고 한다.[10] 그는 "묵시록의 미래적 표상에 모든 초점을 맞추는 것은 묵시록 해석에 있어서 근본적인 오류의 하나일 뿐이다. 묵시록에서 민중이 대망하는 '메시아적 예루살렘'은 미래의 시간에 이룩되기보다는 '하늘이 땅을 뒤덮어 새로운 땅을 만드는'(21:10) 공간적 변혁, 혁명에 있다."라고 한다.

묵시문학이 먼 미래에 관한 이야기가 아니라는 것을 앞서서 말했다. 그러나 필자의 생각에 묵시문학은 미래적이기도 하다. 그래야 묵시문학의 생명력이 존재한다. 단지 묵시문학이 쓰인 당대의 비밀을 밝히는 책이라고 한다면 오늘을 사는 우리에게는 아무런 의미가 없어진다. 우리는 낡은 시대의 경전을 들추어낼 만큼 한가롭지 않다. 묵시문학은 당시 민중의 한을 담은 언어이고 그들이 자신을 억압하는 악의 세력에 대해 맞서는 말이다. 그러기에 악이 창궐하는 시대와 맞섰던 저항의 기록이며, 훗날 악의 시대가 다시 온다면 여전히 묵시문학은 힘을 발휘할 것이다.

---

10) 이정희, "요한묵시록과 민중"『신학사상』제58집, 1987. 9월호, 576.

묵시가 민중의 한을 풀어내는 언어인 한, 묵시는 유사한 미래의 억압을 풀어내는 비전(祕傳)이며 열쇠다.

　묵시문학은 이야기 속에서 그 핵심적인 주제로 악의 세력을 문제 삼으며, 그 악의 세력과 연루된 모든 문제를 직시한다. 묵시문학의 민중적 상상력은 악의 세력의 심장부에 대한 공격을 감행한다. 악의 세력이 땅 위에서 자행하고 있는 전쟁과 수탈, 인간 살해, 그리고 그 세력에 유착한 군인, 고관, 부유한 자들의 횡포, 그와 같은 불의한 현실 속에서 민중의 고난과 처참한 노동, 그리고 탄원과 눈물, 그들의 신앙과 희망이 묵시 속에 점철되어 있다.11)

---

11) Ibid., 579.

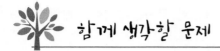

함께 생각할 문제

* 묵시문학의 기원에 관해 이야기해 봅시다.

* 묵시문학과 예언문학의 차이점에 관해서 이야기해 봅시다.

* 묵시문학이 민중의 언어이며 억압받는 시대의 언어라면 오늘날 이와 비슷한
  실례에 관해서 이야기해 봅시다.

* 당시 묵시문학은 억압된 시대, 제대로 자신들의 언어로 말할 수 없었던 민중
  의 피눈물 나는 투쟁의 언어들이다. 이런 묵시 운동가들을 단지 먼 세계 이루
  어질 일들을 꿈꾼 공상가로 치부하면 시대의 진실은 왜곡된다. 오늘 우리가
  살아가는 시대도 혼란스럽다. 여전히 재벌과 권력을 가진 사람들의 손에서
  역사는 농락당하고 있고 이들을 대변하는 언론은 국민의 눈과 귀를 요란한
  언설로 미혹한다. 이 시대의 진실은 어디서 찾을 수 있을까 각자의 느낌을 말
  해 봅시다.

"진실의 무게감"

그래서 이 명령을 받은 부하들이 그들에게 매질을 많이 한 뒤에, 감옥에 가두고, 간수에게 그들을 단단히 지키라고 명령하였다. 간수는 이런 명령을 받고, 그들을 깊은 감방에 가두고서, 그들의 발에 차꼬를 단단히 채웠다. 한밤중에 바울과 실라가 기도하면서 하나님께 찬미의 노래를 부르니, 죄수들이 듣고 있었다. 그때 갑자기 큰 지진이 일어나서, 감옥의 터전이 흔들렸다. 그리고 곧 문들이 모두 열리고, 모든 죄수의 수갑이며, 차꼬가 풀렸다. 간수가 잠에서 깨어서, 옥문들이 열린 것을 보고는, 죄수들이 달아난 줄로 알고, 칼을 빼서 자결하려고 하였다. 그때 바울이 큰소리로 "그대는 스스로 몸을 해치지 마시오. 우리가 모두 그대로 있소" 하고 외쳤다. 간수는 등불을 달라고 해서, 들고 뛰어 들어가, 무서워 떨면서 바울과 실라 앞에 엎드렸다. 그리고 그들을 바깥으로 데리고 나가서 "두 분 선생님, 내가 어떻게 해야 구원을 얻겠습니까?" 하고 말하였다. 그들이 말하였다. "주 예수를 믿으십시오. 그러면 그대와 그대의 집안이 구원을 얻을 것입니다." (사도행전 16:23-31)

전광훈으로 인해 온 나라가 시끄럽다. 그로 인해 기독교는 신천지와 동급이 되어버렸다. 아니 신천지는 사과라도 했는데 그는 오히려 뻔뻔하다. 전광훈뿐만이 아니라 8.15 집회에 수많은 보수 기독인들이 동원되었다는 점에서 기독인들은 아주 심각한 비난에 처했고, 깊은 내상을 입었다. 전광훈 무리는 뒤로 숨는 것이 아니라 앞으로 진단거부, 병원 탈출 등 온 국민을 위협하는 행동을 한다. 이는 마치 바이러스 테러를 하려는 것 같다. 그로 인해 방역 한국의 이미지가 훼손되었고, 전국으로 많은 확진자가 생겼다. 심지어는 자신의 교회 안에서도 사망자가 발생했다. 가장 큰 피해자는 기독교다. 그로 인해 기독교인이라는 것을 밝히기조차 곤란해지기도 한다. 이 귀한 시간에 아무런 본이 되지 않는 사람의 이야기를 해야 하는 상황이 속상하다.

전광훈은 1983년에 사랑제일교회를 개척했다. 그이 나이 27살 때다. 그런데 안양대 신대원을 졸업한 것은 44살인 2000년이다. 거기에 첨부된 성적 증명서에는 2001년부터 2003년까지의 성적이 첨부되었다. 그런 이유에 대해서 전광훈은 정규 신학대학이 아니라서 그렇다고 말도 안 되는 이유를 대었다고 한다. KBS는 학력이 위조된 것으로 보인다고 보도했다. 당연히 목사 안수도 불투명하다. 그가 속한 교단에서는 예장 대신 측은 2019년 여러 가지 의혹이 있어 그를 목사에서 제명했다. 그러니 그를 목사라고 불러서는 안 된다. 그에게는 빤스 목사라는 별명이 붙어 다닌다. 2005년도 대구 집회에서 했던 발언 때문이다.[12]

"우리 교회 성도들은 목사인 나를 위해 죽으려는 자가 70% 이상이다. 내가 손가락 한 개 펴고 다섯 개라 하면 다 다섯 개라 한다. 자기 견해 없이 목사를 위해 열려있는 것이다. 어떤 의미에서 목사는 교인들에게 교주가

---

12) 평화나무 주간신문 8월 31일자 15쪽, "이완배 칼럼" 중에서

되어야 한다."

"이 성도가 내 성도가 됐는지 알아보려면 두 가지 방법이 있다. 옛날에 쓰던 방법 중 하나는 젊은 여집사에게 빤스 내려라. 한번 자고 싶다 해보고 그대로 하면 내 성도요. 거절하면 똥이다. 또 하나는 인감증명을 끊어오라고 해서 아무 말 없이 가져오면 내 성도요, 어디 쓰려는지 물어보면 아니다."

듣고 전하기조차 민망하다. 정상적인 사람은 이런 것을 요구하지 않는다. 이것은 거짓을 일삼고 악을 행하려 하는 자가 미리 세뇌하기 위해 하는 훈련이다. 그는 2019년 10월 집회에서 또 유명한 말을 했다. "나는 하나님 보좌를 잡고 산다. 하나님, 꼼짝 마! 하나님 까불면 나한테 죽어"라고 말했다.

전광훈이 갑자기 유명세를 탄 것은 그가 "문재인 대통령 하야 운동"을 주도하고 "기독자유당"이라는 정당을 만들었기 때문이다. 차마 입에 담지 못할 욕으로 대통령을 모욕하고 청와대 앞에서 단식하며 청와대 진격 운동 등을 전개했다. 전광훈은 전광훈이 아니다. 그가 갑자기 그렇게 유명해질 이유가 별로 없다. 그의 삶과 이력, 신앙 어느 것 하나 진실성이 없다. 그의 모든 것이 누군가에 의해서 바람과 같이 만들어진 것들이다. 그의 배후에는 지금 보수 야당의 인사들이 있고, 보수언론이 있다. 그리고 누군가 거대한 돈을 대는 세력이 있다고 보인다. 수년간 계속되는 광화문 집회로 촛불의 성지인 광화문을 수구들의 터전으로 바꾸어 버렸다. 엄청난 돈이 들어가는 일이다.

이번 광화문 집회에도 각 지역에서 대형버스들을 동원해서 상경한 것이 속속 드러나고 있다. 그들은 자기들이 주머니를 내서 모이는 사람들이 아니다. 수년간 계속 버스 상경을 주도해온 배후에는 막대한 자금력이 있을 것이다. 이번 광화문 집회는 부동산 문제로 지지율이 역전되는 위기까지 처한 여당을 단번에 뒤집어 버리겠다는 도박이었다. 아니 그들에게는 도박이랄 것도 없다. 잘되면 현 정부를 가열 차게 몰아세워 승기를 잡을 테고, 나쁘게 되어도 문재인 정부의 최대 치적인 방역에 구멍을 내기 때문이다.

전광훈은 그 뒤 거대세력들에 이용하는 자발적 광대일 뿐이다. 매우 슬픈 것은 그가 목사, 교회, 기독교라는 간판으로 활동한다는 것이다. 그러나 그로 인해 상심할 필요는 없다. 우리들의 마음마저 흔들릴 필요는 없다. 그의 삶과 말에는 티끌만큼이라도 진실이 없기 때문이다. 만약 그에게 진리의 한 자락이라도 있었다면 사람들에게 혼란을 줄 것이다. 그의 삶과 신앙, 행동에는 조그마한 진실도 없다. 그에게는 진실의 무게감이 없다. 그런 것은 잠시 바람일 뿐이지 큰 영향을 미치지는 못한다. 진리는커녕 그에게는 합리도 없다. 그의 말과 행동에는 그 울타리 밖의 사람들을 공감해서 모아올 만큼의 합리성이 전혀 없다. 단지 그를 이용하는 세력들이 차마 자기들이 하지 못하는 짓을 거침없이 행해주고, 거친 말로 모욕하고, 때마다 나와서 망나니의 칼춤을 추어주기 때문에 그가 유명한 것이다.

오늘 사도행전의 말씀은 진리가 무엇인지를 우리에게 보여준다.

바울과 실라가 투옥되었다. 그런데 지진이 일어나고 옥문이 열리고 그들을 묶었던 착고가 풀어졌다. 자정에서 여명 사이라 잠에 빠져들었던 간수가 깨어 보니 옥문이 열렸다. 그 간수는 칼을 빼 들고 자결하려고 하였다. 사도행전 12장에 베드로가 비슷한 사건으로 감옥을 탈출했는데 헤롯은 그 책임을 물어 간수들을 처형한 일이 있다. 그런데 안에서 급한 소리가 들렸다. "당신 몸을 상하게 하지 마시오. 우리가 다 여기 있소" 누구든지 그런 기회가 있으면 당연히 도망할 것이다. 그런데 도망가지 않고 그대로 있는 사도들의 의연함에 간수는 오히려 두려워 떨었다. 그들은 바울과 실라 앞에 엎드렸다. 원래 무서워 떨어야 할 사람이 누구인가? 죄수로 잡힌 노인들, 벌거벗겨 수갑과 차꼬를 한 보잘것없는 몰골의 노인들은 오히려 당당하게 앉아있고, 갑옷 입고 칼 찬 간수는 무서워 떨며 벌거벗겨진 노인들 앞에 무릎을 꿇고 엎드렸다.

이 당당함이 어디서 오는 것일까? 우린 구멍 하나만 생기면 앞뒤 안 가리고 빠져나가려고 한다. 제 앞에 생긴 기회를 부여잡으려고 체면 던지고 싸운다. 그런데 문이 활짝 열리고 수갑과 차꼬가 다 풀려도 당당하게 앉아서 버틸 수 있는 용기는 바로 초기 그리스도인들이 가졌던 당당함이었다. 그것이 그들이 가졌던 진리의 당당함, 신앙적 자신감, 그들의 인격에서 나오는 의연한 기세에 무장한 간수는 제압되었다. 그는 엎드린 채, "두 분 사도님, 내가 어떻게 해야 구원을 얻을 수 있습니까"라고 묻는다. 바울과 사도들은 "주 예수를 믿으십시오. 그러면 그대와 그대의 집안이 구원을 얻을 것입니다."라고 말한다. 예수를 믿는다는 것은 이런 당당함으로 세상을 대하는 것을 말한다. 무릇 크리스천은 이런 사람들이다. '세상을 이기신 하나님'을 자신들 안에 모시고 있는 사람들이다. 우주와 삼

라만상과 온 세상이 다 그 아버지의 소유인 그런 아버지의 아들, 딸이다.

구한말 이완용과 황 현은 진리가 무엇인지, 역사에 살아있는 것이 어떤 것인지를 분명하게 보여준다. 이완용은 초기에 미국에 있는 한국 공사관 관리를 했던 개화파 인물이었고 독립협회 회장까지 지냈다. 그러나 1905년 학부대신(교육부 장관)으로 있을 때 한국의 외교권을 빼앗으려는 을사늑약에 가장 먼저 찬성했다. 그 공로로 뒷날 총리대신이 되었고, 나라를 일본에 넘기는 데에도 앞장섰다. 나라를 넘긴 대가로 일본으로부터 작위와 은사금도 받아 부귀영화를 누렸다. 거기와 비교하면 그 시대에 시골에서 선비로 살았던 황 현이란 분이 있었다. 그는 1910년 나라가 망했다는 소식을 듣자 선비로서 나라 잃은 데 대한 책임을 통감하고 자결해 죽었다. 다음은 매천 황 현이 죽으면서 남긴 절명시(絕命詩)이다.

백발이 성한 세월에 난리 속을 이르러니
이 목숨 물리칠까 하였지만 그리하지 못하였고
오늘에는 더 이상을 어찌할 수 없게 되었으니
바람에 날리는 촛불만이 창천에 비치도다.

요망한 기운에 가려 제국의 별 옮겨지고
옛 궁궐은 가라앉아 글은 새고 느려 터져
이제는 따르고 쫓을 조칙마저 다시없을 것이러니
옥같이 아름다웠던 우리 천 가닥 눈물만 흘리도다.

고국강산 찌그러져 짐승도 슬피 울고 나는 새도 슬피 우니

무궁화 이 강산은 가라앉아 사라지고

세월의 등잔불 아래 천고의 한 덮어두니

참다운 지식인 되어 인간답기 어렵도다...

절명시의 마지막 부분은 "나는 (벼슬하지 않았으므로 사직을 위해) 마땅히 죽어야 할 의리는 없다. 단지 나라가 오백 년간 사대부를 길렀으니, 이제 나라 망하는 날에 한 사람도 죽지 않는다면 그 또한 애통한 노릇이 아니겠는가."라고 했다.

정파 이만열 선생은 이완용과 매천을 비교하면서 "역사에는 누가 살아있는가. 나라 판돈으로 부귀영화를 누린 이완용인가, 나라 잃은 책임을 통감하고 목숨을 버린 황 현인가."라고 묻는다.

이완용은 당시 최고의 지성인이었고 조선의 최고 벼슬아치였다. 그는 더 큰 권력을 탐해 최고 권좌에 올랐으나 그의 화려한 이력은 그 화려한 만큼이나 그를 욕되게 할 뿐이다. 매천은 아무런 벼슬도 하지 못했다. 단지 한 줄의 시를 남기고 절명했지만 매천에게는 이완용에게는 없는 역사의 진실이 있다. 이완용의 삶에는 권력을 향한 몸부림만 있을 뿐이지 그에게는 손톱만큼의 진실도 없다. 진실이란 것은 단지 사실을 말하지 않는다. 그것은 나보다 남을 위하고 자신의 명예보다는 대의의 길에 설 때 진실이라고 한다. 그는 당대 최고의 지성, 재력, 권력으로 으뜸의 자리로 포장했지만, 그는 바람에 나는 티끌과 같았다. 아니 우리는 그에게서 티끌만큼의 진실도 느낄 수 없다. 진실에는 거짓이 흉내 낼 수 없는 무게감이 있다. 오늘 우리는 마찬가지로 전광훈이나 그 배후의 세력들에게서도

전혀 그 진실의 무게를 느낄 수 없다. 그들은 이웃의 생명, 국민의 미래에 대해 아무 관심도 없이 자신들의 이익을 도모하기 위해 거짓을 남발하기 때문이다.

» 강남향린교회 강단 중에서

9

스가랴, 다니엘

스가랴

우리가 이사야서를 각 시대에 나누어 부른 것과 같이 스가랴서도 1-8장, 9-11장, 12-14장을 각각 나누어 제1스가랴, 제2스가랴, 제3스가랴 등으로 부르기도 한다. 스가랴 9장 1절에 '야훼의 말씀의 경고', 12장 1절에 '이스라엘에 관한 야훼의 말씀의 경고'라는 제목이 붙은 것으로 보아 원래의 스가랴에서는 세 개의 다른 예언집이 수록된 것으로 본다.

* 다음 스가랴서를 읽어보고 각자가 바라는 메시야 상에 관해서 이야기해 보시오.
  - 스가랴 4:1-7, 4:11-14, 6:9-13
  - 스가랴 9:9-10, 9:14-17, 10:3-4, 11:7

제1스가랴

제1스가랴는 스가랴 1-8장까지를 말하며 페르시아 초기 유배민의 귀환 시기가 배경이다. 왕족인 스룹바벨과 대제사장 여호수아 구체적인 두 인물에게 유대 민중이 바라는 메시야 대망이 반영되었다. 스룹바벨은 포로로 잡혀가 사망한 여호야긴 왕의 손자다.(대상 3:17-19) 그런 의미에서 재건되는 이스라엘은 다윗의 후손이 다시 왕국을 중흥할 것을 바라며 이들을 새로운 메시아로 기대한다.

학개는 총독 스룹바벨이 하나님을 대신하여 새로운 이스라엘과 세상의 뭇 민족을 다스릴 것이라고 선포한다.(학개 2:20-23) 예언자 스가랴도 유대인의 귀향 촉구, 시온의 통치권 확립(스가랴 2:6-13)을 말하며 왕족 출신인 총독 스룹바벨과 대사제 여호수아를 중심으로 시온을 회복할 것을 묵시문학의 이야기 방식으로 전한다.

> 내게 말하는 천사가 다시 와서 나를 깨우는데, 나는 마치 잠에서 깨어난 사람 같았다. 그가 나에게 무엇을 보느냐고 묻기에, 내가 대답하였다. "순금으로 만든 등잔대를 봅니다. 등잔대 꼭대기에는 기름을 담는 그릇이 있고, 그 그릇 가장자리에는 일곱 대롱에 연결된 등잔 일곱 개가 놓여 있습니다. 등잔대 곁에는 올리브 나무 두 그루가 서 있는데, 하나는 등잔대 오른쪽에 있고 다른 하나는 등잔대 왼쪽에 있습니다." 나는 다시 내게 말하는 천사에게 물었다. "천사님, 이것들이 무엇입니까?" 내게 말하는 천사가 나에게, 그것들이 무엇을 가리키는지 모르겠느냐고 묻기에, 천사에게 모르겠다고 대답하였다. 그가 내게 이렇게 말해 주었다. "이것은 주께서 스룹바벨을 두고 하신 말씀이다. '힘으로도 되지 않고, 권력으로도 되지

않으며, 오직 나의 영으로만 될 것이다.' 만군의 주께서 말씀하신다. 큰 산아, 네가 무엇이냐? 스룹바벨 앞에서는 평지일 뿐이다. 그가 머릿돌을 떠서 내올 때, 사람들은 그 돌을 보고서 '아름답다, 아름답다!' 하고 외칠 것이다." 주께서 나에게 말씀하셨다. "스룹바벨이 이 성전의 기초를 놓았으니, 그가 이 일을 마칠 것이다." 그때에야 비로소 너희는 만군의 주께서 나를 너희에게 보내셨다는 것을 알게 될 것이다. "시작이 미약하다고 비웃는 자가 누구냐? 스룹바벨이 돌로 된 측량 추를 손에 잡으면, 사람들은 그것을 보고 기뻐할 것이다. 이 일곱 눈은 온 세상을 살피는 나 주의 눈이다." 나는 그 천사에게 물었다. "등잔대의 오른쪽과 왼쪽에 있는 올리브나무 두 그루는 무엇을 뜻합니까?" 나는 또 그에게 물었다. "기름 담긴 그릇에서 등잔으로 금빛 기름을 스며들게 하는 금대롱 두 개가 있고, 그 옆에 올리브 나뭇가지가 두 개 있는데, 이 가지 두 개는 무엇을 뜻합니까?" 그 천사가 나에게, 그것들이 무엇을 가리키는지 모르겠느냐고 묻기에, 나는 천사에게 모르겠다고 대답하였다. 그 천사는, 올리브나무 두 그루와 가지 두 개는, 온 세상을 다스리시는 주님을 섬기도록, 주께서 기름 부어서 거룩히 구별하신 두 사람이라고 말해 주었다.(스가랴 4:1-14)

'나 만군의 주가 이렇게 말한다. 이 사람을 보아라. 그의 이름은 '새싹'이다. 그가 제자리에서 새싹처럼 돋아나서, 주의 성전을 지을 것이다. 그가 주의 성전을 지을 것이며, 위엄을 갖추고, 왕좌에 앉아서 다스릴 것이다. 한 제사장이 그 왕좌 곁에 설 것이며, 이 두 사람이 평화롭게 조화를 이루며, 함께 일할 것이다.'(스가랴 6:12-13)

이들은 성전 재건을 시도하고 이스라엘의 중흥을 꾀했지만, 결국 그들에게 걸렸던 민중의 기대는 증발되었고 민중은 좌절하기에 이른다. 이에 이어지는 스가랴서는 새로운 민중 메시아사상을 말한다.

제2스가랴

제2스가랴는 9-11장까지 짧은 내용이지만 예수의 호산나 입성이 이를 재현했다는 점에서 예수 행적에 모델이 되는 중요한 성경이다. 제1스가랴에서 민중의 기대를 모았던 두 인물은 모두 실패했다. 이에 민중은 이제까지 없었던 새로운 메시아 상을 떠올리게 된다.

이는 마케도니아에 의해 대제국 페르시아가 멸망한 시기를 반영한다. 주전 333년 알렉산더 정복시대 때, 거대한 괴물 페르시아가 무너져 내리는 것을 본 민중은 술렁이고 다시 메시아에 대한 기대가 일어난다. 세계 각 지역에서는 민중 봉기가 일어나는데 사마리아도 마찬가지였다.(주전 331년) 그들은 그동안 기대를 걸었던 왕족 메시야에 대한 희망을 접고 민중은 자기들과 같은 처지에서 지도자가 나오게 되리라는 민중 메시야 사상을 갖게 되었다.

> 도성 시온아, 크게 기뻐하여라. 도성 예루살렘아, 환성을 올려라. 네 왕이 네게로 오신다. 그는 공의로우신 왕, 구원을 베푸시는 왕이시다. 그는 온순하셔서, 나귀 곧 나귀 새끼인 어린 나귀를 타고 오신다.(스가랴 9:9)

이 어린 나귀를 탄 임금은 그다음 구절에 분명한 대구를 이룬다.

내가 에브라임에서 병거를 없애고, 예루살렘에서 군마를 없애며, 전쟁할 때에 쓰는 활도 꺾으려 한다. 그 왕은 이방 민족들에게 평화를 선포할 것이며, 그의 다스림이 이 바다에서 저 바다까지, 유프라테스강에서 땅끝까지 이를 것이다.(스가랴 9:10)

어린 나귀는 에브라임의 병거, 예루살렘의 군마와 대귀를 이룬다. 이제까지 왕은 병거와 군마를 타는 왕이었다. 북 왕국 에브라임은 병거를 자랑하였고 남 왕국 예루살렘은 군마를 자랑했다. 그러나 새로운 왕은 나귀를 타고 오는 왕이다. 화려한 군마는 백성들 위에 군림하는 군주들이 타는 것이지만 나귀는 이스라엘의 운반 수단이다. 일하는 사람은 누구나 쉽게 접하는 동물이다. 새 왕은 일하는 사람들의 왕, 민중의 왕이다. 그도 함께 일하는 사람이라는 기대이다.

새 왕은 나귀 중에도 어린 나귀를 타고 온다. 이분은 평화의 왕이기에 병거와 군마를 타고 전쟁을 일삼는 분이 아니다. 그는 "전쟁할 때 쓰는 활도 꺾고, 뭇 민족들에게 평화를 선포"한다. 예수의 예루살렘 입성은 바로 이 스가랴가 말한 민중 메시야의 등극을 각본 삼아 그대로 재연한다. 예수는 구약에 수많은 메시아 예언 중에 유일한 민중 메시아를 그린 스가랴서를 대본으로 예루살렘에 입성한다.

제3스가랴는 12-14장을 말하는데 이는 다니엘서와 비슷할 때의 상황으로 보인다.

묵시문학은 미래의 일을 미리 푸는 신비한 열쇠이거나, 비책이 아니다. 물론 묵시문학은 현실 세계를 멸망할 질서로 부정하고 전적으로 도래할 새로운 나라를 꿈꾸는 현실 부정적인 과격한 신앙 전통 중의 하나이다. 묵시문학이 도래할 하나님의 나라와 새로 밝아오는 새 하늘 새 땅에 대해서 말하지만, 그것은 하늘의 언어를 푸는 암호를 뜻하지 않는다. 그 말들이 풀리려면 묵시문학에 쓰인 상징들이 그 당시에 어떤 비밀언어로 쓰였는가, 그 당시 사람들이 무슨 상징으로 썼는가가 밝혀져야 한다.

묵시문학을 앞선 시대에 대한 대 예언으로 보고 우리의 현실 문제에 대한 어떤 지침이나 해답을 찾아보려고 해서는 안 된다. 이 세상 어떤 것도 공식처럼 인간의 운명이나 역사를 미리 정해 그렇게 가도록 할 수는 없다. 만약 그렇다면 우리의 노력은 헛된 것이며, 우리의 신앙생활도 공허하다. 그냥 정해진 역사가 이루어지도록 지켜보면 될 것이다. 그렇다면 하나님도 인간도 어떤 공식에 매여 움직이는 로봇에 불과하다. 이런 것은 다 미혹하는 것이다. 기독교 신앙의 전통은 이런 역사 결정론, 운명론을 배제했다.

예언이나 묵시는 미래의 꿈을 각기 다른 방식으로 말하지만, 그 꿈이 당대나 혹은 가까운 세대에만 성취되는 것은 아니다. 이들은 꿈을 세운다. 그 꿈의 구체적인 실행 여부에 얽매일 필요는 없다. 그는 지치고 실망한 민중에게 희망을 품고 살아가게 만든다. 그 꿈이 가까운 시기에 꼭 그대로 이루어지지 않을 수도 있으나 그 말씀은 죽지 않는다. 그것은 사람들의 마음속에 새로운 불꽃을 일으키고 그 말씀을 듣는 사람들의 마음속에서 새로운 생명이 움트게 한다.

수많은 예언자와 묵시 운동가들의 선포는 이미 지나간 역사에 종결된 결과물들이 아니다. 지금도 그 실현을 기다리는 진행형의 말씀이다. 아직 너와 나의 마음속에 꿈틀거리는 불꽃으로, 생생한 예언자의 목소리에 실려 오늘 우리의 마음도 움직인다. 예언이나 묵시의 말씀이 꼭 이루어지지 않았다고 볼 수는 없다. 이스라엘 주변의 나라들, 시리아, 페니키아, 블레셋, 모압, 에돔은 정치적인 파국과 더불어 그들이 가졌던 신앙이 완전히 자취를 감춘 데 비해 이스라엘의 하나님 야훼는 똑같이 나라가 망했으나 오히려 전 세계적인 신이 되었다. 그것은 예언과 묵시가 가진 위기를 넘어서는 놀라운 상상력 때문이다.

예언이나 묵시는 한번 실행되고 이루어지거나 혹은 그렇지 않았다고 해서 종료되는 것은 아니다. 예언은 여전히 새로운 상황 속에서 앞으로 나아가는, 살아 움직이는 말씀들이다. 예를 들어 "너희가 하나님의 아들, 딸이라 불릴 것이다."라는 말씀이 있다고 하자. 이 말씀은 시대마다 다른 과제를 입고 나온다. 양반과 상놈의 신분제도를 타파하려는 노력으로 나타나기도 하고, 노예제 폐지를 위한 싸움으로 나타나기도 한다. 어느 시대에는 의무교육의 권리를 확보하는 투쟁으로 표현된다. 누구나 다 교육을 받게 하자는 주장은 특별한 계층만이 선택적으로 교육을 받던 시대를 뚫고 나오는 데 오랜 시간이 걸렸다. 당시 많은 사람이 결사반대했다. '그 비용을 누가 다 감당하려고 그렇게 비효율적인 교육을 하려고 하냐?' '개나 소나 다 가르치냐?'면서 기득권층의 반대가 매우 거셌다. 보통선거제도를 확보하는 것도 아주 힘든 싸움이었다. 우리나라에서도 선거 후보자들의 기호를 아라비아 숫자로 표기한 것이 그리 오래되지 않았다. 숫자를 모르는 사람들이 있어 작대기 개수로 기호를 표시했다.

기호의 구별조차도 힘든 사람과 정치학 박사가 똑같이 한 표를 행사한다는 것은 얼마나 불공평하냐는 주장들이 힘을 얻기도 했다. 그러나 불가능해 보이는 예언들이 우리 앞에 하나하나 현실로 이루어져 가고 있다.

이렇게 하나의 예언이나 묵시가 이루어지기 위해서는 수많은 논쟁, 투쟁이 수반된다. 아직도 우리에게 남녀의 성 차별, 정규직 비정규직의 구분 등 수많은 모순이 과제로 남아 있다. 하나의 말씀이 이루어지기 위해서는 각 시대에 따라 수많은 과제로 옷을 갈아입으며 그 말씀을 완성해 나간다.

오늘 우리에게 희망이 보이지 않을지도 모른다. 그러나 가장 큰 희망의 징조는 우리 안에 있다. 예수처럼 "아니다. 이 낡은 시대는 아니다."라며 새 세상을 선포하고 그렇게 살아가는 각오와 행동이 필요하다. 그것이 복음이다. 복음은 '좋은 소식'(good news)이다. 이천 년 전 십자가에 대한 교리적 이야기를 반복하는 것은 이미 뉴스가 아니다. 복음은 여전히 오늘 우리에게도 '좋은 소식'이 되어야 하며, 오늘 우리는 그 '좋은 소식'을 만드는 일에 부름을 받았다. 예수는 자기 안에 예언과 묵시의 말씀들이 불타올라 당대에 사람들에게 그 말씀이 "오늘 이 말씀이 이 자리에서 이루어졌다."(누가 4:21)고 선언할 만큼 확신의 사람이었다.

다니엘서

미리 살펴보기

* 다음 다니엘서의 구절 들을 읽어보고 다니엘이 처한 시대적 상황에
  대해서 말해 보시오.

  - 1:8-10, 3:5-6, 6:12-13, 7:23-27, 8:13-14, 11:31-35, 12:11-13

역사적 배경

셀류커스 왕조의 안티오커스 에피파네스 3세(주전 223-187년)는 셀
류커스 왕국의 국력을 신장시켰다. 이때 유다는 셀류커스 왕국의 산하
에 있었다. 이들은 지중해 패권을 놓고 로마를 상대로 전쟁을 벌였다가
패해서 심각한 재정 고갈을 겪는다. 이에 안티오커스 에피파네스 4세(주
전 175-163년)는 중흥정책을 펴는데, 그 와중에 유다 지배층 야손과 메
넬라우스는 굴욕적인 자세로 지배권을 인정받기 위해 서로 경쟁적으로
막대한 뇌물을 갖다 바친다. 그 결과 유대 민중은 유대 지배층과 안티오
커스 에피파네스 4세의 이중의 폭정에 시달린다. 성전마저 군대에게 짓
밟히고 약탈당했다. 견딜 수 없던 민중들은 결집하여 주전 166년에 마카
베오 봉기를 성공시킨다. 이때 민중은 반 셀류커스, 반 메넬라우스, 반 헬
레니즘의 기치 아래 결집했다. 다니엘서는 마카베오 봉기 이전의 암담한
상황에서 쓰였다.(단 6:28, 11:2)

특히 안티오쿠스 에피파세스 4세는 사태를 최악으로 몰아갔다. 그는
유대인들의 종교를 말살시키려고 하였다. 유대인들의 신앙 정체성을 상
징했던 안식일과 할례를 금지하고 성전 안에 제우스(Zeus)신을 위한 제

단을 세웠다. 그뿐만 아니라 유대인들이 금기로 여기는 돼지고기를 희생
제물로 바치고 또 강제로 먹게 하였다. 이러한 당시 상황은 외경 마카베
오서에 상세히 기록되어 있다.

> 그 후 안티오쿠스왕은 온 왕국에 영을 내려 모든 사람은 자기 관습을 버
> 리고 한 국민이 되어야 한다고 했다. 이방인들은 모두 왕의 명령에 순종했
> 고 많은 이스라엘 사람들도 왕의 종교를 받아들여 안식일을 더럽히고 우
> 상에게 제물을 바쳤다. 왕은 또 사신들을 예루살렘과 유다의 여러 도시에
> 보내어 다음과 같은 칙령을 내렸다. 유대인들은 이교도들의 관습을 따를
> 것. 성소 안에서 본제를 드리거나 희생제물을 드리거나, 술을 봉헌하는
> 따위의 예식을 하지 말 것. 안식일과 기타 축제일을 지키지 말 것. 성소와
> 성직자들을 모독할 것. 이교의 제단과 성전과 신당을 세울 것. 돼지와 부
> 정한 동물들을 희생제물로 잡아 바칠 것. 사내아이들에게 할례를 주지 말
> 것. 온갖 종류의 음란과 모독의 행위로 스스로를 더럽힐 것. 이렇게 하여
> 율법을 저버리고 모든 규칙을 바꿀 것. 이 명령을 따르지 않는 자는 사형
> 에 처한다.(마카베오상 1:41-50)

이러한 상황은 다니엘서의 여러 곳에서 언급된다. 왕(안티오쿠스 4세)
이 특정 음식을 먹으라고 강요하는 것과 다니엘이 이를 거부하며 자신을
더럽히지 않으려고 노력하는 것은 바로 당시의 상황이다.

다니엘은 왕이 내린 음식과 포도주로 자기를 더럽히지 않겠다고 마음을
먹고, 환관장에게 자기를 더럽히지 않을 수 있도록 해 달라고 간청하였

다. 하나님은 다니엘이 환관장에게서 호의와 동정을 받도록 해주셨다. 환관장이 다니엘에게 말하였다. "너희가 먹고 마실 것을 정해 주신 분은 나의 상전이신 임금님이시다. 임금님께서, 너희의 얼굴이 너희와 같은 나이의 젊은이들보다 더 상해 있는 것을 보시게 될까 두렵다. 그렇게 되면, 너희 때문에 내 목숨이 임금님 앞에서 위태롭게 될 것이다."(1:8-10)

또한, 왕은 야훼 하나님께 기도하는 행위를 금령으로 삼는다. 누구든지 기도하는 자는 사자 굴에 던지라고 명한다.

그들이 왕에게로 나아가서, 다니엘을 고발하려고, 왕에게 금령을 상기시켰다. "임금님, 임금님이 금령에 도장을 찍으시고, 앞으로 삼십 일 동안, 임금님 외에, 다른 신이나 사람에게 무엇을 간구하는 사람은, 누구든지 사자 굴에 던지기로 하지 않으셨습니까?" 왕이 대답하였다. "그 일은 고칠 수 없다. 그것은 메대와 페르시아의 법을 따라 확정된 것이다." 그들이 왕에게 아뢰었다. "임금님, 유다에서 잡혀 온 다니엘이 임금님을 무시하고, 또 임금님의 도장이 찍힌 금령을 무시하여, 하루에 세 번씩 기도를 드리고 있습니다."(6:12-13)

왕은 자신이 세운 금 신상에 절하라고 한다. 하지만 이를 거부한 다니엘은 풀무불 속으로 던져진다.

나팔과 피리와 거문고와 사현금과 칠현금과 풍수 등 갖가지 악기 소리가 나면, 느부갓네살 왕이 세운 금 신상 앞에 엎드려서 절을 하시오. 누구든

지, 엎드려서 절을 하지 않는 사람은, 그 즉시 불타는 화덕 속에 던져 넣을 것이오.(3:5-6)

이러한 상황에서 유대인들은 현실에 적응하려는 헬레니스트(Helle-nists)와 죽음을 무릅쓰고 신앙을 고수하겠다는 하시딤(Hasidim)으로 갈라졌다.

그(안티오커스)의 군대가 성전의 요새 지역을 더럽힐 것이며, 날마다 드리는 제사를 없애고, 흉측한 파괴자의 우상을 그곳에 세울 것이다. 그는 속임수를 써서, 언약을 거역하여 악한 짓을 하는 자들(헬레니스트)의 지지를 받을 것이지만, 하나님을 아는 백성(하시딤)은 용기 있게 버티어 나갈 것이다. 백성 가운데서 지혜 있는 지도자들이 많은 사람을 깨우칠 것인데, 얼마 동안은, 그 지혜 있는 지도자들 가운데 얼마가 칼에 쓰러지고, 화형을 당하고, 사로잡히고, 약탈을 당할 것이다. 학살이 계속되는 동안에, 하나님의 백성이 조금은 도움을 받을 것이나, 많은 사람은 술책을 쓰며 적군과 한패가 될 것이다. 또한, 지혜 있는 지도자들 가운데 얼마가 학살을 당할 것인데, 이 일로 백성은 단련을 받고, 순결하게 되며, 끝까지 깨끗하게 남을 것이다. 하나님이 정하신 그 끝 날이 올 때까지, 이런 일이 계속될 것이다.(11:31-35)

다니엘서는 신앙을 고수하기 위해 투쟁을 하였던 "하시딤에 의해서", "하시딤을 위해서" 쓴 책이다. 따라서 다니엘서는 종교적 박해 가운데도 첫째, 변절하지 말고 끝까지 신앙을 지킬 것과 둘째, 임박한 종말의 비전(vision)을 보여줌으로써 '하시딤'들에게 희망과 용기를 주고 셋째, 아울러 악의 세력들에게 저항하기 위해 기록한 묵시서이다.

종말의 때

다니엘서에는 때에 대해 예민하다. 마지막 때가 얼마 남았는지를 셈하는 때에 대한 예언이 여러 번 나온다. 각각의 때에 대한 언급은 무슨 뜻이 있을까? 구약의 종말 신앙은 결코 '저 피안'의 세상을 말하는 것이 아니고, 암시적이긴 하지만 이 땅에 발붙이고 사는 인간 개개인이 맞이할 세상을 목표로 한다. 묵시문학이 이상으로 삼는 세상의 모습은 전쟁이 없고, 질병도 없으며, 눈물도 없고, 억울함이 없고 서로의 적대감도 없어지는 평화의 세상이다. 우리는 대개 묵시라고 하면 '언제냐?' 하는 때를 문제 삼는다. 다니엘서에도 이러한 때에 대한 언급이 나오는데, 종말의 때는 각각 다르게 언급된다.

> 내가 들으니, 어떤 거룩한 천사가 말하는데, 또 다른 거룩한 천사가 먼저 말한 그 거룩한 천사에게 물었다. "환상 속에서 본 이 일들이 언제까지나 계속될까? 언제까지나 계속해서, 매일 드리는 제사가 폐지되고, 파멸을 불러올 반역이 자행되고, 성소를 빼앗기고, 백성이 짓밟힐까?" 다른 천사가 나에게 말하였다. "밤낮 이천삼백 일이 지나야 성소가 깨끗하게 될 것이다."(8:13-14)

다니엘서는 이스라엘 백성들의 고난이 끝나는 시간을 셈한다. 시간을 나타내는 여러 가지 버전이 존재한다. 기준은 한 때와 두 때와 반 때

가 지나야 한다.(12:7)는 것이다. 이는 햇수로는 삼 년 반이다. 당시 달력
은 일 년이 360일이었고 모자라는 날 수는 윤달을 두어서 해결했다. 그
러니 삼년 반은 1260일을 가리키며 달수로는 42달이다. 이것은 윤달(한
때)을 끼어서 1290일(단 12:11)로, 달수로 두 때 반이 더해지면 1335일
(단 12:12)이 된다. 또는 그만큼 시간을 감해지기도 한다. 2300주야(단
8:14)는 날수로 1150일을 말하는데, 삼년 반에서 달수로 한 때 두 때 반
때(105일)를 뺀 날수는 1155일이다. 그러나 고통의 기간을 기왕 감해주
시는 하나님께서 자투리 기간도 빼주신다는 희망이 1150일이 되는 비밀
이다.

아무튼, 모든 날짜들의 확고한 기준은 완전 숫자인 일곱을 반으로 꺾
은 숫자, 한 때 두 때 반 때이다. 7년은 복역의 해이다. 노예 된 사람이 해
방을 얻는 것도 7년이고, 부채 탕감을 해주는 것도 7년이며, 땅이 쉼을 얻
는 것도 7년이다. 새것이 일어나려면 7년을 기다려야 한다. 그런데 삼년
반은 그것을 반으로 접어주신다는 하나님의 사랑의 시간을 말한다. 그러
니 그 숫자 자체에 무슨 신비함이 깃들여 있는 것은 아니고 기다려야 할
때를 다 채우지 않아도 하나님께서 그 시간을 꺾으셔서 단축해주신다는
의미이다. 고난의 때는 빨리 지나고 새날이 임박했다는 자기들끼리 메시
지 전달 방법이다.

우리가 묵시를 대할 때 '종말의 때가 언제냐'는 것보다는 종말을 준비
하며 살아가는 '삶의 태도'를 더 중요하게 여길 것을 말한다. 그때가 도
적같이 임하고 아무도 알 수 없게 온다는 말씀은 '때'에 관한 말씀이 아
니고, 그러니 늘 깨어서 살아가라는 말씀이다. 삶의 '방향'이 어떠해야
하는가를 말한다.

날마다 드리는 제사가 없어지고, 혐오감을 주는 흉측한 것이 세워질 때부터, 천이백구십 일이 지나갈 것이다. 천삼백삼십오 일이 지나가기까지, 기다리면서 참는 사람은 복이 있을 것이다. 너, 다니엘아, 너는 끝까지 신실하여라. 너는 죽겠지만, 끝 날에는 네가 일어나서, 네게 돌아올 보상을 받을 것이다.(12:11-13)

네 짐승의 몰락과 인자의 출현

마카비 전쟁 때 묵시운동가들은 다니엘이라는 가명을 빌어 자신들의 꿈을 그의 환상이라는 묵시로 발표하였다. 느부갓네살 왕이 이해할 수 없는 꿈을 꾸며(2장), 다니엘 자신도 꿈을 꾼다.(7-8장) 다니엘은 느부갓네살의 꿈을 해몽해 주고, 천사는 다니엘의 꿈을 풀이해 준다. 예언자들은 과거의 역사를 언급한 데 비해 묵시운동가들은 장래 일을 환상으로 이야기한다. 특히 다니엘 7장에는 네 가지 짐승의 몰락과 인자의 출현에 대해 말한다.

벨사살이 바빌론 왕이 된 첫해에, 다니엘은 잠자리에서 꿈을 꾸면서, 머릿속으로 환상을 보고, 그 꿈을 적었다. 그가 적은 내용의 줄거리는 다음과 같다. 이것은 다니엘이 한 말이다. "내가 밤에 환상을 보았는데, 동서남북 사방에서, 하늘로부터 바람이 큰 바다에 불어 닥쳤다. 그러자 바다에서 모양이 서로 다르게 생긴 큰 짐승 네 마리가 올라왔다. 첫째 짐승은 사자와 같이 보였으나, 독수리의 날개를 가지고 있었다. 내가 살펴보고 있는 동안에, 그 날개들이 뽑혔다. 그 짐승은 몸을 일으키더니, 사람처럼 발을 땅에 디디고 섰는데, 사람의 마음까지 지니고 있었다. 또 살펴보니, 다른 짐승 곧 둘째 짐승은 곰과 같았는데, 뒷발로 서 있었다. 그 짐승은 갈빗대 세 개를 물고 있었는데, 누군가가 그에게 이렇게 말하였다. '일어나서 고기를 많이 먹어라.' 그 뒤에 내가 또 살펴보고 있는데, 또 다른 짐승이 나왔다. 그것은 표범처럼 생겼으나, 등에는 새의 날개가 네 개나 있었고, 머리도 네 개나 달려있었으며, 아주 권위가 있어 보였다. 그 뒤에 내가 밤의 환상을 계속 살펴보고 있는데, 넷째 짐승이 나왔다. 그것은 사납고 무섭게 생겼으며, 힘이 아주 세었다. 이 짐승은 쇠로 된 큰 이빨을 가지고 있어서, 그것으로 먹이를 잡아먹고, 으스러뜨리며, 먹고 남은 것은 발로 짓밟아 버렸다. 이 짐승은 앞에서 말한 짐승들과는 달리, 뿔을 열 개나 달고 있었다. 내가 그 뿔을 유심히 살펴보고 있자니, 다른 작은 뿔 하나가 그 뿔들 사이에서 돋아났다. 먼저 나온 뿔 가운데서 셋이 새로 돋아난 그 뿔에 밀려서 뿌리째 뽑혔다. 새로 돋아난 뿔은 사람의 눈과 같은 눈을 가지고 있었고, 입이 있어서 거만하게 떠들었다. 내가 바라보니, 옥좌들이 놓이고, 한 옥좌에 옛적부터 계신 분이 앉으셨는데, 옷은 눈과 같이 희고, 머리카락은 양털과 같이 깨끗하였다. 옥좌에서는 불꽃이 일고, 옥좌의 바퀴에서는 불길이 치솟았으며, 불길이 강물처럼 그에게서 흘러나왔다. 수종들은 사람이 수천이요, 모시고 서 있는 사람이 수만이었다. 심판이 시작되는데, 책들이 펴져 있었다. 내가 보고 있는 동안에, 작은 뿔이 크게 떠드는 소리를 들을 수 있었다. 내가 살펴보니, 넷째 짐승이 살해되고, 그 시체가 뭉그러져서, 타는 불에 던져졌다. 그리고 그 나머지 짐승들은 그들의 권세를 빼앗겼으나, 그 생명은 얼마 동안 연장되었다. 내가 밤에 이러한 환상을 보고 있을 때 인자 같은 이가 오는데, 하늘 구름을 타고 와서, 옛적부터 계신 분에게로 나아가, 그 앞에 섰다. 예로부터 계신 분이 그에게 권세와 영광과 나라를 주셔서, 민족과 언어가 다른 뭇 백성이 그를 경배하게 하셨다. 그 권세는 영원한 권세여서, 옮겨 가지 않을 것이며, 그 나라가 멸망하지 않을 것이다."(7:1-14)

다니엘서의 환상(7장)에서는 역사가 초자연적인 세계로 연결된다. 짐승 네 마리는 세상 나라의 네 임금을 말한다. 첫 번째 짐승인 독수리 날개가 달린 사자는 주전 587년 바벨론의 상징이었으며, 두 번째 짐승인 한쪽으로 비스듬히 일어선 곰은 메데 왕국을, 세 번째 짐승인 머리가 네 개인 표범은 페르시아를, 네 번째 짐승인 용같이 생긴 괴물은 헬라, 그리스를 말한다.1) 네 나라는 모두 세계 대권을 움켜쥐었던 제국이다. 이들은 서로가 연관성이 없는 각각의 제국이지만 이들이 지배한 5백 년 기간을 민중은 불가피한 연속의 과정으로 파악한다. 이들 제국은 각각의 통치 방법이나 피지배층을 대하는 방식이 판이한 왕국들이었으나 민중의 눈에는 모두가 연속된 짐승의 역사일 뿐이다.

사자에서 용으로 가는 과정은 권력이 내리막길을 향해 가고 있음을 보여준다. 그중에서도 지금 민중이 당하고 있는 것은 가장 포악한 네 번째 왕국이다. 그러나 결국 짐승으로 상징한 일련의 제국 질서는 붕괴할 것이며, 아울러 세계 역사의 종말이 온다는 것을 보여준다. 사람의 손으로 만들어지지 않은 돌멩이가 그 왕국을 무너뜨리고 온 땅에 쌓이게 된다는 것은 곧 하나님의 왕국이 이 땅에 임할 것을 말한다.

사람의 손으로 만들어지지 않은 돌멩이라고 해서 해결이 역사 외적인

---

1) 코흐, "묵시문학과 종말론" 『기독교사상 279호』 1981, 9월호, 114.

차원에서 온다는 안일한 해석은 배격해야 한다. 묵시문학이 말하는 새 하늘 새 땅은 항상 우리가 사는 역사 안에서 이루어지는 변혁이다. 묵시문학은 현실적인 악과 맞서며 그들을 제거해 나가기 위한 민중의 투쟁 현장에서 배태된 문학이지, 한가한 공상을 즐기는 문학이 결코 아니다.

언어 방식이 초월적이고 초역사적인 표현들이지만 그것은 악과 대면하고 있는 현실을 비껴가기 위한 말법에 불과하다. 악과 고통의 문제는 역사를 떠나서는 해결될 수 없다. 그러므로 묵시문학은 이 세상 역사가 하나님이 정하신 미래의 그 한 지점의 목표를 향해 꾸준히 나아가고 있다고 한다. 묵시문학이 이 같은 현실 세계의 정돈(停頓)을 깨뜨리기 위해서 초월적인 하나님의 임재를 그리지만, 이것은 인간의 결연한 자세를 확고히 하기 위함이다. 성경에서 이 세상 역사를 하나님의 역사로 고백하는 것은 그 역사에 참여하는 사람들이 수많은 역사의 부침(浮沈)에도 불구하고 자기 삶의 움직일 수 없는 지향점을 나타내는 신앙적인 어법이다. 현 세력은 송두리째 사라져야 하며 역사의 무대는 근본적으로 새롭게 짜야 한다. 하나님의 임재로 인해 이 땅을 지배하는 옛 세계의 역사는 사라지고 세계 전체를 주관하는 하나님의 통치가 새로운 역사의 장으로 시작된다. 그리고 그 새 역사를 여는 이가 바로 인자이다. 월터 윙크는 이 인자를 참사람이라 해석하면서 메시아로 오신 예수의 삶과 연결한다.

> 다니엘 7;13절에는 참사람을 하나님의 보좌로 데려와서 그에게 권위와 권능과 각 나라에 지배와 이스라엘 사람들을 다스리는 왕의 지위가 주어졌다. 다니엘이 묘사한 하나님의 모습은 분명 불타는 바퀴들을 지닌 화염이 불타는 보좌에 앉은 신적인 참인간 같은 것을 본 에스겔의 환상에서

이끌어 온 것이다. 다니엘의 환상은 한 인간이 구체적으로 참사람(Truly Human)을 향해 나가는 것을 직관적으로 알아챈 것이다. 인간다움의 원형이 형상을 하기 시작한 것이었다. 그러나 다니엘서에서는 그 원형이 순전한 동경의 수준을 넘지 못했다. 그것은 한 인간이 참인간이 되려는 도전을 기꺼이 수용하기를 기다리는 과정이었다. 그것은 성육신을 원했다. 그후 예수가 첨가한 것은 참인간이 땅에 발을 붙이고 육신으로 살아내는 실질적인 일상의 삶이었다.[2]

---

2) Walter Wink, *The Human Being: Jesus and the Enigma of the Son of the Man*, 『참사람』 한성수 역, 한국기독교연구소, 2014, 321.

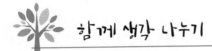# 함께 생각 나누기

* 제1스가랴서가 꿈꾸던 당시 총독이나 대제사장을 메시아로 여기던 사상은
  왜 좌절되었는지 이야기해 보고 오늘 우리 시대에 그에 따르는 인물로 민중
  의 기대를 모았던 사람들에 관해서 이야기해 봅시다.

* 예수는 하필 그 많은 메시아 예언 중에 제2스가랴서에 유일하게 나오는 민
  중 메시아사상을 각본으로 예루살렘에 입성했을까? 그것이 기독교 신앙에
  서 뜻하는 것이 무엇인지 이야기합시다.

* 다니엘 시대에 유대 민중이 처한 고난들에 대해서, 그리고 당시 다니엘을 비
  롯한 유대 민중은 어떤 마음으로 그 고난을 헤쳐나갔는지 이야기해 봅시다.

우리가 던진 사람은 셋이 아니더냐?

그러자 느부갓네살 왕은 잔뜩 화가 나서, 사드락과 메삭과 아벳느고를 보고 얼굴빛이 달라져, 화덕을 보통 때보다 일곱 배나 더 뜨겁게 하라고 명령하였다. 그리고 그의 군대에서 힘센 군인 몇 사람에게, 사드락과 메삭과 아벳느고를 묶어서 불타는 화덕 속에 던져 넣으라고 명령하였다. 그러자 사람들은 그들을 바지와 속옷 등 옷을 입고 관을 쓴 채로 묶어서, 불타는 화덕 속에 던졌다. 왕의 명령이 그만큼 급하였다. 화덕은 매우 뜨거웠으므로, 사드락과 메삭과 아벳느고를 붙든 사람들도 그 불꽃에 타서 죽었다. 사드락과 메삭과 아벳느고 세 사람은 묶인 채로, 맹렬히 타는 화덕 속으로 떨어졌다. 그때 느부갓네살 왕이 놀라서 급히 일어나, 모사들에게 물었다. "우리가 묶어서 화덕 불 속에 던진 사람은, 셋이 아니더냐?" 그들이 왕에게 대답하였다. "그러합니다, 임금님." 왕이 말을 이었다. "보아라, 내가 보기에는 네 사람이다. 모두 결박이 풀린 채로 화덕 안에서 걷고 있고, 그들에게 아무런 상처도 없다! 더욱이 넷째 사람의 모습은 신의 아들과 같다!"(다니엘 3:18-25)

"아! 개성 개성이 어디인가? 고려 500년의 도읍지다. 개성의 관문인 벽란도에는 중국인, 일본인은 물론 서역인, 동남아인들까지 세계각지의 상인들이 북새통을 이루었다. 조선이 건국되고 개성은 선죽교에 남아 있는 정몽주의 혈흔과 함께 망국의 흔적으로만 남았다. 조선은 한양으로 천도하면서 평양도 버렸고 동시에 대륙을 잊었다. 평양을 한갓 기생의 도시로 만들어 버리고 멸시와 천대로 일관했다. 한국 전쟁 당시 개성은 무자비한 톱질 전쟁의 와중에 뜻 있고 의기 있는 이들은 다 죽었다. 500년 도읍지의 영광은 고사하고 개성상인의 영악함마저도 사라졌다. 그리고 개성은 정치도 없고, 문화도 없고, 경제도 없는 군사도시가 되었다.

그런 개성이 되살아났다. 극심한 군사적 대치를 뚫고 그곳에 평화공존의 공간이 만들어졌다. 그곳은 옷 만들고, 냄비 만들고, 가방 만드는 공단이 아니다. 그곳은 평화의 공장이었다. 그런데 제국주의 망령의 하수인들에 의해 개성이 또다시 황폐한 곳이 되었다. 6백여 년을 기다리다가 겨우 일어서서 한반도 평화의 처음이 되었는데 그 처음을 짓밟았다.

아! 아! 개성이여, 한반도 평화의 공장 개성이여, 남북한 모든 이들이 지성으로 키우고 보호해야 하건만 이렇게 허무하게 네 새싹이 짓밟힐 수 있단 말인가? 도대체 이 땅의 엘리트라 자부하고 올곧은 지성인이라 자부하는 이들은 무엇을 하고 있으며 유구한 역사의 선조들의 靈들은 영영 잠들었단 말인가?

개성을 살려내자. 개성은 되살아나야 한다. 그리고 끝내는 되살아 날 것이다. 단순히 공단으로 되살리자는 것이 아니다. 개성은 통일 조국의 불씨, 통일 조국의 수도가 서울이 안 된다면, 역시 평양이 안 된다면 개성보다 좋은 곳이 또 어디 있으랴?"

(김홍한, "이야기 신학" 비간행 소책자 중에서)

위의 글은 대전 '예수 살기'의 목각, 목수로 일하며 목회하는 김홍한

목사의 글이다. 박근혜 정부가 느닷없이 개성 공단을 폐쇄한 날 그가 개성의 역사를 가슴 아파하며 쓴 글이다. 우리의 가슴을 도려내는 역사의 아픔은 예나 지금이나 그칠 날이 없다. 다니엘서 본문에 나오는 느부갓네살은 당시 세계의 대권을 쥐고 있었던 바벨론 제국의 첫 번째 왕이다. 그는 다니엘뿐만 아니라 다니엘의 세 친구 사드락, 메삭, 아벳느고를 특별히 사랑했다. 이들은 낙후된 변방의 노예였는데도 왕으로부터 높은 벼슬을 하사받았다. 총애를 한 몸에 받는 자리였다. 느부갓네살 왕은 거대한 금 신상을 세우고 모든 백성에게 그 앞에 절하라 명하였다. 그러나 야훼를 따르는 다니엘의 세 친구는 이를 단호히 거절했다. 그들은 왕 앞에 불려 나간다. 그런데 왕에게 용서를 구하기는커녕 당당하게 말한다.

> "불 속에 던져져도, 임금님, 우리를 지키시는 우리 하나님이 우리를 활활 타는 화덕 속에서 구해 주시고, 임금님의 손에서도 구해 주실 것입니다. 비록 그렇게 되지 않더라도 우리는 임금님의 신들은 섬기지도 않고, 임금님이 세우신 금 신상에 절을 하지도 않을 것입니다."(다니엘 3:17-18)

이들은 하나님께서 그들을 지켜주실 것이라는 믿음을 강하게 피력했다. 그러나 이들은 "비록 그렇게 되지 않더라도"의 신앙을 말한다. 이들은 나의 바람, 내 뜻, 내 문제의 해결을 위해 하나님과 만나고자 하는 게 아니다. 우리 신앙의 시작은 비록 그런 필요 때문이었을지 모른다. 그러나 '진짜'는 그것을 넘어설 때, 만날 수 있다. 신앙은 내 조건과 욕심이 채워지는 한에서 하나님을 따르고 신뢰하는 것이 아니다. 우리가 그 조건 안에서만 하나님을 찾는다면 이는 신앙이 아니라, 거래고 흥정이다. 우리는 조건을 통해 만나지 않았고, 인격과 인격으로, 하나님과 만난다. 그러기 때문에 "비록 그렇게 되지 않더라도"의 신앙은 비로소 하나님과 만남과 사귐이 이루어지는 출발점이다. 그것을 통해 하나님과 나 사이에 '믿음'이 생긴다. '믿음'이 '사랑'과 다른 말이 아니다. 내 욕구를 내려놓을 때 참으로 사랑 안으로 들어가듯이, 믿음 또한 내 욕구나 바람이 전제 조건이 아니다. 오히려 그런 것들은 '진짜'로 가는 길의 방해물이다.

우리가 바라는 것들이 '비록 그렇게 되지 않더라도' 우리는 하나님을 사랑한다. 우리의 만남이 비록 그렇게 되지 않더라도 끝까지 하나님을 신뢰할 수 있다. 우리의 꿈이 비록 그렇게 되지 않더라도 우리는 하나님을 신뢰할 수 있다. 나의 의지를 내려놓고 하나님께 대해 완벽한 의존과 승복이 이루어짐으로써 이제 내가 아닌 그분이 나를 열어 가시도록 하는 것이다. 우리의 미래는 우리가 욕망하는 대로 이루어지는 것이 아니라 하나님 자신이 우리의 미래이다.

다니엘의 세 친구 사드락, 메삭, 아벳느고는 결국 불 속에 던져졌다. 평소보다 일곱 배나 강한 불이라 했다. 그들을 묶어 던지는 사람이 불에 타죽을 정도였다. 불꽃만큼 왕의 분노 또한 맹렬했다. 그런데 이게 무슨 일인가? 옷을 입히고 머리에 관을 쓴 채로 꽁꽁 묶어 불에 던졌으나 그들의 결박이 풀리고 그들이 화덕 안에서 걷고 있다. 찬양하며 활보하고 있다. "우리가 묶어서 화덕 불 속에 던진 사람은, 셋이 아니더냐?, 보아라, 내가 보기에는 네 사람이다. 모두 결박이 풀린 채로 화덕 안에서 걷고 있고, 그들에게 아무런 상처도 없다! 더욱이 넷째 사람의 모습은 신의 아들과 같다!"(24-25절)

인간을 억압하고 인간의 꾀와 권위로 하나님께 적대하는 자들의 셈법은 하나님의 셈법과 다르다. 그들은 자기들이 동원할 힘을 센다. 눈에 보이는 것만 센다. 그들은 "우리가 던진 것은 셋이 아니더냐?"라고 외친다. 그러나 하나님 안에서 더해지는 '하나님의 더하기'가 있다. 인간의 머리를 뛰어넘는 하나님의 능력이 항상 우리와 함께하는데도 우리는 그것을 보지 못한다. 잔머리를 굴려 제 주머니를 채우려는 사람들은 언제나 자신들이 행하는 것을 숫자로 셈하며 조바심한다. 그러나 하나님의 의로우신 뜻과 그분의 말씀 안에 거할 수 있다면 우리는 전혀 생각지 못했던 뜻밖의 결과, '하나님의 더하기'를 체험한다..

향린교회에서 목회하던 때였다. 집회가 가능한 장소가 유일하게 향린교회였기에 사회운동에 헌신적인 그리스도인들과 많이 만날 수 있었다. 그들은 나름 정치적으로 진보적이고 의식도 있는 사람들이었는데, 그중 많은 사람이 강남의 대형 부자교회들에 출석했다. 어느 날, 나는 그들에게 사회활동과 신앙의 간극에 관해 물었다. "왜 진보적인 교회에 나가지 않느냐?"는 질문에 그들 중 다수는 "직장 일도 그런 쪽(사회운동)인데 주일에 교회에 와서 만큼은 위로받고 싶다. 신앙만큼은 보수적으로 갖고 싶다"라고 답했다. 나는 "당신은 운동하면서 다른 사람들에게는 생각과 행동을 일치시키라고 말하지 않는가. 어찌 사회적으로 바람직하지 못한 역할을 하는 무리 가운데 끼어서 힘을 보태고 그들의 목소리를 돋워 주는가?"고 반문했다. 물론 한 인간의 삶에 위로받고 서로의 삶을 나눌 수 있는 공동체는 필수적이다. 그러니 공동체인 교회는 진보적이든 보수적이든 개인의 삶에 관심을 둔다. 어느 교회든지 정도의 차이는 있지만, 개인의 문제에 관심 두지 않는 교회는 없을 것이다.

문제는 개인의 삶과 사회의 삶은 따로 떨어진 게 아닌, 하나의 유기체라는 점이다. 교회에서는 개인을 어디까지 돌볼 수 있을까? 아무리 많은 사람이 달려들어서 한 사람의 문제를 돌본다 해도 다 해결할 수 없다. 또한, 하나님께서는 우리 인간을 그리 나약하게 만들지 않으셨다. 충분히 자신의 문제를 이기고 나갈 수 있게 힘을 주신다. 예수님이 하나님 나라를 선포하시던 때에도 그 부르심에 망설이고 변명하는 사람들이 많았다. 그러니 주님께서는 단호히 "먼저 그 나라와 의를 구하라, 그리하면 그 모든 것을 더하시리라"라고 하셨다. 예수님께서는 당신을 따르던 많은 민중을 사랑하고 그들 삶에 깊이 있게 들어가셨지만, 정작 하신 말씀은 '듣고 싶은 이야기'나 '달콤한 위로'와는 거리가 멀었다. 개인의 행복이 최고의 의로운 자리에 앉는다면 하나님의 의와 믿음은 어디로 갈까. 귀에 좋은 것을 찾아 은혜라며 칭송하다가 결국 복음은 다 버리고 교회가 거짓 위로나 팔아먹는 장사꾼이 되지 않았나?

믿음의 길이란, 눈에 보이는 것이 아니므로 우리의 마음은 흔들리기 쉽다. 믿음이란 빤한 길, 손에 쥐어진 확실한 길을 가는 것이 아니다. 보이지 않고 지금 잡히지 않지만, 오직 주님을 신뢰하는 마음으로 발자국을 내딛는 것이다. 그것은 용기이며 깊은 신뢰다. 남들이 가지 않는 길로 가며 의를 지킬 때, 혼자 유별난 짓을 하다가 세상에서 낙오되고 도태되는 것이 아니냐고 불안하기도 하다. 정말 외로울 때가 있다. 누군가 이 일에 끝까지 함께 해줄 수 있는 한 사람의 친구가 있다면, 누군가 도움의 손길을 줄 수 있는 한 사람이 있다면 좋겠다고 생각하기도 한다. 그러나 깊은 신뢰 안에서의 발걸음은 불안하지 않고 두렵지 않다.

우리가 믿음으로 행하고 있다면 주저하지 말자. 들어보자. 우리를 불속에 던지던 사람들이 "우리가 던진 사람은 셋이 아니더냐?"라고 하는 패배의 외침을, 우리를 곤경에 몰아넣는 자들이 소리치고 있지 않은가? 그들이 놀라 몸을 부르르 떨며 외치고 있지 않은가? 그 외침은 그들이 내뱉는 좌절의 탄식이다.

분명 넷이 활보하고 있다. 누군가 함께 해주었으면 하고 바라고 있는가? 던져진 셋만을 보는 신앙이 아니라 그 셋 외에 함께하고 계신 분을 볼 수 있기를 바란다. 만약 우리가 중심을 흩트리지 않고 의를 지켜나간다면, 분명 그 길에 하나님께서 함께하실 것이며, 일시적으로 망하고 죽는 듯해도 그것은 영원한 죽음이 아니다. 하나님께서 언젠가 우리를 다시 세우시고 부활에 이르게 하실 것이다.

1910년 2월 14일에 조국을 위해 하얼빈 의거를 한 안중근 의사는 사형 선고를 받았다. 그리고 3월 26일, 안중근 의사는 차디찬 여순 감옥에서 32세의 파란만장했던 짧은 생을 마감했다. 오늘은 안중근 의사 어머니의 마지막 편지로 마무리하겠다. 끝까지 의를 지켰던 안 의사와 그 어머니의 길은 지금도 우리 안에 영원히 살아 큰 울림이 되고 있다.

> "네가 만약 늙은 어미보다 먼저 죽는 것을 불효라 생각한다면,
> 이 어미는 웃음거리가 될 것이다.
>
> 너의 죽음은 너 한 사람 것이 아니라
> 조선인 전체의 공분을 짊어지고 있는 것이다.
>
> 네가 항소를 한다면 그것은 일제에 목숨을 구걸하는 짓이다.

네가 나라를 위해 이에 이른즉 딴 맘먹지 말고 죽으라.

옳은 일을 하고 받은 형이니 비겁하게 삶을 구하지 말고,
대의에 죽는 것이 어미에 대한 효도이다.

아마도 이 편지가 이 어미가 너에게 쓰는 마지막 편지가 될 것이다.
여기에 너의 수의(壽衣)를 지어 보내니 이 옷을 입고 가거라.

어미는 현세에서 너와 재회하기를 기대치 않으니,
다음 세상에는 반드시 선량한 천부의 아들이 되어 이 세상에 나오너라."

» 강남향린 강단 중에서